未来

Shared Future

北京 2022 年冬奥会和冬残奥会遗产报告集（2022）

北京 2022 年冬奥会和冬残奥会组织委员会
北京体育大学 著

生活·读书·新知 三联书店

图书在版编目（CIP）数据

北京2022年冬奥会和冬残奥会遗产报告集.2022／北京2022年冬奥会和冬残奥会组织委员会，北京体育大学著.—北京：生活·读书·新知三联书店，2024.2
ISBN 978 − 7 − 108 − 07729 − 5

Ⅰ.北…　Ⅱ.①北…②北…　Ⅲ.①冬季奥运会研究报告−北京−2022②世界残疾人运动会−奥运会−研究报告−北京−2022
Ⅳ.① G811.212 ② G811.228

中国版本图书馆 CIP 数据核字（2023）第 195021 号

责任编辑　王婧娅
装帧设计　崔欣晔　李　思
责任印制　洪江龙
出版发行　生活·讀書·新知 三联书店
　　　　　（北京市东城区美术馆东街 22 号）
邮　　编　100010
印　　刷　上海雅昌艺术印刷有限公司
版　　次　2024 年 2 月 4 日第 1 版
　　　　　2024 年 2 月 4 日第 1 次印刷
开　　本　710 毫米×1000 毫米　1/16　印张 27.5
字　　数　301 千字　图 325 幅
定　　价　298.00 元

北京冬奥组委总体策划部

李　森　王仁华　刘兴华　刘　楠　祁　轩
姜　巍　樊佩杰　黄　颖　辛宇晨

北京体育大学

曹卫东　高　峰　田志宏　张　健　白宇飞
邹新娴　蒋依依　杨建荣　洪建平　陈志生
高　鹏　宋赫民　时　婧　于　环　吴　迪
王会寨　刘润芝　吴　特　马天平　王德显
冯　珺　张佑印　谢　婷　史书菌　杨占东
陈　希　方　琰　齐　飞　李　萍

其他人员

陆　华　彭　建

谢苗苗　张小飞　常　青　王灵恩

序 言

　　创造丰厚的冬奥遗产，为主办城市和广大民众带来长期收益，是北京 2022 年冬奥会和冬残奥会（以下简称"北京冬奥会"）筹办工作的重要内容。符合国际奥委会的改革精神，是成功办奥的重要标志之一。

　　北京冬奥会是《奥林匹克 2020 议程》颁布后第一届从筹办之初就全面规划管理奥运遗产的奥运会。在国际奥委会和国际残奥委会指导下，北京冬奥组委与国家部门、主办城市、社会组织、企事业单位等利益相关方密切协作，全面落实"绿色、共享、开放、廉洁"的办奥理念，将遗产工作融入筹办全过程，制订实施《北京 2022 年冬奥会和冬残奥会遗产战略计划》，努力从体育、经济、社会、文化、环境、城市发展和区域发展等 7 个方面、35 个领域创造冬奥遗产。

　　截至赛前，在各方共同努力下，北京冬奥会遗产工作取得积极成效，多方面筹办成果已经转化为现实的遗产，使广大人民群众提前受益，极大地带动了城市和地区发展，开创了奥林匹克运动与主办城市和区域共赢发展的新局面。

　　《北京 2022 年冬奥会和冬残奥会遗产报告集（2022）》（以下简称"遗产报告集"）为赛前遗产报告，由北京冬奥组委会同北京体育大学编制完成，包括体育、经济、社会、文化、环境、城市发展和区域发展等 7 篇。遗产报告集以图文并茂的形式全面阐释了遗产战略计划实施情况，多维呈现了自 2015 年申办成功至赛前，北京冬奥会在促进冰雪运动普及、冰雪产业成长与科技创新、社会文明进步、奥林匹克和冰雪文化推广、生态环境改善、主办城市高质量发展、京津冀协同等 7 方面产生的遗产成果。

目 录

体育篇

导 言 2

一 大众冰雪运动普及发展 4

二 冰雪运动在青少年中快速推广 12

三 残疾人冰雪运动广泛开展 18

四 冰雪运动竞技水平跨越式提升 28

五 冰雪运动赛事蓬勃开展 34

六 冰雪运动场地设施加快建设 38

七 冰雪人才队伍建设成果丰硕 44

结 语 56

经济篇

导 言 60

一 冰雪产业加速成长 62

二 科技冬奥成果显著 86

三 市场开发亮点不断 100

结 语 112

社会篇

导　言　116

一　奥林匹克教育取得丰硕成果　118

二　校园冰雪运动蓬勃发展　134

三　志愿服务事业健康快速发展　146

四　以冬奥为纽带国际交往得到深化拓展　152

五　全社会扶残助残局面巩固发展　158

六　社会文明程度不断提升　172

结　语　180

文化篇

导　言　184

一　冬奥文化设施布局科学　186

二　冬奥文化活动丰富多彩　196

三　冬奥文化产品创意十足　204

四　冬奥文化传播力系统提升　224

五　城市公共文化服务建设有序推进　236

结　语　240

环境篇

导　言　244

一　实施大气治理行动，空气质量显著改善　246

二　加大治沙覆绿力度，国土绿化稳步推进　254

三　坚持保护治理同步，水环境质量持续改善　258

四　强化实施全程管控，赛区生态环境硕果累累　264

五　低碳场馆树立典范，绿色低碳未来可期　268

六　低碳交通持续深化，低碳出行蔚然成风　274

七　率先使用绿色电力，低碳能源引领示范　278

八　多措并举齐参与，努力实现碳中和　282

九　可持续性创新突破，可持续理念深入人心　286

结　语　290

城市发展篇

导　言　294

一　双奥之城——北京　296

二　最美冬奥城——延庆　328

三　体育之城——张家口　340

四　城市复兴新地标——首钢园　354

结　语　362

区域发展篇

导　言　366

一　交通设施相连相通　交通出行更加便利　368

二　生态环境联防联治　青山绿水更加宜居　378

三　产业发展互补互促　区域经济不断提升　386

四　公共服务共建共享　民生保障水平整体提升　402

五　加快建设京张体育文化旅游带　为区域协同发展注入新内涵　410

六　助力脱贫攻坚绿色发展　交出两份优异答卷　420

结　语　428

一起向未来

Together for a Shared Future

● 在北京颐和园举行的北京市民快乐冰雪季

导 言

　　体育遗产是北京冬奥会最直接也是最重要的遗产。北京冬奥会的筹办和举办对中国冰雪运动普及与发展具有巨大的带动作用。冬奥筹办6年来，大众冰雪运动参与人数大幅增加，冰雪运动在广大青少年中快速推广，残疾人冰雪运动广泛开展，冰雪运动竞技水平跨越式提升，各类冰雪运动赛事蓬勃开展，冰雪运动场地设施加快供给，冰雪运动人才队伍日益壮大。冰天雪地汇聚了人山人海，一颗颗冰雪运动的种子，正在华夏大地上生根发芽，冰雪运动在中国这片美丽的土地上绽放出了最绚丽的色彩，"带动三亿人参与冰雪运动"从愿景逐步走向现实。按照国家体育总局委托国家统计局开展的《"带动三亿人参与冰雪运动"统计调查报告》显示，自冬奥会申办成功至2021年10月，全国居民参与过冰雪运动的人数为3.46亿，冰雪运动参与率24.56%，实现了"带动三亿人参与冰雪运动"的目标。

　　本篇全面梳理和总结了自2015年申办成功以来，北京冬奥会筹办过程中在体育遗产方面取得的成果。

● 2021-2022 赛季速度滑冰世界杯美国站：中国队出战男子团体追逐赛

一 大众冰雪运动普及发展

在"带动三亿人参与冰雪运动"的愿景推动下，中国各级政府不断优化冰雪运动发展政策环境，调动各方资源力量，组织开展"全国大众冰雪季"等冰雪活动，推动冰雪运动突破季节和地域限制，积极发展冰雪旅游，开发线上冰雪运动，推动大众冰雪运动快速普及发展。

1. 建立了促进冰雪运动发展政策促进体系

聚焦"三亿人参与冰雪运动"目标，从中央到地方各级政府制定出台一系列促进冰雪运动发展的政策，系统规划了冰雪运动发展目标、任务和基本路径，着力解决经费投入、税收优惠、队伍建设、用地保障、标准统计等阻碍冰雪运动发展的瓶颈问题，冰雪运动发展政策环境持续优化，为我国冰雪运动快速发展提供了强有力的支撑。

● 第八届全国大众冰雪季启动仪式

● 昆明市开展青少年滑雪活动

国家层面，2016—2021 年，制订出台一系列促进冰雪运动发展的规划计划，包括《冰雪运动发展规划（2016—2025 年）》《全国冰雪场地设施建设规划（2016—2022 年）》《带动三亿人参与冰雪运动"实施纲要（2018—2022 年）》《全民健身计划（2021—2025 年）》等，明确了冰雪运动发展的目标任务和具体措施。

地方层面，北京市制订了《关于加快冰雪运动发展的意见（2016—2022 年）》以及七项配套规划，河北省出台了《河北省冬季运动发展规划（2015—2022 年）》等。广东、四川、新疆、上海、江苏、福建、天津、吉林等 26 个省区市也制定出台 100 多个专门促进冰雪运动发展的政策文件[1]，为全国冰雪运动发展提供强有力的支撑。

① 数据来源：国家体育总局冬季运动管理中心

2.“全国大众冰雪季”成为群众性冰雪活动品牌

从 2014 年至今,“全国大众冰雪季”已经连续举办 7 届,冰雪季活动范围持续扩大,从第 1 届仅包括 10 个省区市参与扩展到第 7 届覆盖 31 个省区市和超过全国一半的地级市,已成为传播冰雪文化、推广冰雪运动、激发群众冰雪运动参与积极性的重要平台。

冰雪季活动项目不断增多,包括开展“全民冰雪公开课”活动、“滑向 2022”系列赛事、中国冰雪大会、“百城千冰计划”②等,2020—2021 年第 7 届全国大众冰雪季共组织近 1200 场次全国联动或区域联动的群众性冰雪赛事活动,通过不断丰富赛事和活动,让冬季体育运动走近百姓生活。

冰雪季参与人数持续增加,已从 2014 年的 1000 万人次左右上升到第 7 届时的近亿人次。

② 百城千冰计划:指在全国不少于 100 座城市中建设近千块冰场

冰雪季参与人数持续增加

1000 万	2014—2015 年　第 1 届参与人数
超 9000 万	2018—2019 年　第 5 届参与人数
超 7000 万	2019—2020 年　第 6 届参与人数
近亿	2020—2021 年　第 7 届参与人数

3. 地方群众性冰雪活动广泛开展

在"全国大众冰雪季"的引领带动下，各地纷纷开展丰富多样、特色鲜明的群众性冰雪赛事活动，形成了"北京市民快乐冰雪季"等 20 余项地方活动品牌。其中北京市快乐冰雪季第 3—7 届累计参与人次达 2038 万，举办活动 15643 场次。河北省参与群众性冰雪运动人次从 2015—2016 雪季的 445 万人次逐年上升到 2020—2021 雪季的 2200 万人次[③]，呈稳定增长态势。

在"南展西扩东进"战略的带动下，各地通过积极探索，不断创新冰雪活动形式，因地制宜开展各类群众性冰雪运动。"南展"：福建省先后举办"助力冬奥·营动福建"万人上冰冬夏令营、首届海峡两岸杯青少年冰球挑战赛，在全省开展"轮滑冰球"等项目，深入学校开展冰雪运动普及课。"西扩"：重庆市连续 3 年举办冰雪运动季，开展冰雪运动"七进"活动[④]，举办冬季运动知识全民线上挑战赛，有针对性地带动市民群体参与冰雪运动，激发民众的参与热情。据统计，目前重庆每年参与冰雪运动的人数已超过 120 万。"东进"：上海市将冰雪运动纳入市民运动会和城市

③ 数据来源：《河北省人民政府办公厅关于支持冰雪运动和冰雪产业发展的实施意见》

④ 七进：进家庭、进社区、进机关、进厂矿、进校园、进农村、进部队

上海市北外滩白玉兰广场室外溜冰场

长春市南湖公园滑冰的市民

● 在夏季训练的国家队队员

业余联赛；培育自主冰雪赛事品牌"上海超级杯"，发挥顶级冰雪赛事引领作用；建设 22.7 万平方米的超大型室内滑雪场。截至 2020 年，上海市民参加各类冰雪活动已近 200 万人次。

4. 冰雪活动突破季节限制

自 2018 年起，为拓展冰雪运动开展时间，突破季节限制，连续 3 年在夏季举办全国大众欢乐冰雪周。其中，2018 年首届全国大众欢乐冰雪周持续时间 9 天，组织开展群众性冰雪活动 200 余场，直接参与人数达 30 多万，间接影响人数超过千万，覆盖全国 20 个省区市、40 余座城市[⑤]。

2019 年第 2 届全国大众欢乐冰雪周期间，组织了一系列丰富多彩、形式多样的冰雪主题活动，如"中国冰雪大会城市巡回""国家队训练公开日""冰雪项目体能大比武全民挑战赛""全民冰雪公开课"等，采取线上线下相结合的方式，让冰雪运动传统地区更加火热、新兴地区活力不断。自 2018 年以来，全国大众欢乐冰雪周共计在全国举办超过 100 项群众冰雪赛事活动，覆盖全国 25 个省区市、60 余座城市[⑥]，"欢乐暑假 冰雪一夏"成为夏日体育新时尚。

5. 线上冰雪活动火热进行

各地积极探索疫情条件下冰雪运动的开展形式，通过结合内容特点创新开发线上与线下相结合的活动方式，使广大民众在线上享受冰雪运动的别样乐趣。2020 年"全国大众欢乐冰雪周"积极探索疫情防控常态化下在线活动开展模式，通过"云直播""云连线""云展示""云竞技""云颁奖""云

⑤《中国体育报》：《参与冰雪运动成为全民健身新风尚》，2020-1-3

⑥数据来源：国家体育总局冬季运动管理中心

课堂"等形式，不断提升冰雪运动的普及程度和影响力。

2020 年 8 月 8 日，在第 12 个全民健身日到来之际，国家体育总局联合其他部门共同推出《冰雪知识微课堂》系列节目，在全国 20 家省级和地级市广播电台联动播出，覆盖近千万人次。

2020 年 9 月，首届中国数字冰雪运动会在广州正式启动，赛事以"数字跳动，欢乐冰雪"为主题，在疫情防控常态化条件下，运用 VR、3D 体感体验等科技手段突破冰雪运动的季节和地域限制，跨界将冰雪与电竞相融合，经过近一年角逐，总曝光人数超过 1 亿，全国各地影响力空前。

北京奥运城市发展促进会发挥奥林匹克精神文化遗产传承独特优势，打造线上奥运文化主题展览，宣传展示奥运遗产传承利用成果、奥林匹克和北京冬奥会知识、中国冬奥历史等内容。同时发挥奥运博物馆运营优势，打造线上奥林匹克博物馆之旅。此外，通过征集奥运遗产微视频，发布急智冬奥手游和冰雪健身操内容，传播奥运知识，促进全民健身，营造全民喜迎冬奥会的热烈氛围。

● 观众在中国冰雪大会上体验数字滑雪

二 冰雪运动在青少年中快速推广

目前中国青少年人口数量约2.5亿，[①]因此，吸引广大青少年参与冰雪运动是推动3亿人参与冰雪运动的关键一环，也是筑牢中国冰雪运动发展根基、保障冰雪运动长期可持续发展的重要支撑。北京冬奥会筹办以来，大力推动冰雪运动进校园，深入开展奥林匹克教育，推广冰雪运动旱地化，同时在校外广泛开展内容和形式多样的冰雪运动活动，推动了青少年冰雪运动的普及发展。

1. 制订并实施奥林匹克教育计划

2018年，教育部、国家体育总局会同北京冬奥组委制订并实施《北京2022年冬奥会和冬残奥会中小学生奥林匹克教育计划》和《北京2022年冬奥会和冬残奥会青少年行动计划》，以中小学为重点，将奥林匹克教育纳入学校教育教学，深入开发奥林匹克教育资源，广泛组织开展奥林匹克教育活动，积极开展青少年奥林匹克国际交流，通过在青少年群体中广泛弘扬奥林匹克精神、普及奥林匹克知识、传播奥林匹克理念，激发广大青少年积极参与冬季运动的热情。截至2020年10月，全国范围内已认定并命名835[②]所北京2022年冬奥会和冬残奥会奥林匹克教育示范学校。截至2021年6月底，张家口市中小学奥林匹克教育覆盖率达到100%[③]。

2. 推动冰雪运动进校园

国家体育总局、教育部、北京冬奥组委通过举办以"筑

① 国家统计局2021年5月11日发布的《第七次全国人口普查主要数据情况》中显示"0—14岁人口为25338万人"

② 数据来源：教育部政府门户网站

③ 数据来源：张家口体育发布《张家口市中小学冰雪运动普及率实现100%》，2021-8-11

● 北京市石景山区电厂路小学"小小冬奥博物馆"

梦冰雪·相约冬奥"为主题的全国学校冰雪运动系列竞赛和冰雪嘉年华活动,进一步推广普及校园冰雪运动,培养学生冰雪运动兴趣,提高学生冰雪运动技能水平。北京市大力推动有条件的学校将冰雪运动内容纳入体育课程教学;鼓励学校通过购买社会服务的方式,与滑雪场、滑冰场等相关社会机构合作开设冰雪运动课程,提高冰雪运动教学质量;鼓励学生积极参与冬季健身运动,熟练掌握一至两项冰雪运动技能;在特教学校开设冰蹴球、模拟冰壶、雪鞋走、轮滑等适合残疾学生的冰雪或仿冰、仿雪运动项目课程。自 2019 年起连续 3 年开展"北京市中小学生奥林匹克教育及冰雪进校园系列活动",覆盖全市近 200 所中小学的近 20 万名中小学生。张家口市将冰雪运动相关工作纳入教育工作整体规划。从 2018 年起,每年冬季全市中小学校体育课教学全部以冰雪内容为主,奥林匹克和冰雪运动知

全国冰雪特色校

2062 所

1036 所

0 所

2018   2019   2020

识课程（包括课堂教学与户外实践）逐年增加。同时，连续组织四届"万名中小学生冰雪体验活动"，累计约 11 万名中小学生参与体验。截至 2021 年 6 月底，张家口市中小学冰雪运动普及率达到 100%。④2018 年开始，教育部在全国遴选建设全国青少年校园冰雪运动特色校（以下简称"冰雪特色校"），截至 2020 年，全国冰雪特色校已经达到 2062 所。⑤

④ 数据来源：张家口体育发布《张家口市中小学冰雪运动普及率实现100%》，2021-8-11

⑤ 数据来源：教育部政府门户网站 http://www.moe.gov.cn

● 张家口市首届冰雪运动会

● 北京市石景山区电厂路小学真冰冰壶场地。
专业运动员介绍冰壶运动

● 北京市石景山区电厂路小学旱地雪车课程

● 张家口宣化二中学生开展滑雪训练

● 清华大学旱地冰球体验活动

3. 推广校园冰雪运动"旱地化"

在不具备冰场和雪场的学校因地制宜建设仿真冰场和雪场，开展"冰雪运动旱地化"（以下简称"旱地化"）活动，以模拟冰雪运动，提升青少年冰雪运动技能。积极组织旱地化赛事活动，2017年创办的"全国青少年夏季滑雪挑战赛"已举办5届，有效带动了青少年四季滑雪运动推广普及。北京市除了少数学校在校内建设人工冰场，"旱地化"成为大多数学校开展冰雪进校园，解决场地难题的通行做法。例如北京市朝阳区呼家楼中心小学、八里庄中心小学引进"旱地冰球"项目；石景山区电厂路小学除了旱地冰球、旱地冰壶还引入旱地滑轮、桌上冰壶、冰蹴球，同时利用废旧木板安装滑轮，让学生模仿体验"钢架雪车"。张家口市在全市各级各类学校广泛开展轮滑、滑轮、陆地冰壶、旱地冰球等旱地化运动。张家口市宣化二中在校内创办滑板、轮滑、滑轮、旱地冰球等旱地化特色社团；崇礼区高家营镇的 4 所小学每年举办全校性旱地冰壶、旱地轮滑运动会，进一步激发学生参与冰雪运动的热情和积极性。

4. 组织开展校外冰雪活动

"全国大众冰雪季"专门为青少年开设"世界雪日暨国际儿童滑雪节"活动，该活动自 2015 年至 2021 年已连续举办 7 届。此外在暑假期间举行"全国大众欢乐冰雪周"，以此吸引青少年和家长们感受滑雪运动魅力。开展"爱冰雪迎冬奥""百城千校画冬奥、滑冰雪、话健康"等青少年冰雪主题活动，培训一批体育教师和社会指导员，编写青少年冰雪运动普及丛书，为开展青少年冰雪活动提供专业支持。⑥街道社区联合冰雪企业开展面向青少年的冰雪活动，为青少年上冰上雪搭建平台、创造条件。

⑥ 数据来源：国家体育总局冬季运动管理中心

● 张家口冰雪产业园区滑旱雪的孩子与滑雪指导

三 残疾人冰雪运动广泛开展

2015—2020 年间，我国残疾人群众性冰雪活动内容不断丰富，活动项目种类逐渐增加，形成了以"中国残疾人冰雪运动季"为龙头的品牌活动和精品活动，残疾人冰雪运动发展态势良好。冬季残奥项目竞技水平取得突破性进展，残疾人冬季运动设施日趋完善，残疾人参与率稳步提升。

1. 残疾人冰雪运动参与度不断提高

自 2016 年起，由中国残疾人联合会主办，每年在全国范围内组织开展"中国残疾人冰雪运动季"系列活动，截至 2020 年已举办 5 届。参与单位由最初的 13 个省区市发展至 26 个[①]。围绕各类残疾人冬季体育健身的特殊需求，各地因地制宜，积极开展残疾人冬季体育项目的体验、健身和竞赛活动。北京市残联积极组织残疾人参与冰雪活动，其中 2015—2016 年北京市参与各项冰雪活动的残疾人为 0.5 万人次，到 2018—2019 年提升至 3 万人次，2019—2020 年，受疫情影响，残疾人冰雪参与人数下降，但仍有上万余人次走出家门参与活动。

① 数据来源：国家体育总局冬季运动管理中心

适合残疾人参与的冰雪活动形式不断丰富。北京市连续 4 年在延庆区组织"冰雪嘉年华"系列活动，举办一系列冰上趣味比赛、雪上趣味比赛及冰雪体验活动。迷你桌上冰壶、推杆式冰壶、旱地冰壶、融合龙舟、冰蹴球等比赛活动推动了北京市残疾人冰雪运动蓬勃开展。张家口市连续开展 6 届残疾人冰雪运动季，运动季期间冰雪活动精

● 张家口市第 5 届残疾人冰雪季开展了残健共融的雪地舞龙

彩纷呈、特色凸显,活动项目包括雪鞋走、雪上龙舟、雪地拔河等,使残疾人充分参与到了冰雪项目中来。

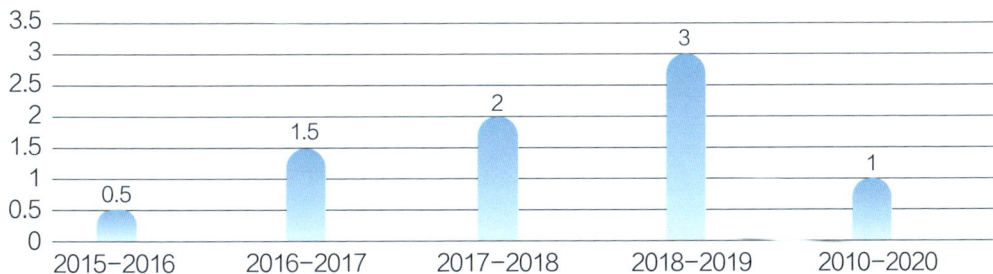

数据来源:北京市残疾人联合会

● 2015—2020 年北京市残疾人参与各项冰雪活动的人次(单位:万人次)

2. 残疾人冰雪竞技水平稳步提高

冬奥申办成功后，我国开展的冬残奥项目由 2 个大项拓展至 6 个大项，截至 2020 年，我国残疾人运动员参加了 64 项国际冬季赛事。2018 年平昌冬残奥会，轮椅冰壶队获得金牌，实现冬季项目金牌零的突破[②]。在高级别的残疾人国际冰雪赛事诸如轮椅冰壶世锦赛、单板滑雪世锦赛、残奥冰球世锦赛等赛事中，我国残疾人运动队的成绩和排名逐年上升。2019 年轮椅冰壶队获得世锦赛冠军，2021 年再次获得世锦赛冠军，单板滑雪首次获得世锦赛 2 枚金牌，高山滑雪获得世界杯 3 枚金牌，残奥冰球队 2018 年首次参加世锦赛获 C 组冠军，2021 年又获得 B 组第一名的优异成绩。

在残疾人冰雪竞技人才培养方面，通过不懈努力，全国冬残奥运动员由不足 50 人发展至千余人，技术官员从无到有发展到上百人。在北京，有 6 个大项 15 名运动员进入国家集训队，承担国家轮椅冰壶队、国家残疾人高山滑雪队集训任务。在河北，截至 2021 年年初，已实现冬残奥 6 个项目的全覆盖，选拔注册运动员 105 人，39 人入选国家集训队，居全国首位。

② 人民网：《共谱奥运精彩 共享发展成果》

● 残疾选手在单板滑雪比赛中

● 听力残疾选手在高山滑雪锦标赛站姿组大回转项目比赛

● 残疾人滑雪

3. 奥林匹克教育和残奥教育在特殊教育中有效推广

　　大部分残疾儿童和青少年在普通学校接受教育，一部分无法参与正常教育的儿童和青少年在特殊教育学校接受教育。北京冬奥会申办成功后，我国积极推动冰雪活动和冬残奥体育教育进入特教学校，在教育部遴选校园冰雪特色学校和奥林匹克示范学校过程中，特教学校是被遴选对象之一。2020 年，全国共有 8 所特殊教育学校被遴选为冰雪特色学校，7 所特殊教育学校被遴选为北京 2022 年冬奥会和冬残奥会奥林匹克教育示范学校。各省区市也大力推动冬残奥体育教育进入特教学校，采取各种形式，举办各种活动，为残疾青少年参与残奥、参与冰雪运动创造条件。

"

专栏：河北省积极推进冬残奥体育教育进入特教学校

　　河北省在2018年提出《冬残奥体育教育进特教学校实施方案》，全省特教学校需将残疾人奥林匹克和冬残奥体育知识教育纳入学校日常教学，广泛推动特殊教育学校学生参与冰雪运动。2019年，首届河北省特教学校旱地冰壶比赛在石家庄市特殊教育学校举行，共有22支代表队报名参赛，参赛运动员均为河北各市特教学校的在读学生。张家口市特殊教育学校积极培养残疾人专业运动员和冬奥会手语志愿者，开展冬奥会主题班会、冰雪活动进校园等特色课程和活动，并为北京2022年冬残奥会提供专业人才支持。

● 2021年12月3日，河北省邯郸市广平县特殊教育学校旱地冰壶队的队员在进行训练

● 残疾选手备战全国高山滑雪锦标赛暨单板滑雪锦标赛

4. 残疾人冬季运动健身设施日趋完善

残疾人冬季健身专用设施更加完善。推进公共冬季体育场所设施为残疾人提供特殊服务。除此之外，中国残联积极探索"互联网＋残疾人"冬季健身服务平台，普及冬季健身知识，组织开展线上健身活动，提供相关信息，让残疾人冬季健身更具便利性、开放性。

"

专栏：北京市石景山区残联残疾人"冰雪之家"

　　为了让更多的残疾人有机会接触冰雪运动，弘扬冰雪体育文化，石景山区残联建立了北京市残联系统第一家以冬奥、冬残奥为主题的多功能体验室——残疾人"冰雪之家"。

　　"冰雪之家"占地面积约50平方米，可同时容纳30名残疾人参与活动，残疾人在此能够观看冬残奥会项目视频介绍、体验VR实景冰雪运动和仿真冰球、桌上冰壶球、地推冰壶球等适合各类残疾人参与的特色冰雪项目。依托"冰雪之家"，区残联开展了丰富多彩的系列活动，为残疾人提供了参与冬奥、体验冬奥、融入冬奥、享受冬奥的良好环境，让残疾人更好的体验和参与冰雪运动。

　　"冰雪之家"系列活动推广了冬残奥理念，普及了冬残奥知识，提升了民众对冬残奥会的关注度，下一步，区残联将积极发挥好"冰雪之家"的作用，组织更加丰富多彩的文体活动，进一步丰富残疾人文化体育生活。"冰雪之家"还将在新建石景山区残疾人职康大楼呈现100平米以上的冰雪体育文化活动场所，并在各街道温馨家园、职康站推广复制石景山区残疾人"冰雪之家"模式，真正形成冬奥可传承遗产，带动各类残疾人就近、就便参与冰雪运动，让残疾人树立科学健身、健康向上的生活理念。

● 石景山区残疾人冰雪之家

专栏：北京市残疾人冰壶冰球运动馆投入使用

2021年5月15日，在第31个"全国助残日"到来前夕，北京市残疾人冰壶冰球运动馆正式投入使用。这座建在北京市残疾人文化体育指导中心园区内的运动馆是国内省级残联中首座残疾人冰壶冰球运动馆，也是北京市首个"永久性"气膜结构建筑。它将为北京备战北京2022年冬残奥会冰壶、冰球运动员提供训练场地。同时，向社会开放，为周边地区组织开展包括健全人在内的群众性冰上体育活动提供保障，填补北京市大兴区缺少专业性冰上运动场地的空白。场馆内包含符合冬残奥标准的一块冰球场地和五条冰壶赛道，并配备了高清摄像记录和计分系统，可同时满足2支冰球队和10支冰壶队同场训练。北京2022年冬残奥会后，可继续承担训练任务，组织举办小型残疾人冰上运动赛事并承接群众性冰上活动。

场馆所采用的气式膜建筑结构，建设成本相当于传统建筑的二分之一或更少，且膜结构可拆卸、易于搬迁。膜材料透光率高、反射性高、光吸收性低，热传导较低，可节约照明用电。空调和采暖所需的能耗仅为传统建筑的10%-30%。场馆采用R134a直冷制冰系统，该系统废热回收率较高，其废热可以广泛用于场馆的地坪加热、冰车热水、融冰等不同需求，综合能效比提高40%左右，每年可节约运营维护成本约200万。

● 北京市首个"永久性"气膜结构无障碍冰壶冰球馆正式投用

四 冰雪运动竞技水平跨越式提升

北京冬奥会在带动中国冰雪运动普及与发展的同时，也有力促进了中国冰雪运动竞技水平的提升。以冬奥备战为牵引，坚持固强补弱，优化冰雪运动竞技项目布局，推动专业运动队建设，强化后备人才培养，取得初步成效。目前，国家队全项目参赛格局已经形成，国内冰雪运动竞技水平显著提升，诸多项目在国际大赛中取得优异成绩。

1. 优化项目布局实现全项目建队

通过重点发展优势项目和潜在优势项目，有针对性发展一般项目，对冬奥会需要发展的新项目集中精力推动，实现跨越式发展。截至2018年底，组建31支国家集训队，覆盖北京冬奥会全部109个小项，运动员和教练团队共有近4000人，比平昌冬奥会周期同比增幅约7倍。2019年，备战人员由4000多人精简至1153人，全面覆盖109个小项的各支国家队、集训队完成组建，为实现北京冬奥会"全项目参赛"筑牢基础。

2. 着眼长远布局竞技人才梯队

制订实施《冬季项目竞技体育后备人才中长期规划》《冰雪运动后备人才培养计划》，打通冰雪运动项目和夏季运动项目后备人才的培养渠道，积极引导学校、企业、社会体育组织共同参与冰雪运动后备人才队伍建设。2015—2020年，参加全国性冰雪运动比赛注册运动员人数实现翻番，

● 冰雪国际大赛 2019 年国际冰联女子冰球世界锦标赛甲级 B 组赛，中国 VS 拉脱维亚

从 5111 名增长为 11365 名。截至 2019 年底，北京市扶持建设市级青少年冰球队 5 支、滑雪队 1 支，区级冬季项目运动队达到 126 支，冰雪项目青少年注册运动员 5517 人；河北省已建立 10 所冬季项目后备人才基地、20 所冬季体育传统学校、20 家冰雪俱乐部。

2015—2020 年我国冰雪运动金银铜奖牌数

金牌：2015: 25, 2016: 15, 2017: 26, 2018: 6, 2019: 28, 2020: 12

银牌：2015: 10, 2016: 7, 2017: 23, 2018: 7, 2019: 24, 2020: 11

铜牌：2015: 7, 2016: 5, 2017: 14, 2018: 3, 2019: 17, 2020: 8

■ 金牌　■ 银牌　■ 铜牌

2015—2020 年我国冰上项目、雪上项目奖牌数

雪上项目：2015: 16, 2016: 6, 2017: 9, 2018: 10, 2019: 31, 2020: 24

冰上项目：2015: 26, 2016: 21, 2017: 54, 2018: 6, 2019: 38, 2020: 7

■ 雪上项目　■ 冰上项目

● 2021—2022 赛季单板滑雪世界杯库珀山站女子 U 型场地技巧决赛，中国选手蔡雪桐夺冠

① 数据来源：国家体育总局冬季运动管理中心《关注国家队》

3. 强化科学训练国家队成绩稳步提升

大力推进科技攻关，提高医疗康复、技战术训练、器材装备等方面备战水平，冰雪项目各国家集训队在国际大赛中成绩稳定提升，奖牌总数已由 2015 年的 42 枚增至 2019 年的 69 枚，其中雪上项目的奖牌总数增幅更是接近翻番，由 2015 年的 16 枚攀升至 31 枚①。

● 2021—2022 赛季 ISU 速度滑冰世界杯波兰站男子 500 米决赛中选手高亭宇打破场地纪录夺冠

● 2021—2022 赛季国际滑联花样滑冰大奖赛加拿大站双人滑：中国组合隋文静韩聪夺冠

32
↗
33

● 2021 年 11 月 7 日，意大利都灵 2021—2022 赛季 ISU 花样滑冰奖赛意大利站颁奖仪式。彭程金夺得双人滑银牌

2018 年

2018 年，平昌冬奥会上中国代表团在 4 个项目实现成绩突破，包括**短道速滑**男子项目上首次**获得金牌，单板滑雪项目首次获得冬奥奖牌，速度滑冰男子项目首次获得奖牌，花样滑冰**男单项目取得**第 4 名**的历史最好成绩，且参赛项目为历届冬奥会之最。

2019 年

2018—2019 赛季，**中国钢架雪车队**分别获得**欧洲杯、北美杯冠军**。

2020 年

2020 年，受疫情影响，诸多赛事被取消，中国冰雪项目国际赛事奖牌总数降至 31 枚，但冰雪项目运动**成绩保持突破**的势头不减：传统优势项目如花样滑冰、短道速滑、速度滑冰保持辉煌，曾经的短板雪上项目也获得了长足进步，蔡雪桐、谷爱凌等雪上选手在多个项目中频频创造历史；在洛桑 2020 年青冬奥会上，中国共派出 53 名选手参加 57 个小项的比拼，并获得了 3 金 4 银 5 铜的好成绩。

五　冰雪运动赛事蓬勃开展

随着冬奥筹办的不断深入，我国各类冰雪赛事数量逐年增加，规格也不断提升，不仅为国内冰雪运动员成长提供了良好平台，同时也在冰雪运动推广与普及、带动青少年参与冰雪运动、提升中国冰雪国际影响力等方面发挥了重要作用。

1. 全国专业性冰雪运动赛事遍地开花

从国内看，2015—2016 赛季举办全国短道速滑联赛、全国自由式滑雪空中技巧锦标赛暨第 13 届全国冬季运动会预赛、全国冬季两项锦标赛等 45 项[1]冰雪赛事，2016—2017 赛季举办全国短道速滑锦标赛、全国单板滑雪大跳台及坡面障碍技巧锦标赛、全国男子冰球联赛等 52 项[2]冰雪赛事，2017—2018 赛季举办全国花样滑冰大奖赛、全国速度滑冰冠军赛、全国高山滑雪锦标赛等 79 项[3]冰雪赛事，2018—2019 赛季举办全国冬季两项冠军赛、全国越野滑雪锦标赛、全国钢架雪车锦标赛等 75 项[4]冰雪赛事。受疫情影响，2019—2020 赛季赛事数量有所减少，举办全国单板滑雪障碍追逐锦标赛、全国单板滑雪平行项目冠军赛、全国自由式滑雪 U 型场地技巧锦标赛等 30 项[5]赛事，但整体趋势向好。

2. 国际冰雪赛事纷纷落户中国

2017 年，世界女子冰壶锦标赛、奥迪杯中国花样滑冰大奖赛等国际赛事纷纷落户京张两地。2019 年，国际雪联

① 数据来源：国家体育总局冬运中心 2015—2016 年度全国冬季项目竞赛计划表

② 数据来源：国家体育总局冬运中心 2015—2016 年度全国冬季项目竞赛计划表

③ 数据来源：国家体育总局冬运中心 2017—2018 年度全国冬季项目竞赛计划表

④ 数据来源：国家体育总局冬运中心 2018—2019 冰雪赛事赛历

⑤ 中冰雪网：《冬运中心公开 2019—2020 赛季全国冰雪赛事计划》

● 2021 年全国男子冰球锦标赛

城市越野滑雪积分赛和国际雪联中国轮滑世界杯落户北京，同年，北京成功举办国际冰雪赛事 5 项。世界花样滑冰大奖赛 2019 年和 2020 年连续落户重庆。

3. 青少年冰雪赛事方兴未艾

青少年冰雪赛事发展迅速，赛事体系渐趋完善。2018—2019 赛季中，青少年冰雪赛事超过 30 项[6]。2018 年至今，在冰球项目中，推出了全国中小学生校际冰球联赛、全国青少年（中小学生）U 系列冰球锦标赛、全国青少年冰球挑战赛等 6 项国家级赛事、1 项洲际性赛事和 1 项国际赛事。在滑雪项目中，设立了全国高山滑雪青少年锦标赛、全国越野滑雪青少年锦标赛、全国越野滑雪 U18 精英赛等可以大众参与的青少年系列赛事。自 2019 年起，连续举办两届"筑梦冰雪·相约冬奥"全国学校冰雪运动竞赛暨冰雪嘉年华活动，累计 2462 名运动员参赛。北京市连续举办五届"中小学生冬季运动会"，累计近 5200 名学生参赛[7]。张家口市自 2017 年至 2021 年已经连续成功举办 5 届"张家口学生冰雪运动会暨京津冀青少年冬季运动会"，累计 3878 名运动员参赛。

[6] 中国新闻网：《冬运中心发布 2018-2019 赛季全国冰雪赛事赛历》，2018-12-6

[7] 数据来源：首都之窗北京市教育委员会官方网站

◎ 张家口学生冰雪运动会暨京津冀青少年冬季运动会历届参与人数

年份和届次	参与代表队（支）	运动员人数（人）
第一届（2017 年）	30	520
第二届（2018 年）	30	580
第三届（2019 年）	40	1020
第四届（2020 年）	40	1130
第五届（2021 年）	32	628

● 2016-2017 崇礼太舞国际雪联自由式滑雪雪上技巧世界杯

六 冰雪运动场地设施加快建设

　　北京冬奥会的筹办，极大带动了中国人民参与冰雪运动的热情，也对冰雪运动场地设施供给提出了新的、更大的需求。面对冰雪运动发展的新形势、新要求，以冬奥筹办为契机，各级政府加大公共资源调配力度，引导社会资本广泛参与，着眼扩大增量、提高质量，在全国范围内加快推动建设了一批冰雪运动场地设施，为全面普及推广冰雪运动，更好促进我国冰雪产业发展打下坚实基础。同时，北京冬奥会场馆也将在赛后持续造福民众，带动区域持续健康发展。

1. 制订实施冰雪运动场地设施规划

　　国家体育总局等七部门制订实施《全国冰雪场地设施建设规划（2016—2022年）》，国家体育总局推出"百城千冰计划"，鼓励采取"政府投入建设一批，争取中央部委支持一批，依托现有体育场馆（含大中小学）改造一批，利用废旧闲置厂房改建一批"等方式，多渠道筹措资金推进冰雪场地建设。北京、河北等地按照国家要求，制订实施具有自身特点的冰雪运动场地设施建设规划，推动全国冰雪运动场地设施建设迈上新的台阶。

2. 分类明确冰雪场地设施建设要求

　　加快滑冰场建设。鼓励城区常住人口超过50万的城市根据自身情况建设公共滑冰馆，有条件的城市应至少建设有1片61m×30m冰面的滑冰馆。鼓励有条件的学校建设

● 国家速滑馆

● 江西赣州室内滑冰场

滑冰馆，推广室外天然滑冰场和建设可拆装滑冰场，支持有条件的地区和学校在冬季浇建冰场，鼓励在公园、校园、广场、社区等地建设可拆装式滑冰场。北京市提出每个区至少新建 1 座有效冰面面积不小于 1800 平方米的室内滑冰场或可拆装滑冰场，全市新建不少于 50 片室外滑冰场；河北省提出各区市至少建设 1 个 1830 平方米的标准公共滑冰馆，各县（市、区）建设 1 个室内滑冰馆，全省室内滑冰馆总数达到 200 个以上。

推动滑雪场地建设。支持建设雪道面积大于 5 万平方米的滑雪场，鼓励现有滑雪场完善场地配套服务设施，支持有条件的滑雪场进行改扩建增容，完善设施功能，提升服务水平。

鼓励冰雪乐园建设。支持利用公园、城市广场等公共用地，建设以冰雪游憩活动为主的室内外冰雪乐园，满足公众参与冰雪、体验冰雪需求。

● 新疆阿勒泰市将军山滑雪场

3. 全国冰雪场地设施建设成效斐然

　　截至 2021 年初，全国已有 654 块标准冰场，较 2015 年增幅达 317%；全国已有 803 个室内外各类滑雪场，较 2015 年增幅达 41%。各地纷纷建设冰雪场地和设施，截至 2020 年底，北京市共有室内冰场 50 座、滑雪场 20 家。河北省共有室内滑冰馆 202 座，冰面总面积 13.5 万平方米，实现"县县建有滑冰馆"，各类滑雪场馆共 109 个，冰雪场馆数量稳居全国首位。南方省份冰雪场地和设施建设亦取得突出成果，江苏省大力推动冰雪运动场地设施建设，截至 2021 年上半年，全省共建有冰雪场馆 42 个，场地总面积达 40 多万平方米；福建省自 2019 年以来，先后在福州、厦门、泉州等地建成冰场 10 余个。截至 2021 年 7 月，上海市共有冰场 12 块，室内滑雪场所 29 处，冰壶场地 3 个，冰壶道 8 条。

● 长春冰雪新天地

4. 冬奥场馆打造赛后优质遗产

北京冬奥会场馆规划建设按照充分利用现有场馆、新建场馆与区域和城市长期规划相统一的理念，既注重满足赛时需求，又提前谋划了场馆的赛后利用。通过几年的持续建设，一座座造型优美的场馆展现在世人面前，实现了中国传统文化与奥林匹克元素的完美结合，展示了中国建设者们的匠心独运和高超建筑艺术。同时，各场馆在建设过程中，注重科技和智慧赋能，并通过采取各类绿色低碳环保措施，全过程落实可持续理念。这些精心打造的场馆精品赛后将成为值得传承、造福人民的优质资产，持续助力区域长期发展。

留下一批国际一流场馆遗产。北京冬奥会共使用40个竞赛、非竞赛和训练场馆。其中竞赛场馆12个：北京赛区6个，包括国家游泳中心、国家体育馆、五棵松体育中心、国家速滑馆、首都体育馆、首钢滑雪大跳台；延庆赛区2个，包括国家高山滑雪中心和国家雪车雪橇中心；张家口赛区4个，包括云顶滑雪公园、国家跳台滑雪中心、国家冬季两项中心和国家越野滑雪中心。所有竞赛场馆中有4个是利用2008年奥运会的比赛场馆，云顶滑雪公园也是建成近10年的成熟滑雪场。非竞赛场馆25个，主要的非竞赛场馆包括承担开闭幕式任务的国家体育场，分别位于北京、延庆、张家口赛区的冬奥村/冬残奥村，以及承担主新闻中心和国际广播中心任务的主媒体中心。此外，还有3个训练场馆，分别是五棵松冰球训练馆、首体花样滑冰和短道速滑训练馆。

提前谋划赛后利用。北京冬奥会场馆的赛后利用主要分为三个方面。一是聚焦全民健身。赛后各场馆均将服务大众健身作为赛后利用的首要任务，制订面向大众开发的政策和计划，并结合场地设施条件，根据季节特点，开展丰富多彩、种类多样的全民健身活动，提供体育休闲健身、业余赛事举办和体育培训等各类服务，优先满足群众的体育健身需求。同时向残疾人、现役军人、老年人、中小学生等人群提供门票等方面的优惠政策，使广大民众都能享受到场馆红利，使其长久地造福人民。二是举办高端赛事。北京冬奥会各场馆都达到了国际顶级水准，一流的场馆需要一流的赛事作为支撑，各场馆将利用冬奥筹办期间与国内外体育组织建立的良好合作关系，用好相关资源，积极承接和举办各类国内外高级别赛事，同时服务专业运动队训练，服务北京国际体育名城和张家口体育之城建设。三是打造服务市民体育文化旅游休闲的综合体。除体育功能之外，各场馆将承接文艺演出、艺术展览、旅游观光、餐饮娱乐等各类商业活动，增强场馆的文化体验和休闲娱乐功能，同时开展会议会展、企业庆典、新品发布、房屋租赁和地产运营等方面商业运营，为场馆长期持续发展提供支撑。

● 首钢滑雪大跳台

七 冰雪人才队伍建设成果丰硕

北京冬奥组委会同国家体育总局、中国残联、北京市政府、河北省政府提前进行顶层设计，通过联合印发《北京2022年冬奥会和冬残奥会人才行动计划》，积极构建与国际接轨、符合现实国情的人才政策和体制机制。与此同时，在北京冬奥会筹办带动下，各类冰雪运动人才数量和冰雪社会组织规模获得迅速增长。这些人才、组织和体制机制未来都将持续助力我国冰雪运动长期健康发展。

1. 冰雪运动人才和冰雪社会组织不断增长壮大

冰雪运动注册运动员迅速增长。2015—2020年，我国冰雪运动注册运动员增幅达123%。2015年，我国冰雪运动注册运动员为5111名；2020年，冰雪运动注册运动员达到11365名[1]。

冰雪运动裁判员数量不断增加。全国冰上运动项目国家级裁判员增至357名，国际级裁判员数量增至106名；雪上运动项目裁判员数量增至523名，国际级裁判员数量增至25名。近几年刚开始发展的滑行项目、雪车及钢架雪车雪橇项目，国家级裁判员增至79名，国际级裁判员数量增至79名。北京市不断加强裁判员培养培训，截至2020年，北京市冰上项目和高山滑雪项目的裁判员达到600人，其中一级（含）以上裁判员有349人[2]。

冰雪项目单项体育协会快速发展。根据民政部相关数据显示，截至2021年12月，我国正式注册的各级冰雪运动社会组织共有792个，其中国家级协会8个，省级协会

① 数据来源：国家体育总局冬季运动管理中心

② 数据来源：北京体育局

2016—2020 年我国冰上运动项目
国家级、国际级裁判员新增数量

■ 冰上运动项目国家级裁判员
■ 冰上运动项目国际级裁判员

2015—2020 年我国雪上运动项目
国家级、国际级裁判员新增数量

■ 雪上运动项目国家级裁判员
■ 雪上运动项目国际级裁判员

● "奥运城市杯"国际青少年冰球邀请赛的裁判

32 个，其他冰雪运动社会组织 752 个，是 2015 年冰雪运动社会组织数量的 2.89 倍。从全国看，冰雪项目单项体育协会改革正在有序推进，为冰雪运动发展保驾护航。从地方看，地方性冰雪项目单项体育协会成为推动冰雪运动发展的重要力量。北京市的各冰雪运动协会相继成立，2012 年成立冰球运动协会，2016 年成立冰壶协会和滑雪协会，2018 年成立滑冰协会，形成四大冬季项目全覆盖的冰雪运动发展社会组织体系。截至 2020 年，北京市培训冰雪运动社会体育指导员约 2.3 万人。2018—2019 雪季，河北省共成立 32 家冰雪运动类协会，比 2017—2018 雪季增加了 14 家，累计会员人数达到 39121 人，比 2017—2018 雪季增加了 3700 多人[③]。截至 2020 年，全省构建了省市县三级协会体系，全省协会总量达到 215 个[④]，培训冰雪运动社会体育指导员 2 万余人[⑤]。

③数据来源：《河北省冰雪活动蓝皮书（2018—2019年）》

④数据来源：《人民日报》，2021-12-19

⑤数据来源：《人民日报》，2021-12-19

● "相约北京"系列冬季体育赛事技术官员

协会发展——北京市

2012 年

● 2012 年成立冰球运动协会

2016 年

● 2016 年成立冰壶协会和滑雪协会

2018 年

● 2018 年成立滑冰协会，形成四大冬季项目全覆盖的冰雪运动发展社会组织体系

2020 年

● 截至 2020 年，北京市培训冰雪运动社会体育指导员约 2.3 万人

协会发展——河北省

2017—2018 雪季

● 成立 18 家冰雪协会

2018—2019 雪季

● 成立 32 家冰雪运动类协会，比 2017—2018 雪季增加了 14 家，累计会员人数达到 39121 人，比 2017—2018 雪季增加了 3700 多人

截至 2020 年

● 全省构建了省市县三级协会体系，全省协会总量达到 215 个，培训冰雪运动社会体育指导员 2 万余人

2. 广开视野延揽国内外优秀专业人才

紧缺专业人才引进成效显著。北京冬奥组委通过建立特聘专家制度，分14批选聘61名顶尖人才参与筹办工作。其中，来自于18个国家的40名外国专家，在场馆设计、赛道建设、竞赛组织等方面发挥了重要作用。通过加强与相关国际单项体育联合会、部分国家奥委会的合作，针对急需紧缺的造雪压雪、制冷浇冰等领域，建立外籍专业人才团队式引进和短期使用机制，开通人才引进绿色通道，分批引进207人参与冬奥测试活动，带动国内冰雪专业人才队伍建设。

国内人才选拔培养不断加强。发挥体制优势，面向全国遴选和培养国内技术官员，先后举办54个培训班，推动完成4900余人次国内技术官员培训、2.1万人次赛事保障人员培训、8000人次场馆运行团队工作人员《防疫手册》培训。面向体制外广泛荐拔人才，组建冬奥组委滑雪战队，培养622名民间滑雪高手组建冬奥会雪上赛事作业团队，为冬奥会赛事运行提供坚实保障。

● 特聘冰球专家大卫·菲特斯派屈克考察国家体育馆

● 北京冬奥组委选派筹办人员赴平昌学习办赛经验

3. 创新举措建立国际化人才培养体系

专家"请进来"，提升办赛经验。与国际奥委会合作，制订实施北京 2022 学习战略，学习国际办赛经验，先后邀请 180 人次国际专家来京或在线召开 53 次学习研讨会，重点抓好高层人员学习、场馆主任学习、延庆赛区赛事管理学习等一系列专题学习活动。与国际残奥委会合作，深入实施卓越计划，执行 11 个符合残奥会运行特点的学习项目。加强知识转移，在北京成功举办平昌冬奥会和冬残奥会总结会，邀请 804 名国内外来宾参加为期 5 天的高规格国际会议，系统学习韩国平昌办赛经验。

筹办人员"走出去"，参与办赛实践。深化实战培训，依托往届奥运会、冬季项目世界杯、世锦赛等赛事平台，开展实习计划、影随计划、观察员项目等学习活动，连续 5 个赛季选派 687 人次筹办人员赴境外学习办赛经验。在平昌冬奥会期间，选派 41 人到平昌冬奥组委开展了最长时间达 135 天的顶岗实习，回国后展开为期 10 天的千人学习大讨论。在东京奥运会和残奥会期间，选派 4 批次共 33 人到东京奥组委参加观察员项目，积累疫情背景下的办赛经验。国际奥委会连续 5 年在其核心刊物上推广北京冬奥组委经验，认为"人才培养是北京 2022 筹办工作的奠基石"。

4. 夯实基础完善冬奥筹办人员教育培训机制

扎实推进筹办人员业务培训。北京冬奥组委统筹实施了 462 个培训项目，覆盖 4.8 万人次。积极开展通用培训，建立"双周一课大讲堂"培训品牌，采取线上与线下相结合的方式实施英语培训。着力深化专业培训，

● 平昌冬奥会总结会在北京冬奥组委举行

Make the right decision at the right time!

PyeongChang 2018
Debrief

50
51

● 冰壶技术官员业务培训

建立专业知识与技能台账，细化全委56个业务领域学习路径，高质量完成318个专业培训项目。强化场馆和岗位培训，制定场馆和岗位培训工作指导意见、实施大纲等，于赛前实施3519个培训项目，包括57个《防疫手册》培训项目，有力提升了场馆团队专业素养和实战能力。

形成稳固的培训工作基础。组织编写工作人员读本、竞赛项目读本、志愿者读本等9种10册通用培训教材，开发140种专业培训讲义、40种场馆培训手册，面向社会公众，公益推广21部冬奥会和冬残奥会竞赛项目知识介绍片。创建25个冬奥培训基地、835所奥林匹克教育示范学校、2062所冰雪运动特色学校。建成信息与知识管理平台，集成460门视频课件、600万字学习成果，打造历届奥组委中第一个数字化、信息化学习平台。

5. 建立完善高校冬奥人才培养体系

北京冬奥组委会同北京市、河北省教育主管部门印发《关于充分发挥高等学校人才优势 支持冬奥筹办工作的指导意见》，明确了人才培养与输送、教育培训、科研攻关、文化传播、志愿服务等 15 项具体任务。

联合高校培养赛事人才效果显现。北京冬奥组委与 25 所高校联合招收并培养 776 名冬奥赛时实习生，到场馆开展为期半年至一年的顶岗实习。与全国 20 所高校建立冬奥赛时人力资源应急调配机制，根据办赛需要，择优遴选专业课教师、硕博士研究生等承担赛时运行任务。与香港 9 所高校合作实施"冬奥会青年实习计划"，深化爱国主义教育，获得香港各界积极评价。与清华大学合作，连续 3 年开办"冬奥赛事非全日制硕士研究生学习班"，培养了一批体育管理人才。

6. 广泛开展社会层面冬奥大培训

北京冬奥组委和政府相关部门积极发挥统筹作用，加强主办城市冬奥培训工作。一方面，推动城市运行保障人

● 香港高校"冬奥会青年实习计划"

52

● 延庆区开展浇冰技师培训班

员培训，组织开发 12 门精品课件，为餐饮、交通、旅游、医疗等行业系统培训提供支撑，并纳入主办城市专业技术人员继续教育体系进行督导。支持延庆赛区开展以就业创业为导向的冬奥培训，9 万余人次从中受益。支持河北省深化冬奥培训，累计培训冰雪产业技术人才 2.5 万人次，培养冰雪社会体育指导员 2 万余人。同时，面向社会公众普及冬奥知识，上线"学习冬奥"微信小程序，依托社交软件让冬奥知识触手可及，累计 1100 万用户学习使用。发动社会力量投资，与电影频道合作制作 5 集"冬奥公益大讲堂"影视化知识产品，邀请文体界明星、专家学者串讲冬奥知识，在 400 多家网络媒体上线，累计有 3.5 亿人次参与学习互动。

7. 提升志愿者队伍服务意识与能力

志愿者招募持续升温。北京冬奥组委招募约2万名冬奥会赛会志愿者、约9000名冬残奥会赛会志愿者，报名人数达到115万。通过学习借鉴北京2008年奥运会志愿者工作经验，充分发挥高等学校作用，建立并完善"馆校对接""组校对接"等机制，完成赛会志愿者主体力量的招募工作。同时，吸纳不同国家、地区、语言、肤色、文化背景的志愿者，积极招募一定数量的残障人士，促进志愿者队伍构成的多元化、国际化。合理设计赛会志愿者招募选拔机制，充分开展宣传动员，广泛接受社会报名。积极联系和保留赛会志愿者申请人，加强跟踪培养与服务，为经济社会长远发展提供人才储备，实现人才可持续发展。

科学系统开展志愿者培训。围绕办赛需求，志愿者培训被纳入北京冬奥组委培训工作整体格局，建立了科学化、系统化的"4231"学习培训体系，通过"四个阶段""两个专项""三支骨干"和"督导评估"，确保培训工作取得实效。在培训过程中注重顶层设计建设，统筹推进培训工作建设，制定专项培训方案，抓好骨干力量培养，开展储备力量培训，推进线上线下培训工作进展，强化培训督导评估。通过系统化培训，有效提升了志愿服务的能力水平，并为赛后留下了一批高水平的志愿服务人才。

● 云顶滑雪公园测试赛的志愿者

结　语

　　体育是提高人民健康水平的重要途径，是满足人民群众对美好生活向往、促进人的全面发展的重要手段。在"带动三亿人参与冰雪运动"的宏伟目标引领下，我国冰雪运动普及与推广不断深入，冰雪运动呈现出前所未有的发展活力和潜力。未来中国将持续推动冰雪运动发展，推动冰雪运动在大众持续普及推广，吸引和带动更多青少年参与冰雪运动，使更多残疾人享受到冰雪运动乐趣，提升冰雪运动竞技水平，举办和开展各类冰雪运动赛事，建设更多冰场雪场，培养更多冰雪运动相关人才，保持冰雪运动发展势头，增强冰雪运动可持续发展动能，最大化发挥北京冬奥会的综合效应，给国家和主办城市带来长期收益，努力实现奥林匹克运动和残奥运动与国家、城市和区域发展良性互动、共赢发展。

● 京津冀青少年"手拉手"上冰雪活动

● 国家雪车雪橇中心

经济篇

导 言

通过筹办奥运会，带动国家、区域和主办城市经济发展，培育新的经济增长点，已经成为奥运会的重要目的和功能。

2015年北京冬奥会申办成功以来，冰雪运动设施场地建设加速，冰雪运动在我国得到了快速普及，以满足群众冰雪健身需求为出发点，有力带动了冰雪产业的高质量发展，初步形成了以冰雪大众健身休闲为主，装备制造、竞赛表演、场馆服务、运动培训、体育旅游和冰雪会展等多业态协同发展的产业格局。为保障冬奥筹办顺利推进，一批环境、交通以及公共服务基础设施的建设与完善，也为与冰雪运动及其相关产业的发展提供了良好的基础条件，全方位支撑了包括主办城市在内的区域经济高质量发展。特别是科技冬奥行动的实施，推动了场馆建设、气象预测、运动技能优化等相关领域技术创新的突破，不仅保障了冬奥会的高水平、高标准筹办，也为城市发展留下了丰厚的冬奥科技遗产，为赛后相关领域高技术产业发展提供了强劲动力。同时，北京冬奥会市场开发工作的创新推动，也为促进相关合作伙伴，尤其是中小民族企业的发展提供了机遇。

本篇重点介绍筹办过程中形成的经济领域遗产成果。因经济领域涉及面比较广，这里主要介绍与冬奥筹办直接相关的冰雪产业、科技冬奥、市场开发3个方面。

国家高山滑雪中心造雪设备

国家高山滑雪中心造雪设备

一 冰雪产业加速成长

习近平总书记"冰天雪地也是金山银山"的重要论断，为推动冰雪产业发展指明了方向。申冬奥成功以来，随着冰雪运动快速普及，以满足群众冰雪健身需求为出发点，大力推动冰雪场地设施建设，加快发展冰雪健身休闲产业，促进冰雪产业与旅游、文化、会展等相关产业融合发展，不断壮大冰雪产业规模，优化冰雪产业结构，初步形成了比较完善的、有特色的中国冰雪产业体系。截至2019年底[①]，我国冰雪产业规模约为4235亿元。比2015年的2700亿元增长56.85%。

① 数据来源：《中国冰雪经济发展报告（2020）》，国务院发展研究中心，国研经济研究院

1. 冰雪场地设施建设及运营实现跨越式发展

为促进冰雪运动快速普及发展，2016年11月，国家体育总局、发展改革委等七部门制订实施《全国冰雪场地设

● 北京市冰上项目训练基地

冰场 **654** 317%

滑雪场 **803** 41%

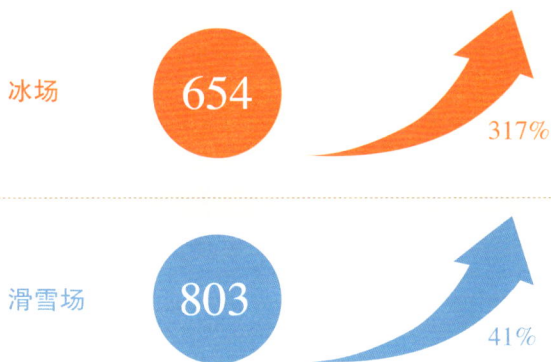

② 数据来源：国家体育总局

施建设规划（2016—2022 年）》，鼓励采取"政府投入建设一批，争取中央部委支持一批，依托现有体育场馆（含大中小学）改造一批，利用废旧闲置厂房改建一批"等方式，多渠道筹措资金，推进冰雪场地建设。全国各地因地制宜为人民群众参与冰雪运动创造条件，推动冰雪运动场地设施建设迈上新的台阶。截至 2021 年初，全国已建成 654 块标准冰场，较 2015 年增幅达 317%，已有 803 个室内外各类滑雪场，较 2015 年增幅达 41%[②]。随着人民群众冰雪运动热情不断高涨，这些冰场雪场得到了广大冰雪运动爱好者的青睐，尤其是疫情前，有的冰场雪场运营持续火爆、收入大幅增长，不仅很好满足了群众需求，也有力支撑了当地经济发展，成为新的经济增长点。

北京加速推动冰雪场地设施建设。北京市明确要求 16 个区各自新建 1 座冰面不小于 1800 平方米的室内冰场，截至 2020 年底，朝阳、海淀、丰台、石景山、顺义、昌平、

● 北京梦起源滑冰馆

房山（燕山地区）、延庆等 8 个区已完成室内冰场建设。截
至 2020 年，北京市共有室内冰场 50 座、滑雪场 21 家。同时，
北京市因地制宜，积极挖掘河、湖、公园等自然水域资源，
冬季相继开发八一湖、北展后湖等 7 处天然水域冰场，为
市民冬季滑冰健身提供更多场所。出台《体育场所安全运
营管理规范－滑冰场所》《滑雪场所等级划分与评定》2 部
地方标准，规范冰雪场地运营。

张家口冰雪场地设施日趋完善。张家口市科学制定冰
雪场地设施建设、管理和服务标准，合理布局冰雪运动场
地设施，截至 2020 年底，已建成冰场雪场 29 个，其中大
型滑雪场 9 家，有高、中、初级雪道 177 条。崇礼区更是

● 张家口云顶滑雪公园

　　凭借优渥的自然资源，经过 20 多年培育发展，建成了京津冀区域独一无二的雪场集群。万龙、太舞、云顶、富龙四家滑雪场入围"2020 年全国滑雪场十强"。张家口市群众均可就近参与冰雪运动，享受"走出家门上冰雪"的便利。尤其是伴随着京张高铁的开通运营，"到崇礼滑雪"已经成为北京冰雪运动爱好者的热门话题和热切选择。冰雪场地设施的运营已经成为崇礼地区经济发展的重要支撑。

　　南方城市冰雪场地设施加快布局。"北冰南展西扩东进"是我国冰雪运动布局的重要战略部署。部分南方省份冰雪运动基础设施建设步伐加快，尤以上海、重庆、广州、湖北等地区为代表。

● 上海东方明珠塔外的冰场

● 广州雪世界

◎ 截至 2020 年底，上海共有冰场 12 块、室内滑雪场所 29 处，全市共有冰上、雪上、轮滑俱乐部 30 余个。2020 年上海市民参加各类冰雪活动（训练）近 200 万人次。重庆已拥有 6 个滑冰场、10 个滑雪场，开展冰雪运动"七进"（进机关、进部队、进校园、进厂矿、进农村、进社区、进家庭）活动，每年累计参与冰雪运动的人数近 100 万。广州建成华南地区最大的室内滑雪场——雪世界，同时也是全球最大的室内滑雪主题乐园之一。截至 2020 年 9 月底，广州雪世界滑雪场接待游客数量近 100 万。湖北地处南北分界处，是"北冰南展西扩东进"战略的重要支点，截至 2020 年底，已有 18 家滑雪场，9 家滑冰场。

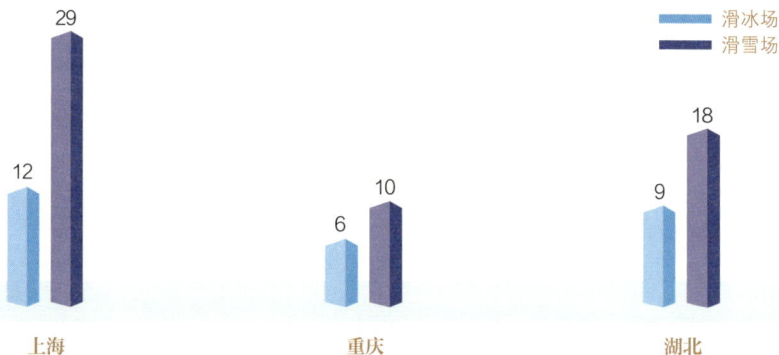

上海
200 万

重庆
120 万

广州
100 万

参与人数

滑冰场
滑雪场

上海
12
29

重庆
6
10

湖北
9
18

● 2016—2017 赛季 KHL 大陆冰球联赛北京赛

2. 冰雪竞赛表演市场持续升级发展

冰雪竞赛表演产业是释放消费潜力、打造经济增长新动能、壮大冰雪产业的重要力量。2018 年 12 月，国务院办公厅印发《关于加快发展体育竞赛表演产业的指导意见》，要求大力发展各类冰雪体育赛事，推动专业冰雪体育赛事升级发展。北京市印发《关于加快冰雪运动发展的意见（2016—2022 年）》，要求举办单板滑雪、冰壶、空中技巧、花样滑冰、短道速滑等具有较强观赏性的精品冰雪赛事，引进北美职业冰球联赛表演赛等高水平国际赛事；培育冰球联赛，打造北京"冰球名片"。河北省印发《关于加快发展体育竞赛表演产业的实施意见》，要求大力发展冰雪赛事活动，抢抓北京冬奥会筹办机遇，积极申办、承办国内外高水平冰雪赛事，全力打造张家口、承德两大冰雪赛事核

● 北京海淀区中小学花样滑冰比赛

心区。北京冬奥会申办成功以来，国内冰雪赛事蓬勃发展，冰雪赛事表演市场日益成熟，2018—2019 赛季全国冰雪赛事达 75 项[③]。

　　北京冰雪赛事渐成体系。积极引进国际高水平冰雪赛事。2016—2020 年成功举办国际雪联单板及自由式滑雪大跳台世界杯、冰壶世界杯总决赛等 21 项国际高级别冰雪赛事。大力培育北美职业冰球联赛中国赛、大陆冰球联赛、"丝路杯"冰球联赛、"奥运城市杯"国际青少年冰球邀请赛等品牌赛事，加快形成华北、东北地区冰球赛事圈。加快推进青少年冰雪运动赛事。北京市中小学生校际冰球联赛、青少年冰球俱乐部联赛、青少年滑雪比赛、青少年花样滑

③ 数据来源：《2018/2019赛季全国冰雪赛事赛历》，国家体育总局冬运中心

2017—2018
雪季

8

7　　6

9　2018—2019
雪季

6
6

━━━ 承办国际级赛事

━━━ 承办国家级赛事

━━━ 承办省级赛事

11

2019—2020
雪季

4

5

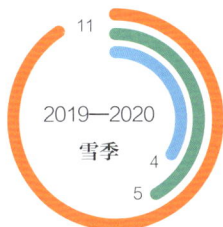

2020—2021 赛季

2020—2021 赛季举办、承办精品冰雪赛事 30 项，其中包括"相约北京"冬季体育系列测试活动、国家级雪上项目赛事、省第二届冰雪运动会和 2020 张家口城市联赛高山滑雪分站赛等重点赛事。

● 2015 年国际雪联中国高山滑雪远东杯赛在河北省张家口市举行

冰比赛、中小学生冬季运动会等已成为北京青少年冰雪运动的"五朵金花"。其中 2020—2021 赛季北京市青少年冰球俱乐部联赛，有 24 个俱乐部的 213 支队伍、3000 余名小球员参赛，共计 16 个比赛周、890 场比赛。北京已成为亚洲青少年冰球运动的中心城市。

张家口打造冰雪赛事集聚高地。自 2016—2017 雪季张家口市首次举办国际雪联雪上技巧世界杯以来，各级别专业赛事纷纷落户张家口市。冰雪赛事品牌效应逐年扩大，大众参与冰雪运动的热情显著提高，冰雪赛事的产业属性不断得到强化和显现。

3. 冰雪旅游业成为新的消费热点

2019 年 1 月，国家体育总局、发展改革委印发《进一步促进体育消费的行动计划（2019—2020 年）》，提出借助北京 2022 年冬奥会契机，持续实施"北冰南展西扩东进"战略，促进冰雪旅游等相关产业发展。2021 年 2 月，文化和旅游部、国家发展改革委、国家体育总局印发《冰雪旅游发展行动计划（2021—2023 年）》，指出要助力北京 2022 年冬奥会实现"带动三亿人参与冰雪运动"目标，推动冰雪旅游形成较为合理的空间布局和较为均衡的产业结构。在一系列政策的推动下，冰雪旅游业进入了快速增长期，旅游人数和旅游收入大幅度增加，冰雪旅游企业数和投资数不断扩大，冰雪度假区和冰雪小镇蓬勃发展。

冰雪旅游收入规模快速增长。伴随着北京冬奥会的日益临近，冰雪旅游成为新的消费热点，冰雪旅游和参与冰雪运动的人数持续稳步增长，冰雪旅游市场潜能进一步

④数据来源：《中国冰雪旅游发展报告（2021）》，中国旅游研究院

激发，冰雪旅游产业发展正迎来一个快速发展期。2016—2017雪季冰雪旅游人数1.7亿人次，冰雪旅游收入2700亿元；2018—2019雪季，我国冰雪旅游人均消费1734元，是国内旅游人均消费的1.87倍；2020—2021雪季冰雪旅游人数2.3亿人次，冰雪旅游收入3900亿元④。

冰雪旅游供给侧潜能不断释放。冰雪旅游的热度不仅体现在消费端，还体现在供给端。2018—2020年与冰雪旅游相关的企业注册比例以每年15%的速度在增加。截至2020年，境内已注册的经营冰雪旅游相关业务的企业有6540家。2019年中国冰雪特色小镇数量接近40个。据不

● 张家口市雪场中滑雪的游客

● 长春净月潭瓦萨国际滑雪节

完全统计⑤，2018—2020年，我国冰雪旅游的重资产投资项目规模将近9000亿元，其中2020年有3000亿元。从投资额度分布来看，吉林省、湖北省、广东省位列前三位，其中，湖北、广东两省的投资规模近千亿元。南方传统冰雪旅游客源地逐渐成为新兴冰雪旅游目的地的同时，也成为冰雪旅游投资的重要区域。

⑤数据来源：《中国冰雪旅游发展报告（2021）》中国旅游研究院

◎ 2016—2021 年各雪季冰雪旅游人数及收入

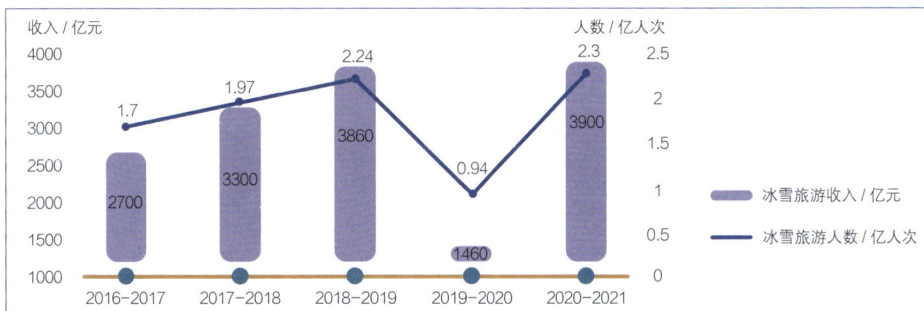

收入 / 亿元				人数 / 亿人次
		2.24		2.3
1.7	1.97	3860	0.94	3900
2700	3300		1460	
2016—2017	2017—2018	2018—2019	2019—2020	2020—2021

■ 冰雪旅游收入 / 亿元

— 冰雪旅游人数 / 亿人次

专栏：崇礼冰雪旅游度假区

崇礼冰雪旅游度假区抓住冬奥机遇，突出冰雪主题，大力发展以冬季滑雪、夏季户外为主导的体育休闲产业，持续提升冰雪旅游优势地位。2020年11月，崇礼冰雪旅游度假区入选第4批15家国家级旅游度假区，是目前河北省唯一一家国家级旅游度假区。

崇礼冰雪旅游度假区位于河北省张家口市崇礼区，规划面积占地40.50平方公里，已建成万龙滑雪场、密苑云顶乐园、太舞滑雪场、长城岭滑雪场、富龙滑雪场、多乐美地、翠云山银河七大滑雪场，成为国内最大的高端滑雪集聚区。

度假区共拥有雪道169条，总长162公里，各类缆车索道67条，总长44.5公里。其中15条雪道通过国际雪联认证，承办多项国际国内高端滑雪赛事。连续举办了国际雪联高山滑雪积分赛、远东杯、自由式滑雪空中技巧世界杯、单板滑雪U型场地技巧世界杯、单板滑雪坡面障碍技巧等国际知名滑雪赛事。崇礼度假区内部包含北京冬奥会雪上项目场馆，承担北京冬奥会雪上2大项6分项50小项的比赛项目。

度假区以滑雪场和山地森林为载体，以冰雪资源和山地气候资源为主题特色，形成了滑雪场、度假小镇、山地、村落、森林、城市为一体的景观环境，同时具备足够

● 崇礼太子城冰雪小镇

　　聚集发展休闲度假产业的空间。区域内山地、森林、草甸、冰雪、村庄、历史遗迹等自然与人文资源组合良好，且文化资源呈现多元性特征。动感滑雪、山地运动、亲子娱乐、精品住宿、森林康养、自然观光、节庆赛事、特色美食与购物等度假产品丰富，积极带动周边旅游等相关产业的迅速发展。

　　北京冬奥会赛后，崇礼冰雪旅游度假区将打造成国际知名旅游滑雪胜地，助力张家口体育之城建设。

4. 冰雪装备制造业发展壮大

2019年6月，工信部、国家体育总局、北京冬奥组委等九个部门联合发布《冰雪装备器材产业发展行动计划（2019—2022年）》，对推动冰雪装备制造产业发展做出全面部署。同时，河北、吉林、黑龙江等省市相继出台《吉林省委省政府关于做大做强冰雪产业的实施意见》《黑龙江省冰雪装备产业发展规划（2017—2022年）》《河北省冰雪装备器材产业发展行动计划（2019—2022年）》等冰雪产业发展规划，明确产业发展目标和措施，为冰雪装备制造业创新发展提供支撑。

冰雪产业园区蓬勃发展。国内冰雪装备市场投资力度逐渐加大，冰雪装备器材产业园区建设稳步推进，研发设

● 张家口市高新区冰雪运动装备产业园内一造雪机生产企业

76

77

● 张家口高新区冰雪运动装备产业园一滑雪板生产企业

计、生产制造、示范应用的产业集群效应逐步增强。截至
2019 年，全国各地在建及拟建的冰雪装备器材产业园区及
小镇接近 20 个，其中河北省依托现有产业基础和冰雪资源
优势数量多达 9 个。张家口市借冬奥之风，积极发展冰雪
运动装备制造产业，形成了张家口高新区冰雪运动装备产
业园和宣化冰雪产业园两个重点园区，建立了国内第一个
冰雪产业大数据指数平台。张家口高新区冰雪运动装备产
业园于 2017 年设立，重点定位发展滑雪服、滑雪板、滑雪
鞋等个人轻装备和造雪机、压雪车、索道等重型装备。截
至 2021 年 7 月，已累计签约 45 个项目，注册企业 40 家。
其中落地投产 10 家，全部是冰雪装备企业。张家口宣化冰
雪产业园致力于打造国家级冰雪装备产业集群，创建华北

冰雪装备产业示范基地，总规划占地 3200 亩，计划总投资 50 亿—80 亿元。截至 2021 年 7 月，累计签约落地项目 15 个，其中冰雪装备制造及相关服务项目 13 个。吉林市冰雪装备产业园重点引进一批索道缆车、造雪机等重型设备生产企业和碳纤维滑雪板、滑雪服等轻装备生产企业，计划投资 3 亿元，占地面积 102869 平方米，预计 2021 年 12 月末投入使用。

冰雪装备制造自主创新能力不断提高。深入实施"科技冬奥"攻关计划，支持企业加强冰雪装备创新研发，加大科研投入，提升创新能力，取得积极成效。安踏集团建立冰雪装备科学实验室，配备了可穿戴式传感器、服装材料光学显微镜等高精尖技术设备，整合世界冰雪装备高端原材料，实现冰雪装备个性化研发与定制，极大程度提升了国家集训队装备水平。卡宾滑雪集团加快推动科技冬奥"多地域气候条件下高效智能造雪机研发及应用示范"项目，弥补了国产雪场设备器材发展水平的不足，提高国产造雪机水平。河北宣工牵头与相关高等院校合作开发的室外大中型压雪车应用示范项目列入科技部科技冬奥的重点专项，将行业带入了压雪车产品升级换代的新阶段。河北定州天华中标成为北京冬奥会短道速滑和花样滑冰项目安全防护垫的供应商。增加了冬奥会短道速滑安全防护垫的产品供应商来源，提高了该项目的防护装备保障能力。

5. 冰雪会展新业态加快培育发展

冰雪会展业作为冰雪运动产业体系的重要组成部分，对于开放中国和亚洲冬季运动市场，促进经贸交流和多业

● 国际冬季运动（北京）博览会

态融合发展发挥了积极作用。北京市发布《关于加快冰雪运动发展的意见（2016—2022 年）》，支持冰雪会展业发展，积极促进冰雪体育消费。张家口市《冰雪产业发展规划（2019—2025 年）》提出建设世界冰雪论坛会展高地的发展目标。吉林省《关于做大做强冰雪产业的实施意见》提出打造冰雪会展节庆品牌体系，打造中国国际冰雪旅游产业博览会。在北京冬奥会的带动下，中国冰雪会展业蓬勃发展，形成多个国内外知名冰雪会展品牌，多种形式的冰雪博览会、交易会、展览会、论坛、峰会

● 第 2 届吉林国际冰雪旅游产业博览会开幕

等不断涌现，带动冰雪产业与文化、教育、科技、旅游等相关产业深度融合发展。

冰雪会展搭建产业发展平台。打造国际知名冰雪会展品牌，新疆冬季旅游产业交易博览会已经连续举办 14 届，国际冬季运动（北京）博览会、中国吉林国际冰雪产业博览会均从 2016 年起连续举办 6 届。哈尔滨、张家口相继举办冰雪产业博览会，提升区域冰雪产业影响力。搭建经贸交流平台，形成"展会＋项目＋落地＋效益"完整的产业和经济链条。2019 年第 14 届新疆冬季旅游产业

交易博览会签约滑雪产业合作、旅游景区深度开发、产业园建设等 16 个项目，金额达 180.3 亿元。2019 年吉林国际冰雪产业博览会现场成交额达 2.5 亿元，现场签订意向性合同金额 10.8 亿元。推动冰雪产业国际交流，2020年和 2021 年国际冬季运动（北京）博览会均吸引了全世界 20 多个国家、500 余个国内外冬季运动品牌参展，其中国际品牌占比超 60%，促进了冰雪装备制造、冰雪旅游、冰雪文化、冰雪培训、场馆运营、冰雪科技等多业态的国际交流与合作。

冬奥主题会展促进冰雪文化产业发展。2018 年 8 月 8 日，"传承奥运·展望2022"奥运文化主题展在国家体育场举办，全面细致地展现了中国的奥运轨迹。2021 年 7 月 19 日，"冰与火的澎湃"——奥林匹克徽章文化展活动开幕，已成功举办 3 届，为广大体育收藏爱好者提供了交流、展示的平台。奥林匹克博览会是由国际奥委会和萨马兰奇体育发展基金会共同主办、以奥林匹克运动发展为主题的文化活动，2021 年奥林匹克博览会举办了"奥林匹克中国行·百城行动""奥林匹克博览会城市（数字）大展""国际奥林匹克教育发展大会"等主题活动。北京、张家口已连续举办 6 届京张冬奥发展论坛，助力北京冬奥会筹办，促进冰雪产业和地区经济发展。

● 2021 国际冬季运动（北京）博览会科技冬奥论坛

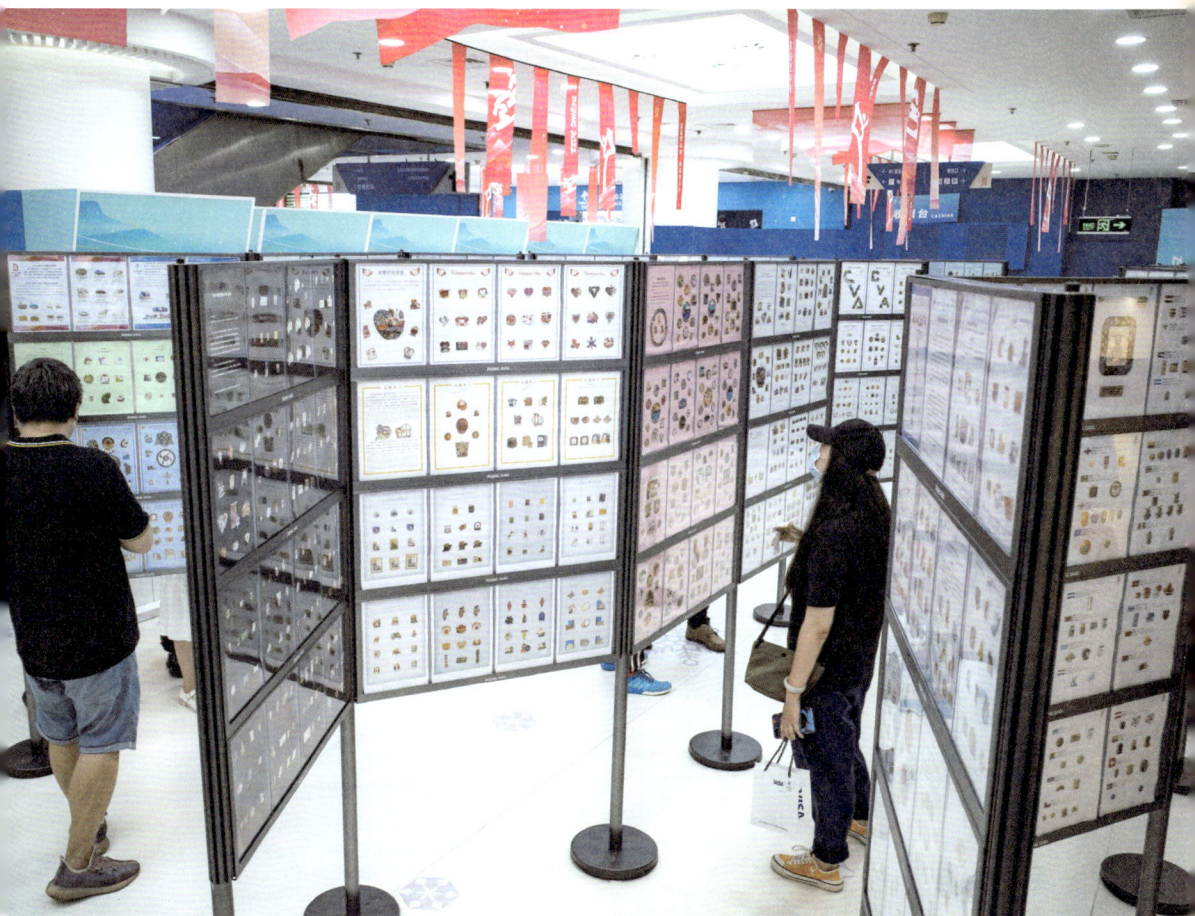

● 冰与火的澎湃·奥林匹克徽章展

"

专栏：2021 国际冬季运动（北京）博览会

2021 国际冬季运动（北京）博览会（以下简称"冬博会"）于 2021 年 9 月 3 日—7 日在北京举行。本届冬博会以"冰雪力量"为主题。

本届冬博会分 8 大展示区，集合了 12 大类展示内容，共设置近 2 万平方米展示区域，展现全球最前沿的冬运装备、冰雪设备、冰雪技术、冬运文化等。同时开设了 20 余场论坛及配套活动，通过进一步扩容展览展示资源、升级主题论坛高度、加强产业对接能力、深化配套活动亮点，充分展现出冬博会的国际化、产业化、大众化三大亮点。

"国际化"：本次大会进一步加强了全球冰雪资源的融合，国际参与占比超 60%。作为 2021 冬博会主宾国，意大利携 20 余家机构与企业以国家展团形式亮相，展示了冬季运动装备、冰雪技术设备、冬季旅游资源等丰富内容。此外，奥地利、日本、捷克、芬兰、德国、白俄罗斯等国家围绕产业服务、运动设施、装备制造、冰雪文化、冰雪旅游等内容，全方位展示了本国服务贸易形象和冰雪资源优势。

"产业化"：本届冬博会吸引 20 多个国家超 500 个品牌参展，集产业服务、装备制造、冰雪文化、冰雪旅游、运动健身于一体，汇聚全球知名冬季运动设施、装备、冬季运动目的地、专业运营机构、投资机构、培训机构等多领域品牌，突显国家的冰雪资源服务贸易形象。同时运用现

● 国际冬季运动（北京）博览会

代信息技术手段打造"云上冬博会"，引入国际知名品牌入驻，吸引海内外优质采购商参与，开展"云展览""云对接""云洽谈""云签约"等全年常态化线上对接工作，推动冰雪产业重点项目签约及落地。

"大众化"：为响应"带动三亿人参与冰雪运动"的号召，本届冬博会以丰富的主题活动与创新的互动体验，为观众打造了一场参与感十足的冰雪娱乐盛宴。冰雪户外装备采购节，为广大冰雪爱好者带来新潮酷炫的产品体验，和极具吸引力的购物福利；冰雪户外时尚秀则以潮流的设计、精彩的 T 台演绎，让观众一饱眼福；真冰秀场、亲子互动、冰上体验、VR 滑雪等丰富的项目带给大家独特的互动体验。

2016 年，首届冬博会在京举办，迄今已举办 6 届。2020 年，冬博会首次与中国国际服务贸易交易会合并，实现了两大世界级品牌展会资源的有效整合，为中国冰雪产业国际化发展提供了重要契机。经过六载积淀，冬博会已形成一个拥有 600+ 品牌的全球冰雪"朋友圈"，影响力不断扩大，成为全球规模最大、最权威的冰雪运动第一展。

二 科技冬奥成果显著

为提升北京冬奥会办赛水平，从筹办伊始，就确定了以科技创新赋能冬奥的思路，科技部会同北京冬奥组委、北京市、河北省、国家体育总局等有关部门和地方成立科技冬奥领导小组，制订实施《科技冬奥（2022）行动计划》，设立并组织实施"科技冬奥"重点专项，强调应用导向、场景驱动，重点围绕科学办赛、运动科技、智慧观赛、安全保障、绿色智慧综合示范等五个方面部署科研任务，努力举办一届科技含量高的奥运盛会。截至2021年11月，已启动80个重点项目。

"科技冬奥"重点专项的实施，不仅攻克了一批核心关键技术，示范了一批前沿引领技术，还建立起了一批综合应用示范工程，为举办一届"简约、安全、精彩"的冬奥会持续提供有力支撑。专项启动以来，围绕场馆、运行、指挥、安保、医疗、气象、交通、转播等关键场景，已有37个项目的112项新技术成果在测试赛中落地应用，并将服务北京冬奥会赛时运行。这些成果通过北京冬奥会各场景的应用示

● 首钢滑雪大跳台

范，进一步创新完善后，将更多应用于经济社会发展及城市运行各个领域，形成丰富的科技冬奥遗产。

1. 科技创新赋能场馆建设

人工剖面赛道类场馆新型建造、维护与运营技术。我国首次掌握符合国际标准的人工剖面赛道设计方法与建造技术。通过国家跳台滑雪中心、首钢滑雪大跳台、国家雪车雪橇中心三个场馆建设，掌握冬奥标准赛道设计建造技术。建设中利用局部山体切削面精细爆破成型优化技术，使岩体利用率高达 95%。减少对山地生态环境的负面影响，解决爆破石方量大、施工环境复杂、工期紧等难题，在崇礼严寒条件下节省工期 1/3，生态效益显著。冬奥场馆的建设技术为我国同类场馆建设提供指导，已在随后的涞源国家跳台滑雪科研训练基地得到应用。

智能建筑集成系统。选定国家体育场和冬奥村，从智能场馆和智能人居两个方向建设智能建筑集成系统。以建筑本体为中心，分别建设建筑本体、毗邻区域、周边路网三个不同层次、不同精度的数字孪生模型。基于国家体育场和冬奥村的赛时需求及赛后长期利用，统筹设计建设以健康环境管理、综合能源优化、设施设备监测预警、智能安防、交通调度、停车调度、观众服务、数字消费为核心内容的集成系统，系统覆盖建筑空间孪生模型、建筑内部各设备的 IOT（物联网）系统，以提高建筑的实时感知、策略优化、反馈处理，并提高建筑和城市系统实时互动的能力。智能建筑集成系统将服务北京冬奥会赛时和赛后利用，成为北京数字孪生城市在公共建筑和居住社区上的示范项目，推动北京智慧城市建设。

专栏：科技冬奥推动国家速滑馆建设

国家速滑馆是北京冬奥会速度滑冰项目的比赛场馆，又名"冰丝带"，是北京冬奥会标志性场馆。自建设以来，"科技冬奥"重点专项部署的研发不仅支撑速滑馆攻克了索网、幕墙等工程建设难题，还推动自主研发了长期依赖进口的高钒密闭索技术和二氧化碳绿色制冰建造技术，推动了相关行业的发展。

首创了单层椭圆马鞍形索网＋环桁架＋幕墙拉索结构体系和找形方法，实现了建筑和结构的完美统一；自主研制建筑用国产大直径高钒密闭索，产品性能达到欧洲标准，并首次应用于国家重大建筑工程，打破了国外技术垄断；首创了基于平行施工的高效高精度建造体系，实现了像造汽车一样建造体育场馆，创造了建筑工艺美学的新高度。

建成了全球首个采用二氧化碳跨临界直冷制冰技术的冬奥会速滑场馆，GWP（全球变暖潜能值）降低为原方案的1/4000，碳排放趋近于零，冰面温差由国际滑联要求的1.5℃降至0.5℃，冰面混凝土平整度误差由5mm提升至3mm，引领了冬奥冰场采用二氧化碳跨临界直冷制冰技术，得到了国际奥委会和国际滑联的高度评价。

国家速滑馆建设方共申请和获得了82项专利，研发了索网结构体系等8项国际领先技术，编制了人工冰场施工质量验收等7项标准，获得中国钢结构协会科学技术特

● 国家速滑馆

等奖、中国测绘学会科学技术一等奖。国产高钒密闭索已
推广应用至浦东足球场、卡塔尔世界杯开闭幕式体育场等
大型项目。

2. 科技创新守护赛事运行

精准气象预报系统。着眼于为天气情况精准"把脉"，专门建设延庆、张家口冬奥气象服务分中心，在自动气象站、激光测风雷达等加密气象监测设备科学布设基础上，依托数值天气预报、人工智能、大数据等技术，研发冬奥智慧气象服务技术及系统，实现超精细"复杂山地＋超大城市"一体冬奥气象综合监测，达到"分钟级、百米级"精准预报。精准气象预报系统为北京冬奥会各项山地、雪上赛事顺利举办提供强有力的科技支撑。北京冬奥会后，该项科技成果将整体提升我国气象服务水平，广泛应用于未来各类大型赛事活动和城市安全运行保障，服务民生。

岩土构筑物灾害早期识别及自动预警系统。针对山地灾害特点，研发冬奥场馆（地）岩土构筑物灾害早期识别

● 冬奥现场气象服务系统

专栏：冬奥气象精准服务项目

北京冬奥会是历史上首次在大陆性季风气候带举办的冬奥会，不同于夏季奥运会，气象保障工作少有经验可借鉴，几乎算得上零起步。且冬奥会冰雪项目多集中在室外山地进行，地形复杂、局地小气候特征明显，对气象服务保障的要求可谓苛刻。

2017年8月，中国气象局启动"三维、秒级、多要素"冬奥气象监测网络建设工作。同时开始自主发展冬奥气象短临预报核心技术支撑体系。

四年来，气象部门以冬奥赛场为核心，在北京城区、延庆和崇礼及周边铺设出"超精细复杂山地＋超大城市一体、三维、秒级、多要素"冬奥气象综合监测网络，共布设各种现代立体探测设施441套。

以北京睿图（新一代快速更新多尺度资料分析和预报系统）模式体系为核心，气象部门群策群力、集中攻关，首次实现复杂地形下100米分辨率、逐10分钟快速更新的冬奥关键气象要素0—24小时高精度客观集成预报；研发了从短时临近（0至1小时）到延伸期（30天）的无缝隙精细化网格预报产品，实现了历届冬奥会最高标准的"分钟级、百米级"精准预报要求。

奥运气象服务经验及科技成果的推广应用，将在未来帮助提升全国气象服务水平，使奥运气象成果惠及全国人民。

及自动预警系统，基于航空航天遥感、远程激光测振、微芯传感等技术，实现每秒高频采样、数据无线传输、秒级应急响应，实现风险超前感知、险情提前预警，为冬奥场地建设期、赛事服务期、赛后运营期提供全周期安全保障服务。该项技术提升了我国在灾害识别和预警方面的能力，将在山地自然灾害应对方面发挥重要作用。

冰雪场地应急救护技术。面对赛场可能发生的颌面创伤、冻伤等应急救护情况，研制集成化移动式高级急救生命支持一体机、穿戴式生命体征监护装备、多功能分段铲式担架，实现现场和转运途中的高效综合急救和生命支持；研发集成颌面创伤CT扫描、冻伤产热复温、心肺诊疗监测等功能于一体的智能移动方舱，成为冰雪赛场上的"应急大夫"。赛后，相关应急救护技术将为冰雪运动医疗救护提供高效可靠的技术支撑，提升了我国应急医疗救护保障能力。

食品安全防伪追溯技术。为保障冬奥食品安全，利用自主研发的超微型可信芯片，结合区块链不可篡改和可追溯的特性，构建冬奥食品安全保障平台，为冬奥餐饮服务提供有力支撑。赛后，该项技术将全面带动北京市冷链食品追溯平台的建设，实现食品全流程、全方位防伪溯源。

抵离信息系统。该系统建立在大数据、云计算等信息技术基础上，以多系统无缝衔接、数据共享等手段，赛时为3.2万名奥运会客户群提供抵离服务，包括运动员及随队官员、奥林匹克大家庭成员、国际单项体育联合会、媒体、转播商、市场合作伙伴等。赛后，抵离信息系统

● 国家体育馆场馆仿真系统

还将作为北京冬奥会遗产，用于民航系统重大航空运输
任务保障工作。

3. 科技创新助力疫情防控

场馆仿真系统，让远程考察场馆"触手可及"。通过构建场馆可视化"数字孪生"模型，实现三维场景仿真，目前已为新闻媒体、电视转播等设计运行工作提供支持，并在世界媒体大会、世界转播商大会等会议活动上远程对部分场馆进行立体展示，可"身临其境"了解重点工作区域及工作流线，减少现场考察，克服疫情对筹办工作的影响。该系统将虚拟预演技术应用于体育赛事场馆仿真领域，获得了奥林匹克转播服务公司（OBS）及世界各地转播商的认可。未来推动该系统在奥运会和大型体育赛事运行和转播方面的广泛应用。

可穿戴式体温计，"腋下创可贴"为疫情防控"站哨"预警。芯片传感器仅沙粒大小，测温可精确到0.05℃，实现精准、快速锁定体温异常人群。该项创新将为未来疫情常态化举办大型活动的群体无接触体温监测提供技术支撑。

广泛使用各类机器人。导览、颁奖、搬运等各类机器人已在测试活动中应用，为在常态化疫情防控下开展无接触服务保障工作进行积极尝试。已筛选7家企业的11款冬奥服务型机器人，在冬奥场馆广泛布局，示范应用。未来，服务型机器人将在各领域推广应用。

4. 科技创新提升观赛体验

冰雪项目交互式多维度观赛体验技术。建立交互式多维度观赛体验系统（"自由视角"），实现全新的观赛体验。用户在观看比赛的过程中，可以连续地改变观看点位，进而从不同的角度去看同一场赛事活动。"自由视角"技术实

● 国家体育馆 VR 观赛设备

现了电视、手机、VR 设备等多终端的观看，已在"相约北京"冰上项目测试活动进行示范应用。该项技术将在北京冬奥会上进行展示和推广，并在赛后推动形成自由视角视频方面的国家 / 国际标准，促进我国超高清和虚拟现实技术和产业发展。

云转播技术。云转播技术是对传统制播技术的变革和创新，通过网络云，把传统必须集中到一个场景的转播拆解成三个环节，分别为前端信号采集、云端编辑处理、导播制作环节，创造性地改变了制播工作方式，实现了转播设备云端化和人员服务远程化，提供低成本、专业级高清 / 超高清视频转播服务的业务平台。"相约北京"冰上项目测试活动中，在云转播制作、无人混合采访、远程新闻发布三个场景创新应用服务，实现音视频的云端传输、实时制作和分发。云转播技术将在北京冬奥会全面应用，创新全球疫情常态化下奥运会赛事转播方式，全面提升未来奥运会和我国大型体育赛事转播水平。

5. 科技创新支撑绿色办奥

率先使用二氧化碳制冷技术。国家速滑馆、首都体育馆、首体短道速滑训练馆、五棵松冰球训练馆等 4 个冰上场馆在冬奥会历史上首次使用最先进、最环保、最节能的二氧化碳跨临界直冷制冰技术，不仅减少了传统制冷剂对臭氧层的破坏，而且大幅降低制冷系统能耗，与传统制冷方式相比，可实现节能 30% 以上。二氧化碳制冷技术创新是世界冬奥会历史上的里程碑，赛后将得到广泛推广应用，是推动中国乃至全世界应对气候变化的有利行动。

加快推进氢能源示范应用。开展制、储、运、加氢全供应链建设，氢能发动机已装配在公交、物流等不同车型上；试制氢燃料电池发电车作为赛事场馆应急电源备用，配置

● 首都体育馆冰面使用二氧化碳制冰技术

● 延庆四座服务冬奥的加氢站投入使用

输出功率为 400kW 氢燃料电池发电系统，可实现无时差供电切换。北京冬奥会将在延庆和张家口赛区投入 789 辆氢燃料大巴车服务赛事，赛后将转换为城市公交。氢能在北京冬奥会的应用，推动了氢能在交通、发电、供能、工业等多领域全场景示范推广应用，带动全产业链技术进步与产业规模化、商业化发展。

冬奥场馆 100% 绿色电能供应。张北柔性直流电网试验示范工程于 2019 年投入运行，运用世界上最先进的柔性直流电网新技术，将张家口地区可再生能源输送至北京市。建立跨区域绿电交易机制，通过绿电交易平台，赛时将实现奥运史上首次所有场馆 100% 使用绿色电力，预计实现碳减排 32 万吨。冬奥场馆实现绿电供应，探索出了一条可复制、可推广的绿色能源共享发展新路径，不仅推动着我国清洁能源开发利用实现突破，也为加快建设新型电力系统、助力实现双碳目标提供借鉴。

6. 科技创新助推冬奥备战

雪上技巧类项目多模态生物力学快速反馈系统，结合冬季雪上技巧类项目特征，融合 AI 无干扰三维动作捕捉、超宽带精准定位测速、北斗导航、高速运动自动跟拍机器人、无人机摄影等多项技术，实现对运动员助滑、起跳、飞行和落地姿态的系统分析，包括起跳角度、速度、关节角度、起跳、攻角、出台后关键位点的姿态及飞行速度等指标准确测算，为教练员及运动员回看训练，调整训练方案提供科学快速科技助力服务。该系统在跳台滑雪、北欧两项等多支国家队开展示范应用，有力服务于北京冬奥会备战。赛后，该项目成果将持续服务于我国雪上技巧类冬季项目各级专业运动队培训和训练，助力竞技水平提升。

个性化大数据库分析与诊断系统，建立包括形态、机能、身体 / 心理素质等特点在内的高水平运动员的冠军模型，确定落地平衡稳定性控制原理和动作模式最优化模型，形成运动员运动技能增强训练体系。该系统将为各冬季运动项目国家队的备战和训练提供服务。赛后，该项新技术将广泛推广应用于各类运动项目高水平运动员的训练，为开展竞技体育训练、提升运动成绩提供强有力科技支撑。

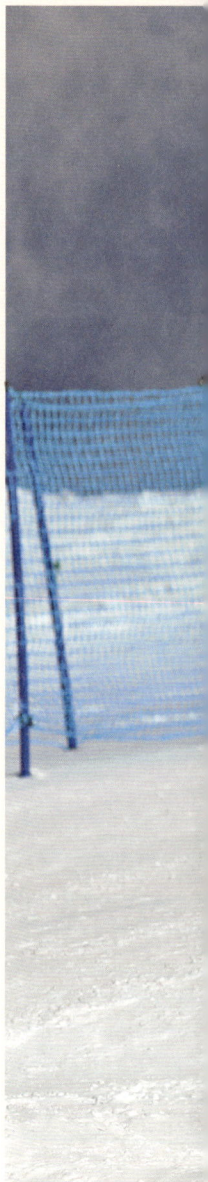

● 自由式滑雪雪上技巧集训队在云顶滑雪公园训练

三 市场开发亮点不断

成功的市场开发是办好冬奥会的重要保障，也是奥林匹克运动健康发展的动力和源泉。北京冬奥会的市场开发坚持共同参与、共同尽力、共同享有的理念，积极创新市场开发机制，广泛吸收社会资金和社会力量的参与，为筹办工作提供充足的资金和服务保障，为中国企业增强实力、走向世界创造机遇、搭建平台，将北京冬奥会品牌价值与企业发展实际需求充分结合，实现共赢发展。

1. 北京冬奥会企业赞助模式创新成果丰硕

贯彻绿色办奥理念，设立赞助新类别。赞助征集过程中，北京冬奥组委合理统筹筹办需求，在保持银行服务、航空客运服务、乳制品、体育服装、通信服务等25个传统赞助类别的基础上，贯彻"绿色办奥"理念，助力科技冬奥进程，吸引具有科技创新能力、符合时代发展需要的优秀民族品牌企业参与冬奥筹办，协调国际奥委会创设了城市更新服务、自动语音转换与翻译、创意光影秀服务、发电、生物可降解餐具等11个奥运赞助新类别，征集到一批掌握先进技术、符合办赛需求的赞助企业。

回应市场诉求，完善"联合排他"赞助模式。北京冬奥组委合理回应市场诉求，采取推动第一、二层级赞助企业征集，先后促成中国石油和中国石化同时签约成为官方油气合作伙伴、青岛啤酒和燕京啤酒同时签约成为官方啤酒赞助商，扩大了企业参与奥运的机会，也增加了赞助收入。

赞助企业营销模式合纵连横。北京冬奥会赞助企业体

奥林匹克全球合作伙伴

airbnb　　Alibaba Group　　Allianz ⑪　　Atos　　BRIDGESTONE

Coca-Cola　　intel　　Ω OMEGA　　Panasonic　　P&G

SAMSUNG　　TOYOTA　　VISA

北京 2022 年冬奥会官方合作伙伴

中国银行 BANK OF CHINA　　AIR CHINA 中国国际航空公司　　伊利　　ANTA　　China unicom中国联通　　首钢集团

CNPC 中国石油　　中国石化 SINOPEC　　国家电网有限公司 STATE GRID　　PICC 中国人民保险　　中国三峡

北京 2022 年冬奥会官方赞助商

TSINGTAO 青岛啤酒　　燕京啤酒 YANJING BEER　　金龙鱼　　顺鑫　　CIH 文投控股　　BEIAO 北奥集团

恒源祥　　奇安信　　猿辅导 在线教育　　百胜 YumChina　　盼盼

北京 2022 年冬奥会官方独家供应商

英孚教育

科大讯飞

中国邮政

华扬联众

士力架

空港宏远

三棵树

东道

良业

BOSS 直聘

北京 2022 年冬奥会官方供应商

普华永道

随锐集团

金山办公

一石科技

歌华有线

河北广电

丰原生物

麒盛科技

天坛家具

石家庄印钞

舒华体育

诺贝尔瓷砖

东鹏瓷砖

育营销模式由单纯"赞助广告"转向企业内部资源纵向整合，注重培育市场，着力精准营销。中国银行作为北京冬奥会首家官方合作伙伴，在提供优质、可靠金融服务的同时积极延伸产业链，为北京、河北、黑龙江、吉林、新疆等十余个省、市、自治区的冰雪项目提供授信支持，其中包括国家速滑馆、首钢滑雪大跳台、延崇高速等冬奥会重点项目。截至2021年9月末，核定授信总量613亿元，累计投放298亿元。持续推广冰雪运动，发布"冬奥冰雪运动计划"，推出"一起上冰雪"系列活动，推出系列滑雪优惠活动，盘活冰雪运动市场增量。在单个企业纵向延伸产业链的同时，跨企业合作的"连横"趋势也逐渐形成。阿里巴巴于2018年1月启动"天猫冰雪节"，携手宝洁、松下、可口可乐、伊利等品牌，推出大量冬奥、冰雪元素限定商品，并与崇礼富龙等滑雪场合作，为会员提供免费雪票。充分发挥北京冬奥会平台作用，不同领域品牌和企业之间相互合作、碰撞，创新发展体育营销模式，共同助力冬奥筹办。

2."双奥"企业品牌价值持续提升

北京冬奥会赞助计划是北京冬奥会市场开发计划重要的组成部分。该计划启动以来，已有中国银行、伊利集团、国家电网、中国国航、中国石化、中国石油、青岛啤酒、燕京啤酒、金龙鱼、中国联通等10家企业成为"双奥"企业。

自中国银行成为2008年北京奥运会唯一银行合作伙伴后，伴随着中国经济的快速发展与2008年北京奥运会的开展，中国银行实现了跨越式的发展。再次成为北京冬奥会和冬残奥会银行合作伙伴后，中国银行以传播奥运文化，

● 中国石化举行以"洁净能源 为冬奥加油"为主题的冬奥高铁品牌专列首发仪式

推广冰雪运动、塑造"双奥银行"品牌形象为目标，在进博会、服贸会等现场设立冬奥冰雪专区，连续四年支持并参与国际奥林匹克日活动，赞助支持"相约北京"系列冬季体育赛事等一批有影响力的奥组委官方活动或国际赛事，签约优秀运动员为代言人，让更多的青少年和贫困地区群众感受到体育的力量和快乐，助力三亿人参与冰雪运动。

对于全球首家"双奥"乳制品企业伊利集团而言，通过对 2008 年北京奥运会的赞助，"奥运牛奶"成为伊利的荣耀标签，也是中国乳业第一个成为奥运赞助商的品牌，并在此后的 12 年内成为亚洲乳业第一。2017 年 8 月 30 日，北京冬奥组委与伊利集团正式签约，伊利集团成为北京 2022 年冬奥会和冬残奥会官方唯一乳制品合作伙伴，实施了"伊利冬奥聚势计划""活力冬奥学院"，鼓励和带动更多群众参与冰雪运动，倡导健康生活方式。

国家电网、中国石油、中国石化作为我国重要央企品牌，将借助"双奥企业"契机，以"促进我国清洁能源产业发展、服务生态文明建设"为理念，展现我国推进能源生产、消费革命、服务全球减排和可持续发展的决心与成就，实现经济效益、社会效益双丰收。

中国国航作为"双奥"航空公司，2008年北京奥运会期间，保障涉奥航班4992班，运送奥运大家庭成员50908人次，保障涉奥行李70297件，运送涉奥货物2592件，共计122吨。2017年成为北京冬奥会官方航空客运服务合作伙伴后，冬奥主题彩绘飞机"冬奥冰雪号"和"冬奥运动号"成为靓丽的冬奥风景。截至2020年12月31日，国航（含控股公司）共拥有以波音、空中客车为主的各型飞机707架，较2008年增长215.6%；经营客运航线已达674条，较2008年增长177.4%。

"双奥"赞助商青岛啤酒、燕京啤酒在赞助2008年北京奥运会后持续获得"后奥运效应"。据公司财务报表显

● 中国国际航空公司接载冬奥圣火火种回国

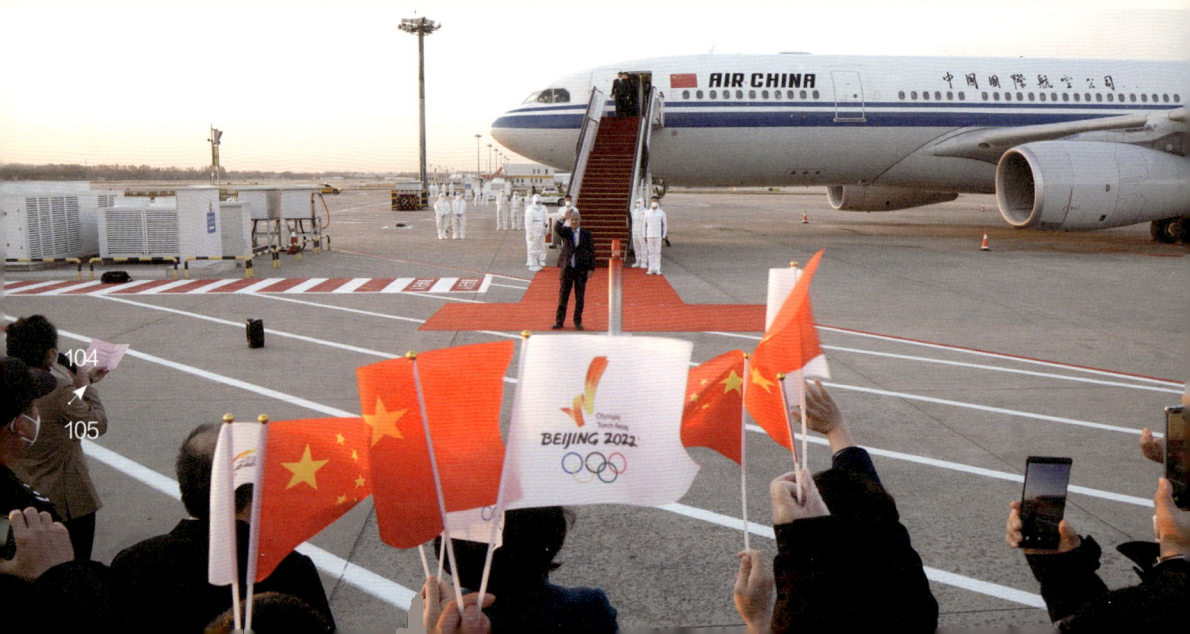

● 中国联通成为北京 2022 年冬奥会和冬残奥会官方合作伙伴

示，2009—2012 年，青岛啤酒、燕京啤酒年利润均呈现稳定上升态势。金龙鱼作为国内首家"双奥"粮油食品企业，充分获得奥运品牌带来的广泛收益，2020 年实现营业收入1949.22 亿元。截至 2020 年，金龙鱼已经实现连续五年营业收入和净利润双增长，且复合增长率均保持在两位数左右水平。

中国网通（现中国联通）作为 2008 年北京奥运会的通信服务提供商之一，曾为北京奥运会提供了完美的通信服务——共计承建 600 多项奥运通信工程，铺设奥运专用光纤 5 万多公里，共有 23000 多名员工参与了服务保障工作。中国联通作为北京冬奥会及冬残奥会唯一官方通信服务合作伙伴，为赛事提供了包括移网和固网全专业的网络服务。在冬奥会历史上首次 5G 大规模商用的背景下，中国联通完成了所有场馆、签约酒店以及交通干线、场馆间道路的 5G 网络全覆盖，充分满足了冬奥赛时业务需求和冬奥区域内公众用户的网络需求。在 5G 赋能下，中国联通还为北京冬奥会打造了"智慧观赛、智慧办赛、智慧参赛"三大场景创新应用体系，奥运历史上首次实现了 5G 无线指挥调度，轻量级云转播，5G 视频回传等创新型服务以及智慧专线、智慧客服、物资管理平台、远程医疗等一系列智慧化应用，并在疫情背景下提供了无人混合采访、远程新闻发布、智慧防疫系统等解决方案，充分践行了"简约、安全、精彩"的办赛要求。

3. 特许经营、特许产品彰显北京冬奥特色

2018 年 7 月，特许经营计划正式启动。截至 2021 年底，先后开发 16 个类别的 5000 余款特许产品；在北京、河北、西藏、新疆等 19 个省区市开设 190 余家特许商品零售店，在 280 余对高铁列车上设置覆盖 31 个省区市的特许商品销售渠道。赞助企业中国银行、中国邮政、安踏品牌专卖店、中国联通、中国石油、中国石化等开通线下实体零售渠道。

特许商品成为冰雪运动宣传展示平台。在冬奥特许商品的开发过程中，北京冬奥组委将奥林匹克精神、中国传统文化和冰雪运动发展有机结合起来，突出北京"双奥城市"的特点，强调讲好中国故事，推出富有特色的冬奥特许商品，让广大消费者在购买、收藏的同时进一步关注、支持、参与冰雪运动和冰雪产业发展，多款特许商品受到消费者的广泛好评。2021 年 10 月 26 日，北京 2022 年冬奥会开幕倒计时 100 天之际，北京冬奥组委以线上直播方式，推出以"My 冬奥 一起向未来"为主题的全新首发特许商品活动，首发新品 30 余款，主播与直播间网友交流互动，介绍冬奥知识和特许经营工作。本次直播活动的观看次数接近 2000 万，创造了冬奥特许商品发售以来单场销售的最佳纪录，反映

● 北京 2022 官方特许商品旗舰店

出广大民众对北京冬奥会的支持和参与的热情，同时也体现了中国电子商务产业的创新发展对奥林匹克营销的积极贡献。

特许商品推动中小企业发展。北京冬奥组委通过公开征集，目前已确定特许生产商 29 家、特许零售商 58 家，开设特许零售店 190 余家，并在天猫平台开设"奥林匹克官方旗舰店"。特许生产企业为所在行业和领域的代表性企业，其中部分企业曾参与 2008 年北京奥运会特许经营计划。同时，为支持残疾人事业发展，体现"共享小奥"理念，还面向社会公开征集了 2 家集中安置残疾人就业企业。冬奥会特许经营计划把企业发展与冬奥契机有机结合起来，实现企业创新发展、锻炼提高、成长壮大。

特许商品更好地展现中国文化。北京冬奥组委将中国优秀传统文化的融入作为特许商品设计研发的重要环节，依托珐琅、花丝镶嵌、玉雕、剪纸等非物质文化遗产和传统工艺，开发出冬奥五环珐琅尊、冬奥金镶玉瓶、盘扣挂饰、传统节日系列徽章等特色商品。关注传统冰雪文化，开发出阿勒泰冰雪运动岩画、老北京的冰上时光等特色徽章产品。制作了含有丰富传统文化元素的钥匙扣、瓷器、紫砂壶产品等，用更有创新和前瞻性的语言将传统文化进行现代表达，融入现代的生活。

● 北京冬奥会特许商品订货会

"专题：冬奥有我——我的冬奥会和冬残奥会"会徽商品创意设计大赛

　　"冬奥有我——我的冬奥会和冬残奥会"会徽商品创意设计大赛从 2018 年 7 月下旬启动到 12 月底结束，历时 5 个月，共有 350 个专业机构和个人报名参赛，共收到参赛作品 1182 件。经过前期的广泛动员、作品征集、专家评审以及后期的生产评估、众筹预售等若干活动阶段，最终 52 款创意设计产品成为此次设计大赛的佼佼者。

　　其中设计师耿少博提交的"冬奥之窗贵金属纪念套装"、藏小珂提交的"冬奥运动风采冰箱贴套装"等 50 款作品获得"我的会徽商品创意设计奖"。年仅 13 岁的陈果同学提交的"我眼中的冬奥笔袋"预售阶段销售金额最高，达 35904 元（单价 51 元）；年轻设计师王凌昊提交的"冰雪之巅便携式自然挥发加湿器"预售阶段销售数量最高，达 2261 件，两件参赛作品获得了"我的会徽商品创意设计最受欢迎大奖"。

　　举办特许商品创意设计大赛，在历届奥运会中尚属首次，是北京冬奥组委市场开发工作的一项创新。大赛一经启动就受到社会广泛关注，反响热烈。报名参赛机构和参赛者数量多、覆盖面广，参赛作品的设计水平也很优秀，大家把自己的创意、智慧和对冬季运动的认知融汇到自己的作品中，每件参赛作品都凝聚着智慧和创新的火花。创意设计大赛丰富了北京冬奥会特许商品的多样性，体现了"人人可参与、人人可创意、人人可设计、人人可享有"的理念，推广了冬季运动，带动了广大民众参与和支持北京冬奥会。

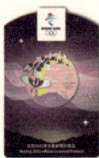

中秋节　　　　春节　　　　端午节　　　　七夕节　　　　重阳节　　　　腊八节　　　　元宵节　　　　清明节

正面图案　　　　背面图案　　　　　　　　正面图案　　　　背面图案

● 北京冬奥会特许商品

专栏：北京冬奥会特许商品登上高铁

2018 年 12 月 27 日，北京冬奥会官方特许商品高铁列车首发仪式在北京南站始发的 G119 次列车上举行，这标志着北京 2022 年冬奥会官方特许商品正式"登上"高铁列车，向乘客销售。

在 G119 次列车上，看到高铁列车为特许商品销售专门配备了形象统一的小推车，上面装载的特许商品包括徽章、纪念章、钥匙扣、保温杯、丝巾、邮册、明信片等 20 余个品种，这些商品均是适合在高铁列车上销售的小包装特许商品，商品售价从几十元到 300 元不等，非常适合旅客购买。高铁列车根据北京冬奥会特许商品新品上市的进度，持续同步更新列车销售商品目录。

截至 2021 年 10 月，北京冬奥会特许商品在 280 多对高铁列车上进行销售，覆盖全国 31 个省份。中国高铁作为新时代亮丽的"中国名片"已享誉世界，北京冬奥会特许商品登上高铁列车，在方便高铁旅客购买北京冬奥会纪念品的同时，为传播奥林匹克精神、推广北京冬奥会品牌和主办城市特色建立了便捷通道，为广泛吸引社会公众参与和支持北京冬奥会搭建了重要的平台。

结　语

　　北京冬奥会为中国冰雪产业的繁荣发展带来了重大机遇，在习近平总书记"冰天雪地也是金山银山"发展理念和冰雪运动"北冰南展西扩东进"战略的带动下，中国冰雪产业发展取得显著成效，冰雪场地设施快速增长，冰雪活动类型日益丰富，覆盖人群范围逐渐扩大，初步形成以冰雪场地设施建设运营为基础，冰雪大众休闲健身和竞赛表演为核心，以冰雪体育旅游为带动，冰雪装备制造为支撑的冰雪产业体系。预计到2025年冰雪产业总规模达到10000亿元，成为中国经济发展重要组成部分。

　　科技冬奥是北京2022年冬奥会的愿景，科技冬奥已经产生了丰富成果，在保障服务北京冬奥会的同时，为世界探寻更好的未来城市生活解决方案，实现对人友好、对环境友好、对产业友好、对社群友好的人类城市生活目标。

　　北京冬奥会市场开发目前可实现的赞助收入，已超过以往历届冬奥会，既为筹办工作提供充足的资金和服务保障，也为中国企业走向世界创造机遇、搭建平台。

　　北京冬奥会已经在带动冰雪产业和区域发展上取得令人瞩目的成就，也将为2022年及其之后中国区域经济发展带来更多的奥运红利，创造更大的辉煌。

● 北京 2022 年冬奥会竞赛场馆纪念邮票

BEIJING 2022

CHINA 中国邮政 1.20 元 (4-3)J 2021-12

1.20 元 中国邮政 CHINA 北京2022年冬奥会——竞赛场馆 国家雪车雪橇中心 (4-4)

BEIJING 2022

CHINA 中国邮政 1.20 元 (4-3)J 2021-12

1.20 元 中国邮政 CHINA 北京2022年冬奥会——竞赛场馆 国家雪车雪橇中心 (4-

BEIJING 2022

北京邮票厂

0567706A

"相约北京"国际艺术节系列活动——2020 北京新年倒计时

社会篇

导 言

　　通过体育建立一个更加美好的世界是奥林匹克运动的愿景。2015 年以来，以筹办北京 2022 年冬奥会和冬残奥会为契机，我们见证了主办城市的积极变化，奥林匹克教育促进了青少年的健康成长和全面发展；点燃了青少年对冰雪运动的热爱和参与热情；提升了公众的健身意识，绿色低碳生活方式逐渐形成；带动了更多人参与冬奥志愿服务，促进了志愿服务事业的发展；拓展了以冬奥和冰雪运动为纽带的国际合作交往新空间；完善了无障碍环境，促进了包容性社会建设。这些都是北京冬奥会为中国和国际奥林匹克运动带来的丰富物质和精神遗产。

　　本篇重点介绍北京冬奥会筹办 6 年多来，在奥林匹克教育、冰雪进校园、志愿服务、国际交流和包容性社会建设等方面取得的成效，这些成效带动了全社会的文明进步，是北京冬奥会的重要遗产成果之一。

● 北京市石景山区古城第二小学分校校长与孩子们交
流冬奥绘画作品

一 奥林匹克教育取得丰硕成果

制订实施《北京 2022 年冬奥会和冬残奥会中小学生奥林匹克教育计划》和《北京 2022 年冬奥会和冬残奥会青少年行动计划》，以中小学为重点，将奥林匹克教育纳入学校教育，深入开发教育资源，广泛开展相关教育活动，在青少年群体中广泛弘扬奥林匹克精神、普及奥林匹克知识、传播奥林匹克理念，激发了广大青少年积极参与冬季运动的热情，带动广大中小学生共享冬奥筹办成果，形成了具有中国特色的奥林匹克教育遗产。教育部自 2018 年开始在全国遴选建设北京 2022 年冬奥会和冬残奥会奥林匹克教育示范学校（简称奥林匹克教育示范校），截至 2020 年底，全国共有 835 所奥林匹克教育示范校挂牌。[①]

① 数据来源：教育部政府门户网站

● 北京市陈经纶中学帝景分校残奥教育公开课

● 北京市石景山区电厂路小学冬奥项目教育公开课

1. 深入开展奥林匹克教育

将奥林匹克教育纳入学校教育教学。为促进学生学习奥林匹克知识，部分地区在中考、高考多学科试卷中融入冬奥内容，主办城市将奥林匹克教育纳入学校日常教育教学内容。北京市要求各中小学探索通过体育课、体育活动、校本课程、综合实践活动等方式，开展奥林匹克主题教育，平均每月不少于 3 课时；鼓励有条件的幼儿园开展奥林匹克主题教育活动，普及奥林匹克知识。张家口市要求义务教育阶段学校，每个学生每学年至少接受 4 课时的奥林匹克知识教育，奥林匹克教育示范学校和冰雪运动特色校要达到 6 课时。截至 2021 年 6 月底，张家口市中小学奥林匹克教育覆盖率达到 100%。

丰富奥林匹克教育资源。首次将国际奥委会通用教育材料《奥林匹克价值观教育》（OVEP）中文版和国际残奥委会通用教育材料《残奥价值观教育》（I'm POSSIBLE）中文版引入中国，编写《走进北京冬奥会》知识读本，将三

◎ 奥林匹克教育示范校

835 所

627 所

0 所

2018　　　　　　　　　　　2019　　　　　　　　　　　2020

● 奥林匹克教育示范校授牌

通过各类媒体平台广泛转载，推广普及奥林匹克知识

▶ 3 部
教育知识动画短视频

▶ 15 个
冬奥项目知识动画短视频

● 北京 2022 年冬奥会和冬残奥会教育材料发布

套教育材料配发全国各地奥林匹克示范校和冰雪特色校。编写《奥林匹克读本》《小手绘冬奥》《北京 2022 年冬奥会和冬残奥会公众读本：魅力冬奥》和《北京冬奥会和冬残奥会青少年知识读本》，同时增加线上教育资源供给，推动教育材料转化为视频、音频资源，为公众提供丰富的奥林匹克和残奥教育信息资料。制作发布《奥林匹克五环》《残奥运动》等 3 部教育知识动画短视频和《冰壶》《速度滑冰》等 15 个冬奥项目知识动画短视频，通过各类媒体平台广泛转载，推广普及奥林匹克知识。

> **专栏：《北京 2022 年冬奥会和冬残奥会公众读本：魅力冬奥》**

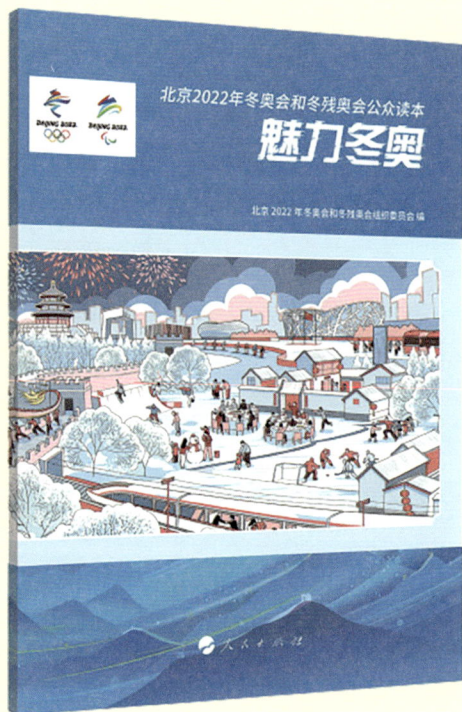

2021 年 8 月 8 日，第 13 个"全民健身日"，距离北京冬奥会开幕还有 180 天，北京冬奥组委组织编写的《北京 2022 年冬奥会和冬残奥会公众读本：魅力冬奥》（以下简称《公众读本》）与公众正式见面。该读本将对学校、社区、运动员免费发放，并进入北京、张家口各公共图书馆，供公众免费借阅。

《公众读本》采用轻量化快速阅读的设计理念，力求用简短的篇幅、精炼的文字、直观的表达向公众展示冬奥的魅力，满足公众对冬奥知识的需求，带动更多人参与冰雪运动，营造迎冬奥的良好社会氛围。

《公众读本》分为"冰雪相会""冰雪初心""冰雪世界""冬梦""飞跃"五部分，采用图文并茂、通俗易懂的方式，向公众介绍了北京冬奥会的筹办工作、冬奥会和冬残奥会的历史文化、冬季运动项目等内容。

"冰雪相会"介绍了春节与冬奥文化、相关基础设施建设和主要场馆概况；"冰雪初心"介绍了北京冬奥会的办奥愿景和理念、可持续性战略框架，以及北京冬奥会在科技冬奥和绿色办奥方面的亮点；"冰雪世界"介绍了冰雪运动的起源和历史、残奥运动的历史和意义、北京冬奥会和冬残奥会形象标志，并展示了历届冬奥会和冬残奥会的时间轴；"冬梦"介绍了北京冬奥会 15 个分项的竞赛规则、小项设置、比赛场馆等内容；"飞跃"介绍了北京冬残奥会 6 个分项的竞赛规则、小项设置、比赛场馆等内容。

《公众读本》中的部分页面经技术处理后可印制成知识挂图，便于街道、社区在宣传栏等公共区域宣传展示。

专栏："青少年冬奥教育基地"落户中国科技馆

2021 年 8 月 8 日，第 13 个"全民健身日"，"青少年冬奥教育基地"落户中国科技馆，面向青少年开展冬奥教育活动，推广普及冰雪运动。

中国科技馆青少年冬奥教育基地是中国科技馆为了向全社会特别是广大青少年传播冬奥文化、开展冬奥教育设立的。中国科技馆秉持"体验科学，启迪创新"的理念，常年通过线上、线下相结合的方式，面向中小学生、社会公众，开展冬奥科普讲座、"科技冬奥"主题展览等活动，帮助青少年和公众更好地了解冬奥知识和冰雪运动，助力北京冬奥会的成功举办。

在开放首日，首都体育学院副院长、中国国际象棋女子世界冠军谢军通过线上方式，为青少年带来了"科技奥运与体育精神"科普讲座，让听众感受科技奥运的魅力，感悟奥林匹克精神。

位于中国科技馆主展厅三层的"科技冬奥即时展览"，面向公众展出包括冬奥会发展历程、北京 2022 年冬奥会和冬残奥会会徽、吉祥物、火炬等展品以及科技冬奥等板块。机器人乐队"墨甲"使用中国传统乐器演奏《共迎未来》主题曲，青铜机器人"饕餮"向观众介绍冬奥小知识，为展览增加了趣味性。

● 中国科技馆青少年冬奥教育基地

北京冬奥组委在"全民健身日"发布《北京2022年冬奥会和冬残奥会公众读本·魅力冬奥》

● 北京冬奥组委官网冬奥教育页面

2. 广泛组织奥林匹克教育活动

开展以"冬奥"为主题的知识普及活动。自 2018 年起，连续举办 3 届北京市中小学生冬奥知识竞赛，仅 2020 年全市就有 826 所学校、超过 39 万名中小学生参与。2019 年，中央电视台播出《冬奥达人答》节目，辐射全国 940 万观众。2021 年 8 月 8 日，"青少年冬奥教育基地"落户中国科技馆，面向青少年开展冬奥教育活动，推广普及冰雪运动。2018—2021 年，张家口市在全市 19 个县区、72 所中小学校开展了奥林匹克知识教育主题活动，组建和培训专业讲师团队，在主城区中小学校试点开展了奥林匹克知识巡回大讲堂活动。

　　举办以"冬奥"为主题的文化创作活动。"鸟巢杯"全国青少年冰雪艺术创作活动，自 2018 年起，已成功举办 4 届，报名及参与累计超过 10 万人次。2018 年 9 月，开展"我心中的冬奥吉祥物"主题活动，吸引了全国 4.6 万所学校的 1515 万名中小学生参与，共征集了 30.4 万件设计作品；2020 年 4 月，启动"吉祥物故事征集"主题活动，鼓励全国各地的小学生围绕卓越、尊重和友谊的理念，撰写"冰墩墩"和"雪容融"的故事，将奥林匹克精神践行于成长过程中，活动吸引了全国 25 个省市超过 3.62 万所学校的 1500 余万名中小学生参与，各地共收集了 467 万余件征文作品。

我心中的冬奥吉祥物

吸引学校
4.6 万

中小学生
1515 万

设计作品
30.4 万

吉祥物故事征集

吸引省市
25 个

学校数量
3.62 万

中小学生
1500 万

征文作品
467 万

专栏：全国中小学生"我心中的冬奥吉祥物"主题活动

2018 年 8 月 8 日，第 13 个"全民健身日"，北京冬奥组委正式面向全球公开征集北京 2022 年冬奥会和冬残奥会吉祥物设计方案。为配合吉祥物征集工作，9 月 5 日北京冬奥组委会同教育部启动为期 2 个月的全国中小学生"我心中的冬奥吉祥物"主题活动。

本次活动有两个特点。一是广泛吸引青少年关注、参与北京冬奥会筹办工作。以深受广大青少年喜爱、最易于青少年参与的吉祥物为奥林匹克教育工作切入点，广泛吸引青少年关注、参与北京冬奥会筹办工作，积极推动奥林匹克教育工作。二是尝试借助新媒体平台，开展奥林匹克教育工作。为配合全国各地开展"我心中的冬奥吉祥物"主题活动，北京冬奥组委组织开发了微信公众号专题页面程序（H5），并将课程、图片及游戏等内容融入其中。活动共吸引了全国 4.6 万所学校的 1515 万名中小学生参与，共征集了 30.4 万件设计作品。这是利用新媒体平台开展奥林匹克教育的一次有益尝试。

本次活动通过线上新媒体平台和线下美术课、主题班会等形式相结合的方式，向全国中小学生传播奥林匹克精神、普及冬奥知识、征集吉祥物创意方案，吸引更多青少年关注奥运、参与奥运、共享奥运。

● "我心中的冬奥吉祥物"主题活动

● "我的冬奥梦"——冬奥小记者国际营

3. 积极开展奥林匹克教育国际交流

2015 年推出"我的冬奥梦"冬奥小记者国际营活动。截至 2021 年 6 月，累计走进全国 2000 所中小学校，覆盖 200 多万青少年及其背后的家庭。

2021 年，举办"共迎未来"中外青少年人文交流活动，面向以北京和张家口中小学为重点的全国中小学，通过与世界各国家（地区）奥委会以及残奥委会建立联系，以与结对国家（地区）学校建立"姊妹校"的方式，搭建中外青少年国际交流和展示平台，增进相互理解与友谊。

4. 创新开展奥林匹克教育研究

2018 年，北京体育大学冬奥文化研究中心成立，定位于奥林匹克文化及北京冬奥会对城市发展影响研究。

2020 年 2 月，国际奥委会正式批准成立北京国际奥林匹克学院（以下简称"学院"）。学院依托首都体育学院现有办学资源筹建，设置在北京市延庆区，是一所永久性的奥林匹克文化教育机构。学院具备本科、研究生和博士招生资质，同时具备体育行业培训资格，致力于传承奥运遗产和文化，集中发展奥林匹克运动和文化相关学科。学院是国际奥林匹克人才培养和教育推广的重要基地，是奥林匹克研究创新的重要平台。

连续举办 2 届国际奥林匹克教育论坛，邀请来自日本、塞内加尔、法国、阿根廷的奥林匹克研究机构以及国内各高校的专家学者，就探索奥林匹克教育多元化、促进体教融合发展等议题展开深入交流，为中国奥林匹克教育提供新思维、注入新活力。

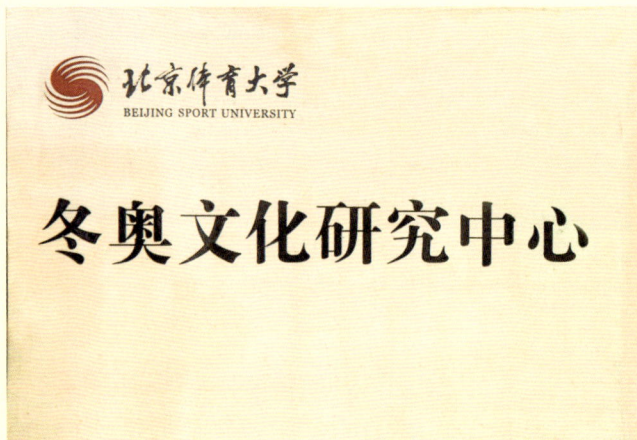

专栏：北京体育大学冬奥文化研究中心

北京体育大学冬奥文化研究中心（以下简称"中心"）成立于2018年，中心整合了北京体育大学奥林匹克运动与体育社会学教研室、奥林匹克研究中心、奥林匹克文献信息中心和中国体育政策研究院的资源，定位于奥林匹克文化及北京冬奥会对城市发展影响研究。2018年12月入选中国智库索引（CTTI）来源智库。2021年1月入选宾夕法尼亚大学 TTCSP（2020 Global Go To Think Tank Index Report）全球最佳新兴智库。

中心成立以来定期举办"冬奥文化前沿论坛"和"中挪国际交流论坛：冰雪运动普及与发展""中芬冰雪运动合作论坛"，连续出版《中国群众体育发展报告》《中国冰球运动发展报告》等蓝皮书，承担国家社科基金重大项目"北京 2022 年冬奥会和冬残奥会遗产重大问题研究"、北京冬奥组委委托"北京 2022 年冬奥会和冬残奥会遗产第三方专业机构研究和报告编制服务项目"等。中心积极为体育事业发展建言献策,《疫情对北京冬奥会筹备和冰雪运动普及工作的影响及应对建议》被北京市委采纳。

中心团队在中国大学 MOOC(爱课程)平台推出"冬奥会与城市发展"在线课程,解读冬奥会对城市发展的作用,冬奥会场馆的赛后利用,冬奥会与城市经济、文化、社会、生态、可持续发展、人才培养、竞技体育、全民健身、冰雪运动及城市品牌等诸多议题。

二　校园冰雪运动蓬勃发展

围绕"带动三亿人参与冰雪运动"的目标，推动冰雪运动进校园成为冰雪运动推广普及的关键一环。目前中国青少年人口数量约2.5亿，这是发展冰雪运动的最有利条件。冬奥筹办以来，通过将冬季运动项目纳入教学体系、广泛开展冰雪项目课外活动、出台政策扶持校园冰雪运动发展和冰雪运动旱地化等措施，大力推动青少年冰雪运动的普及。2018年开始，教育部在全国遴选建设全国青少年校园冰雪运动特色校（以下简称"冰雪特色校"），截至2020年，全国冰雪特色校已经达到2062所。按计划，2025年冰雪特色校将达到5000所。

● 北京市石景山区电厂路小学滑冰课程

● 张家口市首届学生冰雪运动会雪地冰壶项目

1. 冰雪运动纳入教学体系

　　北京市大力推动有条件的学校将冰雪运动内容纳入体育课程教学；鼓励学校通过购买社会服务的方式，与滑雪场、滑冰场等相关社会机构合作开设冬季运动课程，提高冬季运动教学质量；鼓励学生积极参与冬季健身运动，熟练掌握1—2项冬季运动技能；在特教学校开设冰蹴球、模拟冰壶、雪鞋走、轮滑等适合残疾学生的冰雪或仿冰、仿雪运动项目课程。张家口市将冰雪运动相关工作纳入教育工作整体规划。从2018年起，每年冬季全市中小学校体育课教学全部以冰雪内容为主，奥林匹克和冰雪运动知识课程（包括课堂教学与户外实践）逐年增加。截至2021年6月底，张家口市中小学冰雪运动普及率达到100%。

◎ 冰雪特色校

2062 所

1036 所

0 所

2018　　　　　　　　2019　　　　　　　　2020

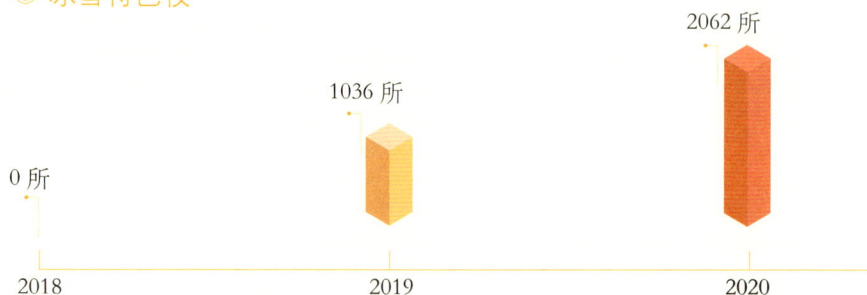

◎ 张家口市中小学校奥林匹克和冰雪运动知识课时安排

时间	1-3 年级每学年	4-9 年级每学年
2018 年	不少于 4 课时	
2019 年	不少于 6 课时	不少于 4 课时
2020 年	不少于 8 课时	不少于 6 课时

2. 校园冰雪活动丰富多样

　　国家体育总局、教育部、北京冬奥组委通过举办以"筑梦冰雪·相约冬奥"为主题的全国学校冰雪运动系列竞赛和冰雪嘉年华活动，进一步推广普及校园冰雪运动，培养学生冰雪运动兴趣，提高学生冰雪运动技能水平。作为"全国大众冰雪季"的系列内容，"世界雪日暨国际儿童滑雪节"于 2015—2021 年已连续举办 7 届，越来越多的青少年和家长们感受到滑雪运动的快乐。作为第 7 届"全国大众冰雪季"的重要线上活动版块，"滑向 2022 线上接力赛"观看人数超过 5000 万人次；"首届中国数字冰雪运动会"线上参与报名人数超过 2.4 万人，20 余家媒体直播、转播赛事，全国 200 余万名体育电竞爱好者在线观看。线上活动以时尚、

● 北京市海淀区第二实验小学队列滑

　　新颖、欢乐的方式吸引了大批青少年的参与，成为新冠疫情防控常态化形势下冰雪运动推广普及的新方式。北京市自 2019 年起连续 3 年开展"北京市中小学生奥林匹克教育及冰雪进校园"系列活动，覆盖全市近 200 所中小学的近20 万名中小学生。张家口市连续组织 4 届"万名中小学生冰雪体验活动"，累计约 11 万名中小学生参与体验。

专栏：世界雪日暨国际儿童滑雪节

　　"世界雪日暨国际儿童滑雪节"（以下简称"儿童滑雪节"）是由国际滑雪联合会设立的一项活动，主旨是向全世界4—14岁的青少年推广普及滑雪运动。每年的世界雪日，国际雪联成员组织都要开展相应的活动，让青少年和家长们积极参与，感受滑雪运动的快乐。

　　2015年1月，"儿童滑雪节"首次在中国开启，截至2021年已成功举办7届。7年来，"儿童滑雪节"通过举办一系列形式各异的滑雪体验、滑雪冬令营等活动吸引全国的青少年了解冰雪运动、体验冰雪运动。覆盖区域从最初的15家滑雪场到2020年的73家全国各地的滑雪场，活动当日的参与人数从最初的近2万人到2020年的超过4万人。

　　根据疫情防控需要，"2021世界雪日暨国际儿童滑雪节"采取"线上＋线下"相结合的创新方式举办，通过"滑向2022"节目，与北京莲花山滑雪场、河北万龙滑雪场、吉林松花湖滑雪场等全国7个滑雪场进行连线，由老师为小朋友们讲解滑雪运动安全、冬奥会历史、北京冬奥会项目等知识，并与7个滑雪场的小朋友进行互动和答题，提升小朋友们的参与兴趣，进一步营造喜迎北京冬奥会的浓厚氛围。

　　"世界雪日暨国际儿童滑雪节"早已成为普及冰雪运

● 2018 年世界雪日暨国际儿童滑雪节延庆分会场

动、涵养冰雪文化、寄托冬奥梦想的精彩平台，吸引了众多青少年冰雪爱好者参与，对青少年群体参与冰雪运动起到积极推动作用。

◎ 2019 年和 2021 年"北京市中小学生奥林匹克教育及冰雪进校园系列活动"内容

	活动类别	活动名称
2019 年	奥林匹克教育主题系列活动	"冬奥有我"2019 年北京市青少年体育文化夏令营
		奥林匹克冬令营
		冬季奥林匹克体验日
		"模拟冬奥会"暨冰雪项目旱地化体验活动
		冬奥知识竞赛
		"我心中的冬奥"主题演讲活动
	冰雪进校园推广普及系列活动	冬奥知识校园宣讲系列活动
		冰雪运动嘉年华
		冰雪运动冬令营
		花样滑冰队列滑选拔展示活动
	奥林匹克教育和校园冰雪项目成果创编及展示	建立冬奥小记者站
		冬奥文化艺术作品征集及展示活动
		冰雪优质课程征集及展示活动
		奥林匹克教育及校园冰雪运动推广经验交流和研讨活动
	奥林匹克文化传播活动	冬奥知识竞赛
		奥林匹克教育师资培训
		优质课程征集及展示
		示范校、特色校介绍征集及展示
2021 年	奥林匹克教育进校园活动	奥林匹克艺术品征集
		奥林匹克教育进校园巡展
		冬奥知识宣讲团入校授课
		"模拟冬奥会"暨冰雪运动成果展示活动
	冬奥驿站文化教育系列活动	冰雪校园文化展览展示
		冬奥小小解说员
	奥运城市青少年国际交流活动	奥运城市青少年线上交流节活动

◎ 张家口市万名学生冰雪体验活动参与情况

年份和届次	体验项目	累计参与人数
第一届（2017 年）	滑雪 1 万人	1 万人
第二届（2018 年）	滑雪 2 万人，滑冰 1 万人	3 万人
第三届（2019 年）	滑雪 2 万人，滑冰 1 万人	3 万人
第四届（2020 年）	滑雪 3 万人，滑冰 1 万人	4 万人

3. 青少年冰雪赛事方兴未艾

　　青少年冰雪赛事发展迅速，赛事体系渐趋完善。2018年至今，在冰球项目中，推出了全国中小学生校际冰球联赛、全国青少年（中小学生）U系列冰球锦标赛（U8—U16五组）、全国青少年冰球挑战赛等6项国家级赛事、1项洲际性赛事和1项国际赛事。在滑雪项目中，设立了全国高山滑雪青少年锦标赛、全国越野滑雪青少年锦标赛、全国越野滑雪U18精英赛等青少年系列赛事。自2019年起，连续举办2届"筑梦冰雪·相约冬奥"全国学校冰雪运动竞赛暨冰雪嘉年华活动，累计2462名运动员参赛。北京市连续举办5届"中小学生冬季运动会"，累计近5200名学生参赛。张家口市自2017年至2021年已经连续成功举办5届"张家口学生冰雪运动会暨京津冀青少年冬季运动会"，累计3878名运动员参赛。

张家口学生冰雪运动会暨京津冀青少年冬季运动会历届参与人数

年份和届次	参与代表队（支）	运动员人数（人）
第一届（2017年）	30	520
第二届（2018年）	30	580
第三届（2019年）	40	1020
第四届（2020年）	40	1130
第五届（2021年）	32	628

2016 年至今，冰球运动推出

6 项 国家级赛事

1 项 洲际性赛事

1 项 国际赛事

全国中小学生校际冰球联赛（2018）

全国青少年（中小学生）U 系列冰球锦标赛（U8—U16 五组）（2018）

"贺岁杯"全国青少年冰球邀请赛（2018）

全国青少年冰球挑战赛（2019）

全国体校 U 系列冰球锦标赛（2018）

"复兴杯"冰球联赛（大学生）（2019）

"新浪杯"亚洲青少年冰球联赛（2017）

CCM 北京国际青少年冰球邀请赛（2016）

● 全国青少年 U 系列冰球锦标赛

4. 校园冰雪运动"旱地化"推广模式创新

　　学校在没有冰场和雪场的情况下，因地制宜，引进和建设仿真冰场和雪场，开展"冰雪运动旱地化"（以下简称"旱地化"）模拟冰雪运动，以提升青少年冰雪运动技能，是推广冰雪运动进校园的创新实践。各地积极组织旱地化赛事活动。2017 年创办的"全国青少年夏季滑雪挑战赛"已举办 5 届，有效带动了青少年四季滑雪运动推广普及。北京市除了少数学校在校内建设人工冰场，"旱地化"成为大多数学校开展冰雪进校园解决场地难题的通行做法。例如北京市朝阳区呼家楼中心小学、八里庄中心小学引进"旱地冰球"项目；石景山区电厂路小学除了旱地冰球、旱地冰

● 河北省定州市开展冬奥项目进校园活动

● 张家口市大境门小学旱地冰球运动展示

壶还引入旱地滑轮、桌上冰壶、冰蹴球，同时利用废旧木板安装滑轮，让学生模仿体验"钢架雪车"。张家口市在全市各级各类学校广泛开展轮滑、滑轮、陆地冰壶、旱地冰球等旱地化运动。张家口市宣化二中在校内创办滑板、轮滑、滑轮、旱地冰球等旱地化特色社团；崇礼区高家营镇的四所小学每年举办全校性旱地冰壶、旱地轮滑运动会，进一步激发学生参与冰雪运动的热情和积极性。

● 北京市石景山区电厂路小学旱地钢架雪车项目

● 北京市石景山区电厂路小学旱地冰壶项目

三 志愿服务事业健康快速发展

2008 年北京奥运会期间，170 万名各类志愿者以真诚的微笑、热忱的服务给全社会留下了深刻的印象，是北京奥运会一道靓丽的风景线。2008 年之后，志愿服务意识在全社会蔚然成风。两届奥运会的志愿服务工作进一步带动了更多人参与到社会志愿服务中来，截至 2020 年底，"志愿北京"信息平台实名注册志愿者人数突破 443.6 万人，其中助残志愿者达 13 万人，志愿服务事业蓬勃发展。

1. 志愿者队伍不断壮大

2020 年 9 月，北京冬奥组委、中央文明办、共青团

● "相约北京"测试活动的志愿者

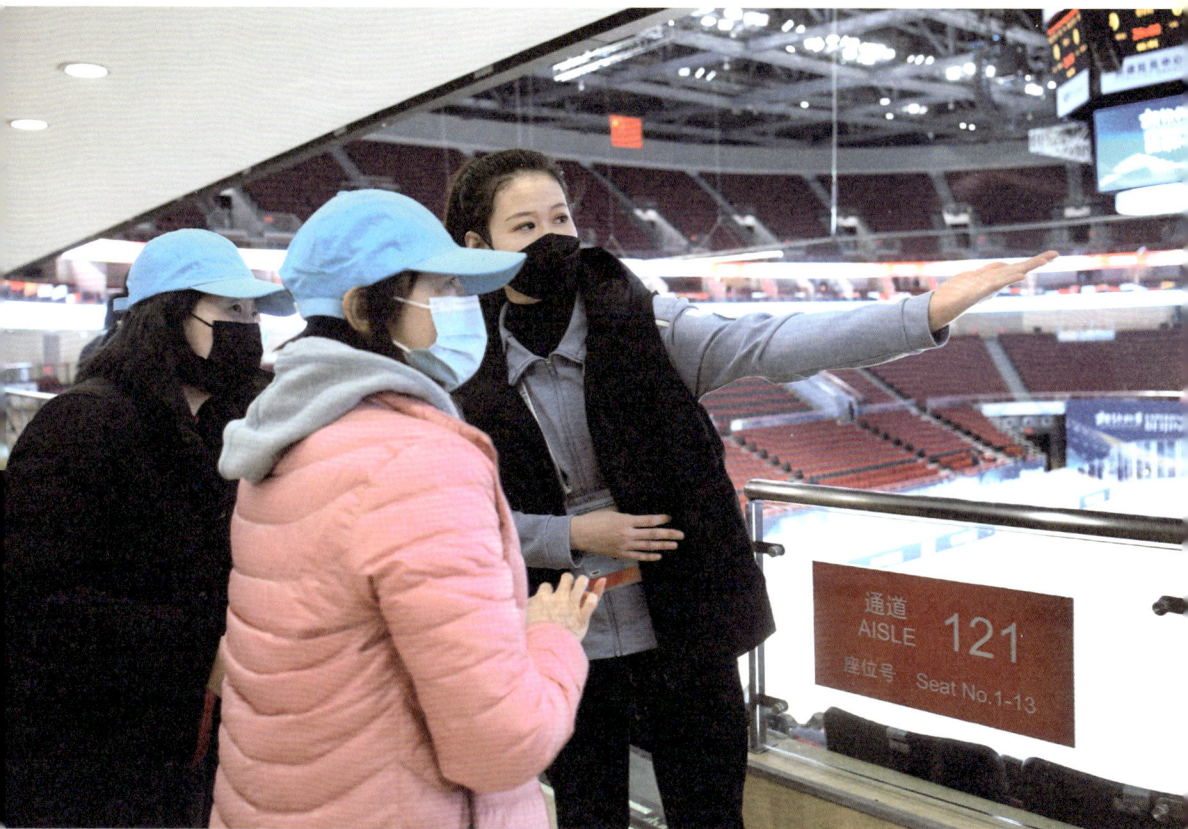

● "相约北京"测试活动志愿者为观众指路

中央等七家单位共同发布《广泛开展迎冬奥志愿服务活动倡议书》，号召全社会积极参与北京冬奥会志愿服务，弘扬奥林匹克精神，践行志愿服务宗旨，在全社会营造迎冬奥、讲文明、树新风的良好氛围。2019 年 12 月 5 日，北京 2022 年冬奥会赛会志愿者全球招募发布，计划招募 2 万名北京冬奥会赛会志愿者和 9000 名北京冬残奥会赛会志愿者。招募发布以来，全社会报名积极踊跃，截至招募结束，北京冬奥会赛会志愿者全球报名人数达 115 万，其中残疾人 2414 名。

2. 志愿者培训深入推进

北京冬奥组委建立了由通用培训、专业培训、场馆培训和岗位培训组成的系统化培训体系。结合新冠肺炎疫情常态化防控需要，通过线上、线下相结合的方式对志愿者开展培训，培训内容包括冰雪技能、志愿礼仪、应急救护、扶残助残、外语口语等专业知识与技能。2020年12月，面向场馆团队志愿者举办了为期3天的集中培训，使志愿者尽快熟悉北京冬奥会总体情况，了解冬奥会志愿服务总体安排。自2021年5月，面向"馆校对接"和"组校对接"工作机制中的96所高校的赛会志愿者储备力量开展培训工作，分3批对近3万名储备力量进行了培训。2018年以来，张家口先后举办了6期冬奥志愿服务工作骨干交流营，培训青年教师、学生和市民志愿者1100余人。截至目前，北京冬奥组委完成了全部赛时志愿者的培训任务。

3. 志愿服务工作不断创新提升

北京冬奥组委编制《北京2022年冬奥会和冬残奥会观众服务标准体系》，形成可传承与借鉴的冰雪运动志愿服务规范与标准，不仅为北京冬奥会赛事服务的交付提供标准，也为以后国内大型活动的观众服务工作提供指南。强化志愿者激励保障机制创新。2020年11月发布《北京2022年冬奥会和冬残奥会赛会志愿者激励工作指导意见》，围绕"弘扬志愿精神"这一主线，注重志愿者自我驱动的内在因素，制订"三大激励、十项行动"计划，激励志愿者以最饱满的状态投入到志愿服务当中。北京市2021年3月发布了新修订的《北京市志愿服务促进条例》，明确了对在志愿服务事业发展中有突出贡献的组织和个人进行奖励，建立健全志愿服务的保障机制，不仅有利于提升志愿者工作的积极性和服务水平，也有利于志愿服务事业的长期可持续发展。

◎ "三大激励、十项行动"计划

	志愿者团队激励行动
加强集体激励，彰显责任担当	志愿者骨干激励行动
	志愿者情感激励行动
	志愿者活动激励行动
强化品牌激励，展现志愿精神	志愿者宣传激励行动
	志愿者荣誉激励行动
	志愿者表彰激励行动
	志愿者成长激励行动
夯实基础激励，书写志愿新篇章	志愿者引领激励行动
	志愿者协同激励行动

赛会志愿者培训

面向赛会志愿者，北京冬奥组委建立了由通用培训、专业培训、场馆培训和岗位培训组成的系统化的学习培训体系。

一、通用培训

通用培训是针对全体赛会志愿者开展的普遍性、通用性基础知识和基本技能培训。采取在线培训为主，线下培训和实践锻炼为辅的方式开展。（通用培训在线培训包括23门必修课程和部分选修课程，其中必修课包括基础知识、基本技能和行为规范三部分内容，共30学时。）

二、专业培训

专业培训主要是针对各类专业志愿者开展的履行岗位职责所必备的专业知识、专项技能培训，涵盖对外联络、体育、技术、医疗与反兴奋剂、文化活动、媒体转播、驾驶、宗教服务等板块的专业志愿者。

三、场馆与岗位培训

场馆培训是针对本场馆全体志愿者开展的临赛阶段、赛时运行阶段必备的场馆运行、竞赛信息等业务知识与工作技能培训；岗位培训是针对场馆团队各业务领域志愿者开展的履行岗位职责所需要的知识、技能与方法等培训。

● 张家口市首届学生冰雪运动会

四 以冬奥为纽带国际交往得到深化拓展

　　以北京冬奥会为媒介，加强与国际体育组织的沟通协调，借鉴冬季运动强国办赛经验，提升冰雪运动水平和办赛能力；在国家外交活动中，融入冬奥元素，提升北京冬奥会影响力；促进以冰雪项目为核心的中外体育合作和人文交流，使北京冬奥会成为疫情条件下推进世界团结的主要平台。以人心相通促进开放包容、互利合作是北京冬奥会的重要社会遗产。

● 制冰专家麦瑟考察速滑馆

152

153

● 2018 沸雪北京国际雪联单板滑雪大跳台世界杯

1. 加强与国际体育组织沟通协作

引进外籍专家，提升办赛能力。加强与国际奥委会、国际残奥委会、国际冬季单项体育联合会和各国家（地区）奥委会和残奥委会的密切工作联系。建立特聘专家制度，选聘来自 18 个国家的 37 名外国专家参与筹办工作，在场馆设计、赛道建设、竞赛组织等方面发挥了重要作用。针对国内急需紧缺造雪压雪、制冷浇冰等专业人才的现状，与相关国际单项体育联合会、部分国家奥委会加强合作，建立外籍专业人才团队引进和短期使用机制，分批引进 207 名外籍专业技术人员参与筹办工作，带动了国内相关人才的培养，留下了宝贵的人才遗产。

积极承办赛事，提升办赛经验。加强与国际单项体育组织的沟通和联系，积极承办国际高水平冰雪赛事。比如，2017 年北京世界女子冰壶锦标赛、2018 沸雪北京国际雪联单板滑雪大跳台世界杯、2019 国际雪联中国北京越野滑雪积分大奖赛、2019 年国际冰联女子冰球世界锦标赛甲级 B 组、2019 年国际雪联中国北京滑轮世界杯等国际性赛事的举办，一方面积累了办赛经验、培养了人才，另一方面也促进了以冰雪为媒介的体育文化交流。

2. 积极借鉴冰雪强国先进经验

加强与冬季运动强国的交流合作。通过聘请高水平教练、赴国外训练、引进先进技术等"请进来""走出去"的方式，提高冬季运动的发展水平。2017年4月，中国与挪威两国体育主管部门签署《中挪体育合作谅解备忘录》，2018年以来，中国各冰雪项目集训队赴挪威训练比赛共19批次、395人次，前往挪威7个城市，聘请挪威籍教练29名，利用挪威一流的场地和教练团队，在越野滑雪、冬季两项、跳台滑雪、北欧两项等项目上努力补短板。启动"2019中芬冬季运动年"，中国与芬兰两国冬季运动合作进入新阶段，双方在运动年框架内共举办活动40起，涵盖冬奥合作、群众体育、体育产业、体育文化、体育科研、体育医学、体育教育等众多领域。

● 2017 年北京世界女子冰壶锦标赛

155

开展与冰雪运动强国的青少年体育交流。自 2016 年起，中国大学生体育协会定期派团参加由国际大学生体育联合会举办的世界大学生冬季运动会及世界大学生冬季项目单项锦标赛，活动期间与德国、俄罗斯、芬兰等国家的代表团开展了相关项目的技术战术切磋和文化交流活动，为中外校园冰雪运动合作发展提供了宽广的平台。2016 年创办"奥运城市杯"北京国际青少年冰球邀请赛，至 2019 年已连续举办 4 届（由于疫情影响，2020 年、2021 年停办），目前已成为亚洲竞赛水平最高的国际青少年冰球顶级赛事之一，俄罗斯、美国、加拿大、德国、芬兰、瑞典等冰球强国均派出队伍参加。

3. 服务国家外交提升影响力

融入国家外交活动，推介北京冬奥会。北京冬奥组委积极推动在"一带一路"国际合作高峰论坛、北京世界园艺博览会、亚洲文明对话大会等活动中融入北京冬奥会元素，提升北京冬奥会影响力；接待高级别团组 50 余批次、2000 余人次来访，积极向国际社会讲好冬奥故事、展现国家形象。2018 年创建"丝路杯冰球超级联赛"，这是中国体育史上第一个由中国自主参与并主办的跨国跨洲的体育职业联赛，同时也是世界第三大冰球联赛，以体育为桥梁，以冰球为媒介，连接"一带一路"沿线国家和地区，扩大中国与世界的连接。

开展海外文化推广活动，宣传北京冬奥会。2018—2022 年，在世界范围开展"为奥运喝彩"奥林匹克艺术博览会城市系列展，宣传推广北京冬奥会，同时通过奥林匹克的舞台，向世界展示中国文化艺术。2021年"北京2022冬奥文化全球行"启动，借助文旅部海外中国文化中心和驻外旅游办事处等平台，通过设立"冬奥之窗"、启动"云上冬奥"项目等形式，在全球49个国家的54个城市分阶段开展各类宣传，让世界了解中国，期待北京冬奥会。

4. 深化与奥运城市长期交往

考察都灵2006年冬奥会和冬残奥会场馆，访问法国巴黎，推进签署巴黎奥组委与北京冬奥组委"谅解备忘录"工作。派出冬奥场馆绿色协调可持续发展人才培训团14人赴俄罗斯索契奥林匹克大学，重点学习借鉴俄罗斯在场馆建设与运行、赛会服务保障等方面的好做法。

2018年10月，中日双方签署《北京2022年冬奥会和冬残奥会组织委员会和东京2020年奥运会和残奥会组织委员会关于交流与合作的谅解备忘录》，双方在人员交流、知识传承、青少年体育交流、奥运和残奥遗产等方面进行深入及广泛交流与合作。2020年12月，中日韩体育部长会议召开，签署了《中日韩关于以奥运会和残奥会为契机加强体育交流与合作的联合声明》。

北京市于2010年成为世界奥林匹克城市联盟执委，2014年当选副主席，一直积极参与联盟事务，通过执委会、年会、峰会等多种途径建言献策，将北京致力于奥运遗产规划、传承、利用的实践和成果通过联盟平台在奥运城市间宣传共享，提升北京在奥运城市间的影响力。

河北省组团赴法国、意大利、俄罗斯等冬奥会举办城市考察，学习场馆规划建设、赛事服务组织、冰雪产业发

● 北京 2022 冬奥文化全球行启动

展和人才培养等方面的先进经验。河北省通过远程视频会

议方式，保持与日本长野、韩国平昌等冬奥会举办地的沟

通联系，探讨双方在冬奥会筹办领域的交流合作。

五 全社会扶残助残局面巩固发展

无障碍设施建设加速，残疾人的生活越来越便利，理解、尊重残疾人的社会氛围更加浓厚，助残的主动性、专业性有了新提升，包容性社会建设取得显著成效。越来越多的残疾人走出家门，融入社会，参与冰雪活动，享受冰雪运动带来的快乐。全社会共同努力创建一个更加开放、更加包容的世界。

1. 推广冬季健身，创造冬奥助残新局面

广泛开展残疾人冰雪健身活动。中国残联创办"中国残疾人冰雪运动季"，自2016年起每年冬季举办，至今已举办6届，参与单位由最初的14个省（市、自治区）发展

● 延庆区残疾人上冰雪活动

158

159

● 2018 年全国残疾人单板滑雪锦标赛

至 31 个省（市、自治区），为残疾人冬季康复健身和储备竞技人才奠定了较好的基础。北京市残联连续 4 年组织了残疾人冰雪文化节，同时联合各相关单位组织全市开展龙舟体验、旱地冰壶比赛、冰雪嘉年华、冰雪趣味赛等形式多样的冰雪活动近百余次。河北省自 2016 年起，每年雪季都组织开展"冰雪河北 快乐你我"河北省残疾人冰雪运动季系列活动，至今已经举办 4 届，成为河北省残疾人冰雪运动示范品牌。张家口市连续举办 5 届"激情冰雪 助力冬残奥"残疾人冰雪运动季系列活动，累计 6 万多人次残疾群众通过线上、线下等多种方式参与冰雪、乐享冰雪。

为残疾人冬季健身提供保障。中国残联自 2016 年起，在全国范围内开展"全国冬季残疾人社会体育指导员培训"，截至 2021 年，已培训指导员近万人。主办城市加快完善残疾人冬季健身的设施条件，截至 2020 年底，北京市建立残疾人健身示范点 90 个，实施康复体育进家庭计划，为 6000 户残疾人家庭开展入户健身指导；张家口市残联在全市建成了 71 个残疾人体育健身示范点，其中冬季示范点有 18 个，实现各县区全覆盖。

残疾人冬季运动竞技水平大幅提升。自北京冬奥会申办成功以来，中国残联会同有关方面积极推动残疾人冰雪运动发展，全国冬残奥运动员由不足 50 人发展至千余人，技术官员从无到有发展到上百人，冬残奥项目由 2 个扩展到 6 个。2016 年以来我国参加了 63 项冬残奥国际赛事，共获得 41 枚金牌。北京市先后建立 6 支残疾人冬季运动队，实现冬残奥会 6 大项目全覆盖，24 人入选国家集训队；先

● 第 10 届全国残运会高山滑雪比赛在张家口市崇礼区举行

160

161

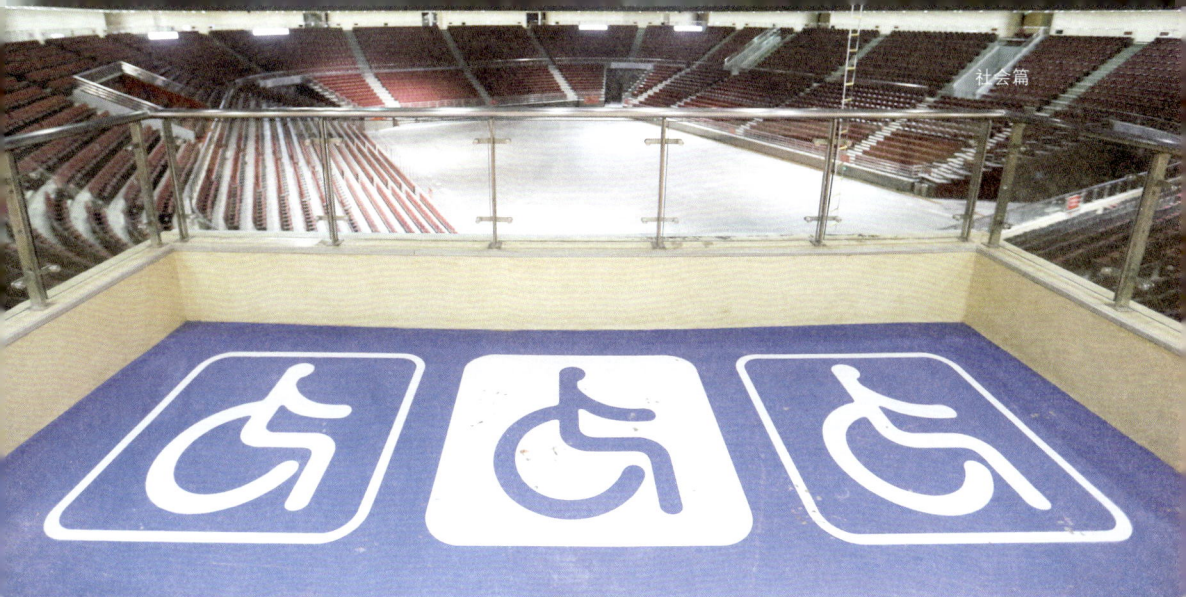

● 五棵松体育中心无障碍席位

后组织 200 余名残疾人参加了全国基层残疾人旱地冰壶比赛、全国残疾人大众迷你越野滑雪比赛、全国旱地轮滑（滑雪）比赛、全国特奥冬季项目比赛等残疾人冬季体育赛事，共获奖牌 50 余枚。河北省先后举办了全国第 10 届残运会单板滑雪比赛、残疾人单板滑雪亚洲杯等 13 项国际、国内冬季体育赛事，冬季项目运动员在各类国际、国内及省级赛事中共获得 68 枚金牌、65 枚银牌、4 枚铜牌。

2. 推进无障碍环境建设，推动冬奥助残新发展

无障碍设施建设标准和规范全面提升。北京冬奥组委与有关部门于 2018 年 9 月联合发布《北京 2022 年冬奥会和冬残奥会无障碍指南》、2020 年 9 月发布《北京 2022 年冬奥会和冬残奥会无障碍指南技术指标图册》，为全面促进冬奥场馆无障碍运行设计、设施建设和提升主办城市无障碍建设水平发挥了积极推进作用。北京、张家口两地政府相继出台《北京市进一步促进无障碍环境建设 2019—2021 年行动方案》《北京市无障碍环境建设条例》和《张家口市

无障碍环境建设三年（2018—2020年）工作方案》，从城市道路、公共交通、公共服务场所、信息交流和社会服务等方面大力推进无障碍环境建设。

主办城市无障碍环境规范性、适用性、系统性水平显著提升。北京市组织实施无障碍环境建设2019—2021年专项行动，截至2021年11月，累计改造无障碍环境点位10万个，整治无障碍设施占用、闲置问题21万余个，精心打造100个"无障碍精品示范街区"和100个"一刻钟无障碍便民服务圈"，建立城市无障碍设施大数据，涉及15.15万个点位的125.72万个无障碍元素，城市交通出行更加友好，公共服务更加便利，信息交流和服务更加贴心，城市无障碍环境规范性、适用性、系统化水平显著提升。张家口市自2018年至2021年7月，共新建及改造盲道358.58

📍 **北京市 2019—2021 年无障碍环境建设部分成果**

城市道路
- 修复盲道 13116 条
- 整改人行横道 3452 个、改造人行天桥和地下通道 34 个

公共交通
- 改造公交枢纽、公交站台、地铁站、停车场 2682 个
- 运行 606 条无障碍线路，12242 辆公交车配备无障碍导板等设施（占城区公交车总数的 80.12%）
- 更新地铁 59 部爬楼车和 142 部轮椅升降平台
- 运行城市轨道交通 24 条线路，428 座车站全部提供无障碍预约服务
- 配置无障碍出租车 535 辆

公共服务场所
- 改造政务服务窗口、宾馆酒店、商场超市餐厅、医疗机构、学校、银行、文化体育休闲场所、公园景区绿地广场、公共厕所等公共服务设施 17555 个
- 29010 栋住宅楼出入口进行坡化、楼道内安装扶手

张家口市 2018—2021 年无障碍环境新建与改造

- 盲道 358.58 千米
- 缘石坡道 4422 处
- 无障碍卫生间 680 个
- 无障碍电梯、升降平台 101 处
- 无障碍停车位 805 个
- 公共场馆无障碍座席 148 个
- 接待和服务区域低位设施 176 处
- 宾馆、酒店无障碍客房 83 个
- 无障碍公共服务网站 38 个

千米，缘石坡道 4422 处，无障碍卫生间 680 个，无障碍电梯、升降平台 101 处，无障碍停车位 805 个，公共场馆无障碍座席 148 个，接待和服务区域低位设施 176 处，宾馆、酒店无障碍客房 83 个，无障碍公共服务网站 38 个。

3. 完善服务保障体系，巩固冬奥助残新成果

北京市创建冬奥示范温馨家园，主要发挥康复、职业技能培训、法律维权等六大类 25 项服务，成为残疾人社区活动的主要阵地，截至 2021 年 12 月，全市 666 家温馨家园，年受益残疾人 391.4 万人次。建立"北京市残疾人服务示范中心"，为残疾人提供"职业康复、技能培训、职康劳动、托养服务"的综合性服务示范机构，2019 年 9 月，被认定为"北京 2022 年冬残奥会对外接待展示窗口单位"。开辟残疾人法律援助绿色通道，截至 2020 年底，办理残疾人法律援助 3656 件，法律救助 473 件，有效维护残疾人合法权

益。北京市文化和旅游局编制《残障人士文化旅游资源手册》，无障碍服务水平稳步提升。

张家口市自 2015 年至 2021 年 4 月，积极帮助全市 2000 多名肢体残疾人提高或补偿身体功能，培养 3000 多名城乡残疾人掌握农业生产技术或职业技能，为 500 多户农村贫困残疾人家庭实施了家庭无障碍改造，辐射带动 6000 多名残疾人及亲友受益。实施残疾人基本生活保障和托养服务工程，使 75016 名残疾人享受生活补贴，55334 名残疾人享受护理补贴，61908 名重度残疾人享受基本医疗保险全额资助，19000 人次享受托养服务。以打造"北京 2022 年冬残奥会对外接待展示窗口单位"为契机，扩大 26 个残疾人扶贫基地、辅助性就业机构的带动能力，使 300 多名残疾人享受工疗、农疗等各类高质量康复疗养，并实现集中就业。开展残疾人康复服务，全市残疾康复服务机构达到 86 家，为 73459 名残疾人提供康复评估、训练、心理疏导、护理等康复服务，覆盖率从 2016 年的 80% 的增长到 2020 年的 100%。实施残疾人体育健身服务，累计开展健身指导员培训 1155 人次，为 4650 人开展"残疾人康复体育进家庭"服务。

4. 弘扬残奥精神，谱写冬奥助残新篇章

宣传推广冬残奥理念。北京冬奥组委将残疾人运动员纳入宣讲团，进入机关、学校、企业、军队进行宣讲，展现自强不息的精神。2020 年 8 月 6 日，北京冬奥组委完成《冬残奥会竞赛项目知识读本》编写，推出 6 部视频短片，推动冬残奥会知识普及，并对助残理念和服务进行深度阐

截至 2021 年 12 月

北京市 **666** 家温馨家园 年受益残疾人 **391.4** 万人次

温馨家园六大类 25 项服务	
基础服务	入户访视
	服务对接
	证卡服务
	政策咨询及代办帮办
	健康安全宣传
赋能服务	融合（赋能）活动
互助服务	残疾人社团 / 小组活动
	志愿助残
照料服务	生活照料
	生活事项代办
	重度残疾人日间照料
项目服务	职业康复劳动项目
	帮扶性就业基地项目
	助残增收基地
	支持性就业培训项目
	康复服务项目
	辅具服务项目
	心理健康项目
	法律维权项目
	无障碍服务
其他帮助	物质帮助
	网络、阅览服务
	个案管理
	资源整合
	其他因地制宜的服务

释。北京冬奥组委官网矩阵建设运行项目充分考虑到无障碍技术的运用，遵循国际及国内标准，进行无障碍网页设计，适用于盲用读屏软件，为残障人士提供无障碍阅读模式，方便残障用户获取北京冬奥会资讯。

积极营造助残氛围。充分发挥杂志、电视等传统媒体以及网络新媒体的宣传平台作用，弘扬残奥精神，传递正

张家口市（2015—2021年）

2000 多名	3000 多名	500 多户
积极帮助全市 2000 多名肢体残疾人提高或补偿身体功能	培养 3000 多名城乡残疾人掌握农业生产技术或职业技能	为 500 多户农村贫困残疾人家庭实施了家庭无障碍改造

实施残疾人基本生活保障和托养服务工程

75016 名	55334 名	61908 名	19000 人次
75016 名残疾人享受生活补贴	55334 名残疾人享受护理补贴	61908 名重度残疾人享受基本医疗保险全额资助	19000 人次享受托养服务

打造"北京 2022 年冬残奥会"对外接待展示窗口单位

26 个	300 多名
扩大 26 个残疾人扶贫基地、辅助性就业机构的带动能力	300 多名残疾人享受工疗、农疗等各类高质量康复疗养，并实现集中就业

开展残疾人康复服务

86 家	73459 名	80% → 100%
全市残疾康复服务机构达到 86 家	为 73459 名残疾人提供康复评估、训练、心理疏导、护理等康复服务	开展残疾人康复服务，覆盖率从 2016 年 的 80% 增长到 2020 年的 100%

实施残疾人体育健身服务

1155 人次	4650 人
累计开展健身指导员培训 1155 人次	为 4650 人开展残疾人康复体育进家庭服务

能量，扶残助残营造了良好的舆论氛围。北京市编写残疾人志愿服务手册，强化冬奥常识、助残知识技能、礼仪接待、语言文化、竞赛服务、专业康复训练等专项培训，已有 2414 名残疾人成功报名冬奥冬残奥志愿者；制作《让更多的残疾人爱上冰雪》《快乐运动　乐享生活》等宣传片和节目，积极动员残疾人朋友开展体育健身；拍摄《我来体验无障碍》等公益广告宣传片、制作《首善有爱　环境无碍》新闻专题片，积极宣传无障碍环境建设工作。张家口市以冬奥为媒扩大残疾人事业的影响，通过印制冬残奥刊物及资料，举办残疾人冰雪运动展览、助力冬残奥书画展览、征文活动，等等，提升全社会助残意识，促进残健共融。

专栏：朝阳区大屯街道温馨家园

● 大屯街道温馨家园

2019年北京市残联在全市范围内评选出20个温馨家园示范基地，朝阳区大屯街道温馨家园成为其中之一。温馨家园通过政府购买社会服务的模式，为残疾人提供专业服务。

1. 基本情况

大屯街道覆盖残疾人1164名，温馨家园于2010年6月完成升级改造，揭牌运营。用房面积350平米，内设接待处、残疾人辅助器具站、心灵小屋、健康小站、科普乐园、康乐园地、综合活动室、快乐工坊8个功能区，基本满足了残疾人康复、培训、会议、劳动、娱乐等各类需求。

2. 温馨家园服务情况

温馨家园全年开放200天以上，平均每天到园参加活动的残疾人近30人（不含职康站在站学员），全年服务约

10000 人次，残疾人服务覆盖率达到 95% 以上。

3. 温馨家园服务成果

提高残疾人康复率。温馨家园聘请专家走进社区、走进家庭，为行动不便的残疾人开展康复培训。包括辅具使用、中医养生、健康膳食等知识讲座，还有肢体居家康复、中医未病先防、慢病调养、营养食疗等专业性强、针对性强的项目，有效提高了残疾人康复率，也为残疾人更好地走出家门、融入社会提供了坚实的基础，同时也惠及了残疾人家庭，提高了护理能力，提高了预防残疾意识。

提升残疾人生活技能。每年进行残疾人需求调查、摸底，结合残疾人自身特点，购买技能培训、文化服务、生活自理能力培养、智能家用设备应用、社会融合锻炼等服务。通过各类培训，大部分残疾人从不爱说话到乐于与人交往、从没有特长到可以独立展示特长，不光提升了生活自理能力，还提高了生活技能，改变了生活。

丰富残疾人文化生活。组建 10 余支文体兴趣班，聘请专业老师给予指导，合唱团、手语舞队、编织组、书画组等兴趣班的参与人员越来越多，学员的技艺也日益精湛。温馨家园通过举办才艺作品展、歌咏比赛、朗诵赛、节日文艺汇演等活动，让残疾人展示才艺，同时也让更多的人关注残疾人生活，让扶残助残优良传统不断扩大延伸。

增加冰雪运动技能和冬残奥知识。随着北京冬残奥会的临近，温馨家园在原有的服务项目基础上，增设了冬残奥元素的体育活动体验和冬残奥内容的知识讲座，引导残

● 大屯街道温馨家园残疾人文化周活动

疾人热爱冰雪运动，通过冰雪运动提升康复训练效果，同时传播自强不息、拼搏进取的残奥精神。

为残疾人提供助残志愿服务。大屯街道充分整合社会资源，引导社会单位参与到助残志愿服务活动中。2015年开始，大屯街道部分大型餐饮、物业、超市、企业与12户因病致困残疾人家庭结对，长期提供经济资助。武警、消防支队、超市、保险公司等单位与温馨家园结为长期服务单位，在残疾人日常生活和社区助残活动中，提供志愿服务，提升公众助残意识，营造助残氛围。

大屯街道温馨家园在政府主导下，充分发挥社会企业专业优势，努力实现"全面建成小康社会，残疾人一个也不能少"的目标，搭建成为残疾人职业康复劳动、康复训练、技能培训、文体娱乐等多功能的综合服务平台，并成为展示残疾人自强、自立、自尊、自信良好风貌的对外窗口。

● 北京市残疾人冰壶冰球运动馆

六　社会文明程度不断提升

　　北京冬奥会的筹办，带动群众性冰雪运动向全民普及和推广，提升全民健身意识；倡导绿色低碳生活理念，引导公众建立绿色低碳生活方式；在全社会范围内开展社会文明提升活动，推动社会文明进步。

1. 全民健身，开启健康生活新局面

　　冬季全民健身活动蓬勃开展。在一系列冰雪运动普及推广措施持续引导下，社会公众积极参与冬奥、参与冰雪运动的热情不断释放，群众冰雪运动发展呈现新的气象。2014—2020年已连续举办7届"全国大众冰雪季"活动，从第1届的10个省区市1000万人次参与，发展到第7届

● 2021北京半程马拉松

专栏："冰雪惠民计划"释放冰雪运动发展红利

2021 年 7 月 18 日，在北京冬奥会即将迎来倒计时 200 天的日子，"冰雪惠民计划"启动仪式暨首都体育馆公益开放日在首都体育馆成功举办。

首都体育馆面向全国冰雪运动场馆发起了"每月面向社会不少于 1 次免费开放"的倡议，并号召冰雪运动场馆向社会定期开展各类群众喜爱、易于参与的公益冰雪课，为青少年参与冰雪运动提供便利，为"带动三亿人参与冰雪运动"做出积极贡献。

首都体育馆在公益开放日，除了向公众提供免费的冰场，还会开展公益冰雪课，请冰上项目冠军和国家队运动员现场教大家滑冰，为所有参与者带来了一场别开生面的冰上教学课。

启动仪式现场，京津冀 33 家冰雪场馆响应首都体育馆号召，承诺"每月面向社会不少于 1 次免费开放"，正式成为首批"冰雪惠民计划"支持单位。后续，全国将有更多冰雪运动场馆加入"冰雪惠民计划"，将进一步降低百姓参与冰雪运动门槛，释放冰雪运动发展红利，为百姓就近就便参与冰雪运动提供便利。

◎ 历届"北京市民快乐冰雪季系列活动"开展情况

届次	举办时间	发放免费体验券（万张）	开展冰雪活动（场）	参与人数（万人次）
第二届	2015 年 12 月—2016 年 4 月	1.8	106	19
第三届	2016 年 11 月—2017 年 4 月	2	2312	450
第四届	2017 年 11 月—2018 年 4 月	3.4	3753	502
第五届	2018 年 11 月—2019 年 4 月	2	4401	815
第六届	2019 年 11 月—2020 年 4 月	2	3690	713
第七届	2020 年 12 月 -2021 年 4 月	2	5378	531

◎ 历届张家口"大好河山·激情张家口冰雪季"开展情况

届次	举办时间	举办赛事类别及活动数（个）	辐射带动参与冰雪运动人数（万人次）
第一届	2015 年 11 月—2016 年 4 月	37	10
第二届	2016 年 11 月—2017 年 4 月	84	100
第三届	2017 年 11 月—2018 年 4 月	116	180
第四届	2018 年 11 月—2019 年 4 月	143	300
第五届	2019 年 11 月—2020 年 4 月	163	400
第六届	2020 年 11 月—2021 年 4 月	200	500

的 31 个省区市近 1 亿人次参与，带动更多民众感受冰雪、体验冰雪、参与冰雪。"北京市民快乐冰雪季系列活动"自 2014 年底至 2020 年底也已成功举办 7 届，通过开展冰雪运动和发放冰雪公益体验券的形式，带动更多市民参与冰雪运动。2021 年 7 月 18 日，北京市启动"冰雪惠民计划"，为百姓就近就便参与冰雪运动提供便利。张家口市自 2015 年起，以"大好河山·激情张家口冰雪季"系列赛事活动

为引领，统筹开展群众喜爱、适合大众参与的冰雪运动赛事活动，从每年雪季开始至次年雪季结束，至今已连续举办 6 届，参与人数增长到 500 万人次，极大地带动了广大民众参与和体验冰雪运动的热情。

公众冬季锻炼意识逐渐形成。2008 年北京奥运会，激发了公众参与体育运动的热情，掀起了全民健身的热潮。北京冬奥会筹办以来，随着冬季运动的普及推广，冰雪设施的建设完善，参与冬季锻炼的人越来越多，从而带动更多人开启"四季健身"的模式，"经常参加体育锻炼[1]"逐渐成为公众生活方式。据统计，截至 2020 年底，北京市经常参加体育锻炼的人数从 2015 年底的 650 万增长为 1080.6 万，占全市常住总人口的 50.18%；河北省经常参加体育锻炼人数比例占全省常住总人口 43.41%。通过冬季运动普及发展，进一步带动全民健身，从而推动人民健康水平和身体素质持续提高，推动"健康中国"建设。

[1] 2019 年 6 月，国家卫生健康委制定发布的《健康中国行动（2019—2030 年）》中，对"经常参加体育锻炼"的定义为：每周参加体育锻炼频度 3 次及以上，每次体育锻炼持续时间 30 分钟及以上，每次体育锻炼的运动强度达到中等及以上

● 长春净月潭瓦萨国际滑雪节

截至 2020 年底

北京市经常参加体育锻炼的人数从 2015 年底到 2020 年底为：

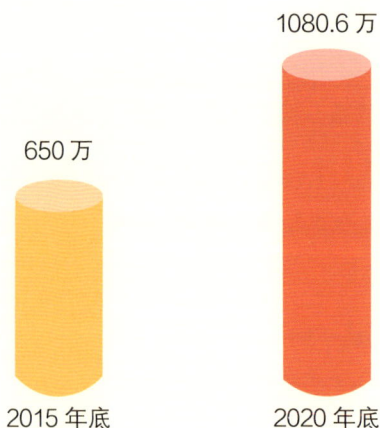

1080.6 万

650 万

2015 年底　　　　2020 年底

北京市、河北省经常参加体育锻炼的人数占全市 / 全省常住总人口比例为：

北京市 **50.18%**

河北省 **43.41%**

2. 低碳出行，引领绿色生活新风尚

　　以北京冬奥会筹办为契机，采用多种方式宣传普及低碳生活理念，鼓励企业、社会组织和个人的低碳环保行为，推广普惠制，在全社会积极倡导低碳生活方式。2019 年 6 月，北京冬奥组委举办"奔向 2022　绿色起跑　全民开动"国际奥林匹克日冬奥主题活动暨公益跑活动，向全社会倡导低碳生活方式，创造碳普惠制的"北京案例"。北京冬奥组委在 2020 年 7 月 2 日上线运行"低碳冬奥"小程序，引导社会公众践行绿色出行、垃圾分类、自备购物袋等低碳行为，积极参与低碳行动。2021 年 6 月 5 日，启动"绿动冬奥"青少年公益行动，倡导青少年关注绿色低碳可持续、关注冬奥，弘扬奥运精神，培育环保意识。北京市和张家口市积极倡导"135"绿色低碳出行方式，即 1 公里以内步

专栏："低碳冬奥"微信小程序

北京冬奥组委"低碳冬奥"
小程序海报

2020年7月2日是第8个全国低碳日。为深入贯彻习近平生态文明思想及"绿色、共享、开放、廉洁"办奥理念，落实《北京2022年冬奥会和冬残奥会低碳管理工作方案》碳中和措施，实现北京冬奥会低碳管理目标，北京冬奥组委于7月2日当天，正式上线"低碳冬奥"微信小程序（以下简称"小程序"），旨在通过碳普惠方式，吸引社会公众积极参与低碳行动，为低碳冬奥贡献自己的力量。

"小程序"利用数字化的技术手段和科学的计算方法，全面记录用户在日常生活中的低碳行为轨迹。用户在践行绿色出行、垃圾分类、光盘行动等低碳行为的同时，可通过截图上传信息、授权获取微信步数、自主打卡确认、冬奥知识答题、低碳行为拍照记录等方式获得碳积分和"低碳达人"等荣誉勋章，并用碳积分来兑换相应的奖励。截至2021年8月11日，"小程序"用户达86686个。"小程序"的上线和推广，有助于鼓励和引导社会公众践行绿色低碳生活方式，培育社会公众的低碳责任感与荣誉感，起到良好的社会示范效应。

行，3 公里以内自行车，5 公里左右乘坐公共交通工具，到 2020 年，北京市绿色出行满意度超过 85%，中心城区绿色出行比例达到 73.1%；张家口城市交通绿色出行比例达到 60% 以上。

3. 文明有礼，展示主办城市新面貌

大力推动社会文明建设。2018—2021 年，通过全面实施《北京 2022 年冬奥会和冬残奥会社会文明行动计划》，引导社会公众积极参与"冬奥我知道"宣传普及活动，"最美微笑"文明引导行动，"人人都是东道主"文明社区、楼门、村镇建设活动，"冬奥有我"窗口文明服务活动和"文明有礼"观赛宣传活动等一系列社会文明提升活动。通过这些活动，全面提升了市民文明素质，树立了主办城市的文明形象。

"冬奥我知道"宣传普及活动

突出知识性和趣味性，精心设计制作系列动漫视频、宣传海报、宣传折页等，广泛开展冬奥知识宣传。

"最美微笑"文明引导行动

以"助力冬奥　最美微笑"主题。定期走进社区、学校、地铁、公交站、博物馆、球场等多处场所及服务窗口，开展"最美微笑"文明引导行动，活动直接受众上百万人次，间接受众上亿人次以上。

"人人都是东道主"文明社区、楼门、村镇建设活动

以"文明东道主，好客中国人"为主题，在全市开展近30余场主题宣讲活动，引导广大北京市民践行文明新风，主题宣讲活动现场直接受众1万余人次，通过活动直播平台、校内网、媒体平台观看的网民达2亿多人次。

"冬奥有我"窗口文明服务活动

以"冬奥有我"窗口文明服务为主题，进入教育、物业、涉外企业、银行、保险、医疗、酒店等12个基层行业服务窗口单位，通过宣传品、视频动画及培训活动，传播及推广窗口文明服务。

"文明有礼"观赛宣传活动

走进运动赛场、体育场馆等场所，面向赛场观众，开展"文明有礼"观赛宣传活动30余场，覆盖观众2000多万人次。

结　语

　　北京冬奥会筹办6年多来，有力地带动了奥林匹克教育和校园冰雪运动的深入开展，促进了青少年的健康成长和全面发展；全社会志愿服务精神进一步弘扬，推动了中国志愿服务事业的发展；关爱残疾人、支持残疾人事业成为社会共识，扶残助残意识融入公众生活；全面推动了社会进步和文明互鉴，形成了宝贵的冬奥社会遗产，为奥林匹克运动发展和奥林匹克精神传播做出积极贡献。

　　北京冬奥会的筹办和举办，不仅契合当前国际奥委会提出的"更团结"的主张，还契合带动全社会"共同参与、共同尽力、共同享有"的理念，产生了良好社会效应，全面提升了社会文明程度，增强了全社会的成就感和获得感。我们相信，丰厚的冬奥遗产成果将持续推动社会进步，进一步助推改革开放，促进文明对话与交流合作，增进世界各族人民团结和友谊，使全世界更加相知相融。

● 北京冬奥会口号发布现场

一起
Together for

北京冬季奥林匹克公园

文化篇

导　言

北京 2022 年冬奥会和冬残奥会的筹办和举办，使奥林匹克精神和理念在中华大地进一步落地生根，促进了世界多元文化与中华优秀传统文化交流互鉴，使世界各国人民更加团结，让全世界更加相知相融。

北京冬奥会筹办 6 年多来，在展示国家形象、促进国家发展、振奋民族精神方面发挥了重要作用。以体育为主题，以文化为内容，通过形式多样的文化活动，全方位、多层次的宣传推广，促进了冬季奥林匹克运动在中国的传播，全面展示了中国优秀传统文化和城市文化特色，营造了喜迎冬奥的浓厚社会氛围，赢得社会各界的广泛支持和积极参与。一批冬奥文化设施的建设夯实了冬奥文化传播的基础；丰富的冬奥文化活动广泛传播了冰雪文化和冬季奥林匹克运动知识；一系列冬奥文化产品推动了奥林匹克文化与我国文化创意产业的融合发展；冬奥传播方式的创新和转播技术的升级，提升了国家文化传播水平；主办城市公共文化服务体系的不断完善，充分展示了城市文化特色，丰富了广大市民的精神文化生活。

本篇介绍北京冬奥会筹办 6 年多来，在冬奥文化设施、文化活动、文化产品、文化传播、城市公共文化服务等方面取得的积极成效，这些成效带动了全社会奥林匹克文化、冰雪文化的普及推广，形成了重要的北京冬奥会文化遗产。

● 北京 2022 年冬奥会和冬残奥会吉祥物发布活动

一 冬奥文化设施布局科学

中央相关单位及主办城市政府会同相关单位，本着节俭性、公益性、参与性及可持续性的原则，在全国范围内推动建设了一批冬奥文化设施。冬奥文化广场为广大市民感受冬奥、参与冬季健身提供了平台，冬奥社区提升了社区人文环境，奥林匹克公园为城市增添了文体活动空间，冬奥公共文化景观激发了城市的生机与活力，国际奥林匹克学院、崇礼华侨冰雪博物馆等设施促进了奥林匹克文化的研究与推广。这些设施赛后将持续为公众开展全民健身、文化休闲活动提供场所，持续普及奥运文化，传播奥林匹克精神。

1. 冬奥文化广场与示范社区丰富城市文化设施网络

冬奥文化广场丰富城市文化供给。为营造喜迎冬奥的

● 首个冬奥广场——北京市石景山区广宁街道高井路社区文化健身广

● 首个冬奥社区——北京市石景山区广宁街道高井路社区

浓厚氛围，展示城市文化特色，全国各地建设了一批冬奥文化广场。冬奥文化广场在赛时期间以向公众转播冬奥会、冬残奥会赛事为主，同时举办各种丰富多彩的文化活动，设置展览展示和特许商品售卖，提供赛时餐饮、医疗、票务等志愿服务，让广大市民在赛场外感受浓厚的冬奥氛围。截至2021年底，全国已建设冬奥文化广场43个，遍布19个省区市。赛后它们将作为城市文化广场继续使用，为市民开展健身和文化休闲活动提供服务，持续宣传奥林匹克精神和推广冰雪运动。

冬奥社区提升社区人文环境。以"冬奥让社区更美好"为理念，全国范围内设立了一批冬奥示范社区。冬奥社区的建设为社区居民增添更多冬季健身设施，使冰雪运动走近百姓身边，通过举办展览和组织冰雪知识小课堂等社区活动，让社区居民了解更多冰雪知识和奥林匹克理念。同时，冬奥社区的建设带动了社区整体环境改善，让社区居民切实获益，也为其他新型社区建设和老旧社区的改造提供示范。

2. 奥林匹克公园为城市增添新型公共文化空间

为充分发挥"奥林匹克"品牌的带动作用，推动北京、延庆和张家口三个赛区赛后的可持续发展，经国际奥委会授权，三赛区分别设立了奥林匹克公园。各公园规划和建设都遵循可持续发展原则，赛后将依托赛区丰富的体育场馆和文化设施资源，形成各具特色的城市文体活动空间，通过举办高水平体育赛事、大众健身、文化教育和奥运会纪念活动等，引导公众回顾当年奥运会的盛况，延续公众对参与体育锻炼的热情，赋予三个地区服务全民健身、传播奥运文化、开展青少年奥林匹克教育以及带动区域可持续发展等更多的功能和作用。

北京冬季奥林匹克公园——打造城市复兴新地标。北京冬季奥林匹克公园位于北京赛区首钢园区，包括工业遗址公园和冬奥广场两个区域，园内设有北京冬奥会竞赛场馆——首钢滑雪大跳台，以及国家体育总局冬季运动训练中心、极限公园等体育设施。首钢滑雪大跳台是世界首例永久保留和使用的大跳台场地，赛后将举办国际、国内顶级单板滑雪大跳台和自由式滑雪大跳台等赛事活动，承接

● 北京冬奥组委首钢办公区（首钢园区冬奥广场

188
189

● 国家体育总局冬季运动训练中心   ● 首钢极限公园

各类极限运动商业赛事，将作为中国国家队、青少年队及其他专业队的长期训练基地。国家体育总局冬季运动训练中心的训练场馆是由原有工业遗存改造成速滑、花滑、冰壶、冰球训练馆，将作为各类比赛活动场地和专业队训练基地，兼具商业化运营。极限公园是通过对高炉斗仓、除尘器、转运站等工业遗存的改造，实现攀岩、滑板、轮滑等运动功能。北京冬季奥林匹克公园赛后将向公众开放，成为城市冰雪运动和时尚极限运动的聚集地、京西体育文化休闲公园，持续助力全民健身和冰雪运动普及发展，传播奥林匹克理念，为打造新时代首都城市复兴新地标提供动力。

● 首钢滑雪大跳台

　　延庆奥林匹克园区——建设全季体育休闲区。位于延庆赛区的延庆奥林匹克园区包含北京冬奥会竞赛场馆国家高山滑雪中心和西大庄科村的大众雪场。国家高山滑雪中心是中国唯一一个奥运规格的高山滑雪场地，赛后将依然作为高山滑雪赛事的举办地，并为中国高山滑雪国家队和其他专业滑雪队提供训练场地，雪季将向高级别的大众滑雪爱好者开放，非雪季将作为观光山地和户外运动场所。大众雪场赛后将承办或举办青少年滑雪赛事、区域性滑雪赛事、商业滑雪赛事等活动，为滑雪爱好者和开展青少年冰雪体验提供场地支持。延庆奥林匹克园区赛后将对公众开放，打造成为冰雪赛事、全民健身和旅游休闲的全季体育休闲区，助力"延庆——最美冬奥城"建设。

● 国家高山滑雪中

● 张家口崇礼奥林匹克公园

　　张家口崇礼奥林匹克公园——助力"体育之城"建设。张家口崇礼奥林匹克公园位于张家口赛区古杨树场馆群，包含国家跳台滑雪中心、国家越野滑雪中心和国家冬季两项中心三个北京冬奥会竞赛场馆。赛后，国家跳台滑雪中心将作为跳台滑雪赛事场地和专业训练基地，同时开展会议和体育休闲娱乐等项目。国家越野滑雪中心在保留越野滑雪赛事举办和专业训练的基础上，增设冰雪小剧场、雪地摩托车等雪季项目和森林剧场、山地音乐会等夏季项目。冬季，在满足国家冬季两项中心专项训练和赛事的同时，增设适合儿童滑雪和初学者的培训及冰雪体验和冰雪娱乐等项目；夏季，将打造成为自行车越野、拓展训练基地等夏季户外活动中心，设置房车宿营地、小剧场等娱乐场地。张家口崇礼奥林匹克公园，将以奥运场馆和滑雪设施为基础，以冰雪赛事为抓手，以丰富的群众性冰雪活动供给为举措，持续普及冰雪运动，为张家口打造成为"京津冀冰雪运动胜地"和"冰雪运动之城"提供支撑。

3. 冬奥公共文化景观展示冬奥文化特色

设立冬奥雕塑。为进一步把公共艺术建设与冬奥文化遗产传承有机融合，北京冬奥会三赛区积极推进冬奥雕塑融入城市公共空间。2020 年 7 月，北京冬奥组委面向全球公开征集公共艺术作品，共收到来自中国、美国、英国、意大利等 50 余个国家和地区的 1313 名应征人提交的 1611 件应征方案，通过专家评审和公众网络投票的方式选出 7 件最佳作品，在北京市的冬奥场馆和城市公园建设落地。2021 年 4 月，北京市在全球征集活动中选出 25 件雕塑作品落户石景山区冬奥公园。自 2014 年以来，延庆区共设立了 8 组冬奥主题元素雕塑、艺术景观和众多冬奥景观小品，分别设立于高速路口、公园景区等城市公共区域。2021 年，张家口市崇礼区与中央美院合作设计了一批彰显时代发展特征、符合崇礼冬奥城市特质的北京冬奥会景观雕塑及城市雕塑小品，设立在崇礼城区、太子城奥运核心区等重要区域。这些冬奥雕塑装扮了城市空间，营造了浓厚的冬奥氛围，传播了奥林匹克精神。

● 《飞翔的梦·情系冬奥》雕塑化

● 北京东单冬奥景观　　　　　● 张家口市民广场城市冬奥景观　　　　　● 北京广宁健身广场城市冬奥景观

◎ **北京城市冬奥环境景观重点布置区域**

一核	奥林匹克中心区域
四区	首体区域、五棵松区域、首钢区域、延庆区域
两轴	长安街及其延长线（石担路 — 宋梁路） 中轴路（永定门 — 北辰路）
三线	奥运专用线：京张高铁、京礼高速 奥运专用道：3 条机场高速、3 条高快速路、5 条环路、43 条联络线 火炬传递路线：待定
多周边	风景摄像机（9 处） 重点场站（机场 2 处、火车站 5 处） 涉奥场所（6 类） 群众身边（3 类）

　　布置冬奥城市景观。2021 年 9 月，北京市全面启动北京冬奥会赛时城市景观布置工作，围绕"点燃冰雪激情，讲好中国故事"主题，以"一核、四区、两轴、三线、多周边"为总体布局，运用景观装置、立面装饰、道旗灯饰、宣传画面、绿化景观、景观照明、主题灯光秀等进行景观布置。这些景观发挥着传播奥运文化理念、承载城市形象、烘托冬奥氛围、提升城市环境品质的重要作用，同时将集中展示"双奥之城"的独特魅力。

4. 冬奥文化教育机构促进奥运文化研究推广

设立北京国际奥林匹克学院。2020 年 2 月，国际奥委会正式批准成立北京国际奥林匹克学院。学院设置在北京冬奥会的延庆区，是由北京市政府委托首都体育学院依托现有办学资源筹建的独立的教育机构。北京国际奥林匹克学院致力于传承奥运遗产和文化，传播奥林匹克精神，培养奥林匹克相关专业人才。学院具备本科、研究生和博士招生资质，同时具备体育行业培训资格，未来将统筹利用国内外优质教育资源，积极构建高端国际交流合作平台，开展奥林匹克相关研究，为未来中国乃至世界大型赛事和奥运会筹办提供宝贵的智力财富，为国际奥林匹克事业做出更大贡献。

建设崇礼华侨冰雪博物馆。崇礼华侨冰雪博物馆（以下简称"博物馆"）坐落于张家口市崇礼主城区核心区域，是目前国内首个以冬季奥林匹克为主题的冰雪博物馆。博物馆筹建过程中，华侨华人踊跃捐款捐赠。博物馆设立中

● 北京国际奥林匹克学

● 崇礼华侨冰雪博物馆

国冰雪运动厅、世界冰雪运动厅、北京冬奥厅等 7 个展厅，展示中国、世界冰雪运动发展历程和北京冬奥会申办、筹办过程中的资料及成果。赛时，是展示冰雪运动发展历程、传播冬奥文化的窗口；赛后，将成为推广冰雪运动、研究冬奥文化的基地，是北京冬奥会留给中国和世界的重要文化遗产。

建设太子城考古遗址公园。张家口冬奥村的选址结合了 1978 年发现的太子城遗址，在冬奥村的建设过程中，本着"保护为主、抢救第一、合理利用、加强管理"的原则和"先发掘、再提取、后基建"的程序，正式开始对太子城遗址进行考古发掘，建设太子城考古遗址公园（以下简称"遗址公园"）。赛时，遗址公园将作为赛区文化广场与张家口冬奥村配套使用，向来自世界各地的运动员近距离展示中国古文化遗址和中华文化遗产，促进国际文化交流与合作。赛后，遗址公园将成为国家一流的考古遗址公园和有中国文化底蕴的冬奥广场，并对公众开放成为大众文化休闲场所，持续向世界展现中华优秀传统文化魅力和中国文物保护工作成果。

二 冬奥文化活动丰富多彩

　　北京冬奥会筹办过程中，以主办城市为中心，全国各地乃至海外充分利用我国丰富的文化艺术资源，以体育为主题，以文化为内容，组织策划了各类冬奥文化活动，丰富大众文化生活，提升城市文明，推动国际间文化交流。这些活动的开展拉近了大众与奥林匹克理念的距离，推动了冰雪运动与中国文化、中国艺术的有效融合，为冰雪运动在我国的长久发展提供文化动力。

1. 全国性冬奥文化活动传播冬季奥林匹克文化

　　开展群众冰雪文化活动。2015年以来，连续举办全国大众冰雪季、全国大众欢乐冰雪周、中国残疾人冰雪运动季等各类全国性冰雪活动。活动内容除了形式多样的大众冰雪赛事，还包括冰雪训练营、冰雪公开课、冰雪乐园、冰雪健身摄影、图片文化展、非物质文化遗产宣传等各类冰雪文化活动。同时各地积极发掘自身冰雪文化,推动冰雕、

● 北京龙庆峡冰灯艺术

196
197

● 古城第二小学分校的孩子们展示冰雪主题绘画作品

冰灯、雪雕等冰雪艺术作品创作，开发"冰湖雪村"等冰雪民俗文化，吸引了众多冰雪旅游爱好者参与。这些活动让传统冰雪文化得到了有效的挖掘与广泛的传播，中华传统冰雪文化在与现代冰雪运动交融中迸发出了新的时代风采。

推动冬奥文化艺术活动。2017 年举办"奥林匹克博览会"，2018 年创办"为奥运喝彩"系列文化艺术活动和"鸟巢杯"全国青少年冰雪文化艺术创作大赛（以下简称"鸟巢杯"）。这些持续举办的大型文化艺术活动中，既有在国内多个城市举办的以奥林匹克为背景的文化、艺术、人文等展览，又有面向青少年的美术、音乐、绘画等文化艺术创作活动。其中"鸟巢杯"自 2018 年启动以来，报名及参与累积超过 10 万人次，创作形式包括绘画、书法（软硬笔）、文学创作、摄影、工艺创作、手工非遗创作等多种中西方艺术形式，有效推动了文化艺术创作与奥林匹克运动融合

北京2022年冬奥会
火种展示活动
Flame Exhibition Tour of Olympic Winter Games Beijing 2022

中国·北京
2021年12月9日

● 北京 2022 年冬奥会火种展示活

发展。

举办冬奥文化知识传播活动。开展"全民冰雪公开课"系列活动、中国冰雪大篷车百场巡回活动等形式多样的文化活动，通过送冬奥文化进社区、进机关、进校园、进部队、进厂矿、进农村、进家庭等形式，为大众就近、就便学习、体验和参与冬奥文化活动提供便利。2018—2021 年，在全国先后开展了《冬奥达人答》知识竞赛，"魅力冬奥"冬奥知识讲解等丰富多彩、生动活泼的冬奥知识普及活动，辐射全国 940 万观众，有效推动了奥林匹克文化在青少年中传播。北京市多次在"鸟巢"、故宫博物院、中华世纪坛、颐和园等地举办奥运文化主题展览和奥运文化模块化展览，宣传北京双奥文化遗产，普及奥林匹克知识；自 2018 年起已连续举办 3 届中小学生冬奥知识竞赛，2020 年全市 826 所学校超过 39 万名中小学生参与。张家口市利用奥林匹克会旗巡展契机，在全市 19 个县区 72 所中小学校开展了奥林匹克知识教育主题活动，涉及师生达到 12 万余人。

精心打造火炬接力活动。火炬接力活动是北京冬奥会重要的文化活动之一，以"迎接冰雪运动、奔向美好未来"为主题，以"健康·欢乐·活力"为口号，通过火种展示、传统火炬传递和网络传递形式，传播奥林匹克理念，传递信心和希望，向全世界展示主办城市人文历史和城市发展新面貌。北京冬奥组委精心策划火种展示和火炬接力计划，创新打造北京冬奥会火炬接力活动。一是火种交接和火种展览。通过奥林匹克主题展览、合作伙伴公益项目和在冰雪运动基础较好的地区进行火种巡展，激励更多人参与冰雪运动、支持冬奥筹办。二是组织三赛区火炬传递。2022年2月2日至4日，在北京、延庆、张家口三个赛区开展传统的火炬传递活动，共有约1200名火炬手参与传递。北京赛区火炬接力着重彰显"双奥之城"的独特魅力，延庆赛区着重展现"最美冬奥城"的全新形象，张家口赛区着重展示打造亚洲冰雪旅游度假目的地的丰硕成果。三是开展网络传递。组织开展丰富多彩的火炬网络宣传推广活动，借助各类网络小程序、虚拟现实技术、话题挑战等平台和途径，吸引广大网民加入互动，共享北京冬奥盛会。

2. 主办城市冬奥文化活动彰显民族文化特色

举办冬奥春节文化活动。通过举办以"冬奥"为主题的系列春节文化活动，使冬奥文化、冰雪文化与中国传统节日春节有机融合。春节期间，北京市各大公园、庙会纷纷开辟冰雪活动场地，满足群众赏冰乐雪的需求。延庆龙庆峡冰灯节已有30余年的历史，随着北京冬奥会的临近，游客参观量相比往年明显增加。2021年春节期间，共有33.4万游客前往延庆滑雪、攀冰、赏冰灯，体验冰雪文化。

冰雪文化融入春节文化，成为新时代百姓生活的重要组成部分。

举办冬奥长城文化活动。长城是世界熟知的中国标志。北京冬奥会三个赛区中的延庆是八达岭长城的"故乡"，张家口赛区雪上项目所在的崇礼区境内，有七个朝代的长城纵横相交，因此北京冬奥会是名副其实的"长城脚下的冬奥会"。自北京冬奥会筹办以来，一系列重要的文化活动、文艺演出、文化展示都在长城及其周边地区展开。北京冬奥会会徽设计方案全球征集、奥林匹克会旗"中国之旅"、冬奥会倒计时 500 天系列文化活动等重要节点的文化活动在长城启动，进一步将长城文化融入奥林匹克文化中。中国长城国际摄影周、长城交响音乐会、北京长城文化节、长城文创大赛等各类长城文化活动也融入了冬奥元素，让悠远厚重的长城文化拥有了新的时代特点。冬奥申办成功后，长城作为京张两地地理文化的连接点作用更加凸显，

● 龙潭公园冰雪

两地共同举办了以冬奥和长城为主题的各类文化交流活动。如"长城内外迎冬奥·京张携手闹元宵"元宵节花会展演活动、"海陀儿女共庆建党百年 长城脚下喜迎冬奥盛会"京张文化交流活动等。冬奥长城活动的举办，赋予长城传统文化以新的时代印记，增强了我国长城文化的世界影响力，形成独特的奥林匹克文化遗产。

3. 冬奥国际文化交流活动促进世界文化交融互鉴

配合外交活动宣传北京冬奥会。在"亚洲文明对话大会"、"一带一路"国际合作高峰论坛、20 国集团领导人峰会、阿斯塔纳世博会等外交外事活动中，以及国家领导人出访、外国领导人来访等双边和多边工作场合宣传北京冬奥会，并与有关国家积极开展冬奥筹办交流，扩大北京冬奥会影响力，推动文化、体育等方面国际合作。

举办体育文化交流活动。2018 年创建"丝路杯冰球超级联赛"，这是中国体育史上第一个由中国自主参与并主办的跨国跨洲的体育职业联赛，连接了"一带一路"沿线国家和地区的体育和文化交流。启动"2019 中芬冬季运动年"，中国与芬兰两国冬季运动合作进入新阶段，双方在运动年框架内共举办活动 62 起，涵盖冬奥合作、体育文化等众多领域。加强国际间青少年冰雪文化交流。举办"共迎未来"国际青少年体育文化交流活动、"中外人文交流小使者"展示活动、"奥运城市杯"北京国际青少年冰球邀请赛、中国与中东欧大学生冰雪嘉年华活动、"萨马兰奇杯国际青少年冰雪外语知识大赛"等青少年国际体育文化交流活动。举办北京友好城市国际青年交流营，为来自 59 个国家的 240

名中外青年搭建起共述冬奥故事、弘扬奥运精神的平台。

加强冰雪运动发达国家、友好城市和奥运城市的文化交流。开展"欢乐春节"项目计划，旨在推广北京冬奥会，促进海外文化交流。2019、2020 年春节期间在瑞士洛桑举办"中国红·点亮 2022"新春贺岁活动，点燃冬奥热情。特拉维夫、马德里、哥本哈根、罗马等多个城市的驻外文化和旅游机构举办了与北京冬奥会主题相关的宣传推介活动。开展"北京 2022 冬奥文化全球行"，借助文旅部海外中国文化中心和驻外旅游办事处等平台在全球 49 个国家的 54 个城市展开各类宣传推广。"欧洲青年冬奥行"活动邀请欧洲 17 个国家的 50 名在华青年代表进行冬奥实地参观考察。2019 年 6 月，北京冬奥组委参与北京市在日本举办的"北京周"系列活动，开展以北京冬奥会为主题的展览

● 文化中国·水立方杯

展示、宣传推介等活动，向国际社会介绍北京冬奥会筹办工作的最新进展。在"相约北京"国际艺术节、"文化中国·水立方杯"海外华人中文歌曲大赛、"奥林匹克美术大会"等重大国际文化、艺术交流平台中融入北京冬奥会元素。在里约奥运会、平昌冬奥会、东京奥运会期间举办"中国之家"活动，宣传北京冬奥会和北京奥运遗产传承。这些冬奥推广活动不仅让世界更加期待北京冬奥会，也增进了对中国文化的了解与认同。

三 冬奥文化产品创意十足

在冬奥筹办过程中，设计开发了一系列北京冬奥会和冬残奥会的冬奥形象标识，创作了一大批冬奥歌曲、电视栏目、短视频、影视作品、特许商品等冬奥文化产品。其创作过程中包含了对中国传统文化、奥林匹克文化、冰雪文化的深度挖掘和多层次、多侧面的创造性融合，丰富了奥林匹克文化内涵，向世界展示了中国优秀传统文化的独特魅力。创作生产过程吸引了世界专业设计者参与，带动提升了我国相关文化产品的创作水平。

1. 冬奥形象标识促进古今中西文化融合

冬奥形象标识包括会徽、火炬、吉祥物、体育图标、色彩系统和核心图形等。这些形象标识结合冬奥元素，艺术形式具有中国特色，创意设计突出冰雪主题，同时融合体育、艺术和科技，体现出中国发展的时代文化精神。作为北京冬奥会的视觉形象代表，它们具有多元沟通和交往的作用，也是北京冬奥会和中国人民贡献给奥林匹克运动的独特艺术、智慧和财富。

● 北京冬奥会会徽"冬梦"　　● 北京冬残奥会会徽"飞跃"

会徽：冬梦和飞跃。 2017 年 12 月 15 日，北京冬奥会会徽"冬梦"和冬残奥会会徽"飞跃"正式发布。北京冬奥会会徽以汉字"冬"为灵感来源，运用中国书法的艺术形态，将厚重的东方文化底蕴与国际化的现代风格融为一体，呈现出新时代的中国新形象、新梦想，传递出新时代中国圆冬奥之梦、圆体育强国之梦的夙愿。北京冬残奥会会徽"飞跃"，把汉字"飞"，巧妙地幻化成一个向前滑行、冲向胜利的运动员形象，象征并激发运动员以坚强的意志作为精神的翅膀，在赛场上放飞青春梦想。

● 冬奥火炬接力

● 冬残奥火炬接力

● 志愿者

● 文化活动

● 教育

● 可持续

二级标志。 北京冬奥会和冬残奥会二级标志是冬奥品牌建设的重要组成部分，包括火炬接力标志、志愿者标志、文化活动标志、教育标志和可持续标志。二级标志与冬奥会徽有统一的形象风格，一致的创作手法和色彩体系，同时又表达各自的独特性与内涵，并具有强烈的主办国家特色与民族文化特色。

● 冰墩墩

● 雪容融

　　吉祥物：冰墩墩和雪容融。北京冬奥会吉祥物以熊猫为原型进行设计创作。将熊猫形象与富有超能量的冰晶外壳相结合，体现了冬季冰雪运动和现代科技特点。头部外壳造型取自冰雪运动头盔，装饰彩色光环，其灵感源自于国家速滑馆——"冰丝带"。冰墩墩整体形象酷似航天员，寓意创造非凡、探索未来，体现了追求卓越、引领时代，以及面向未来的无限可能。

　　北京冬残奥会吉祥物以灯笼为原型进行设计创作。灯笼代表着收获、喜庆、温暖和光明。顶部的如意造型象征吉祥幸福；和平鸽和天坛构成的连续图案，寓意着和平友谊，突出了举办地的特色。灯笼以"中国红"为主色调，渲染了2022年中国春节的节日气氛，身体发出光芒，寓意着点亮梦想、温暖世界，代表着友爱、勇气和坚强，体现了冬残奥运动员的拼搏精神。

五主色 Five Primary Colours	霞光红 Glowing Red	迎春黄 Spring Yellow	天霁蓝 Sapphire sky	长城灰 Great Wall Grey	瑞雪白 Snow White
五间色 Five Secondary Colours	天青 Sky Blue	梅红 Plum-blossom Pink	竹绿 Bamboo Green	冰蓝 Ice Blue	吉柿 Persimmon Orange
辅助色 Two Auxiliary Colours	墨 Chinese Ink	金 Gold	银 Silver		

● 北京 2022 年冬奥会和冬残奥会色彩系统

　　色彩系统。北京冬奥会色彩系统源于中国传统矿物色，中华五千年的历史文化铸造了极具东方特色的色彩文化。色彩系统的设计灵感源于对中国历史代表性色彩的挖掘，设计依据源于对中国文化色彩的提炼，设计选择源于北京、延庆和张家口三个赛区城市色彩的分析。冬奥色彩系统包括主色、间色和辅助色三部分。主色包括霞光红、迎春黄、天霁蓝、长城灰、瑞雪白；间色包括天青、梅红、竹绿、冰蓝、吉柿；辅助色包括墨、金、银。主色和间色之间相互对应组合，形成了一套全新的冬奥色彩系统，既体现了冰雪运动、绿色奥运和科技奥运的内涵，又呈现了中国独有的春节文化和长城文化魅力。

　　核心图形。北京冬奥会和冬残奥会的核心图形是奥运历史上第一个动态核心图形，其设计灵感来源于中国传统的"道法自然，天人合一"思想，借助科技手段，通过计算机生成技术，将京张赛区山形及长城形态，与中国长卷山水、充满动感与力量的线条、书法的韵味、运动员的激情、赛场的滑道和科技相融合，形成具有地域特色和中国风韵的冬季美景，呈现出新时代人与自然和谐共生、构建人类命运共同体的理念。

● 北京 2022 年冬奥会和冬残奥会核心图形（红金）

● 北京 2022 年冬奥会和冬残奥会核心图形（蓝白）

● 北京 2022 年冬奥会和冬残奥会核心图形（青绿）

● 北京 2022 年冬奥会和冬残奥会体育图标

体育图标。北京冬奥会和冬残奥会体育图标共30个，包括24个北京冬奥会体育图标和6个北京冬残奥会体育图标。体育图标设计来源于早期文化符号及甲骨文的文字结构与形态，以汉印为表现形式。方寸间的高妙布白，将冬季运动元素与中国传统文化巧妙结合，既展现出冬季运动挑战自我、追求卓越的特点，也凝聚了中国传统文化的厚重与精深，彰显了北京冬奥会和冬残奥会的理念和愿景。体育图标动态形式是以超感动图的形式，在2—3秒的视频动画中，由二维的篆刻转换为三维的冰雪运动，高度同步、快速重复，同时配合背景音乐的节奏，达到了"燃"的效果。

将《富春山居图》按围挡标准比例裁切并加入五环和印鉴元素

对裁切后的《富春山居图》进行组合测试

依据中国长卷绘画的构图和节奏进行围挡设计

北宋《千里江山图》紧凑的画面节奏对应冬奥赛场紧张激烈的赛事氛围

● 冬奥场馆赛事形象景观

冬奥场馆赛事形象景观。 北京冬奥会场馆形象景观是冬奥赛事品牌、形象与赛时景观系统的重要组成部分，为保障赛时各场馆建立完整统一、系统化的冬奥品牌、形象与景观视觉体系，北京冬奥组委编制场馆赛事景观总体规划，创造性地将中国文化和美学融入场馆赛事形象景观设计，被国际奥委会评价为"开启奥林匹克设计新阶段"。制作 KOP 形象景观工具包（Kit of Parts），提供单元体分类素材，制定有效的实施运行编码系统。依据总体规划的指导原则、设计与实施思路，结合形象景观工具包设计体系与各品牌形象、景观元素规范指导手册，编制各场馆形象景观设计图册，"一馆一册"并完成深化设计。在多场馆、多实施主体、多制作方的复杂条件下，制作了标准景观物料样品包，规范了标准色彩、标准材料、规格和制作工艺等，以保证场馆景观呈现色彩、图形和质量的一致性。

火炬："飞扬"。火炬"飞扬"外形极具动感和活力，自下而上，从寓意吉祥的祥云纹样逐渐过渡到剪纸风格的雪花图案，旋转上升，如丝带飘舞，最后呈现为飞扬的火焰。冬奥火炬颜色为银色和红色，象征冰火相约，激情飞扬，照亮冰雪，温暖世界。红色线条随火炬转动而上下贯通，象征着激情的冰雪赛道，也代表着永恒的火种；光明向上，表达了人类生生不息、向往和平、追求卓越的期望和奥林匹克运动的力量。冬残奥火炬颜色为银色和金色，寓意辉煌与梦想，表达了"勇气、决心、激励、平等"的残奥价值观。

● 北京 2022 年冬奥会和冬残奥会火炬"飞扬"

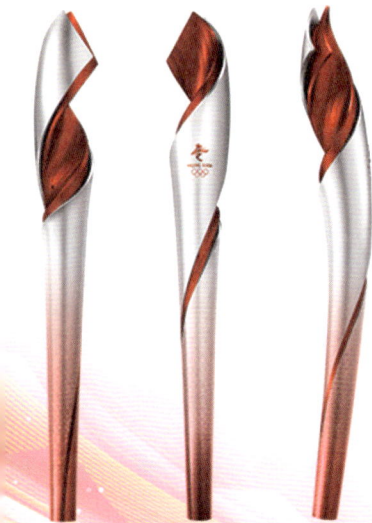

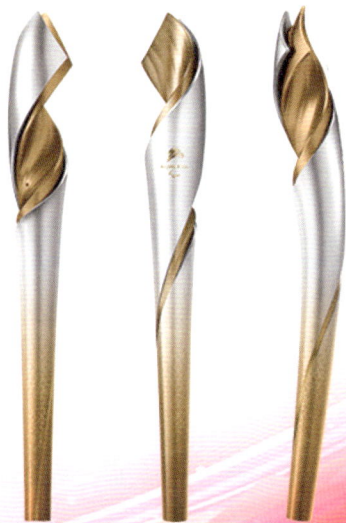

北京 2022 年冬奥会火炬
Beijing 2022 Olympic Winter Games Torch

北京 2022 年冬残奥会火炬
Beijing 2022 Paralympic Winter Games Torch

● 北京 2022 年冬奥会奖牌

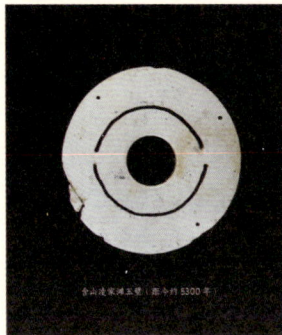

● 北京 2022 年冬残奥会奖

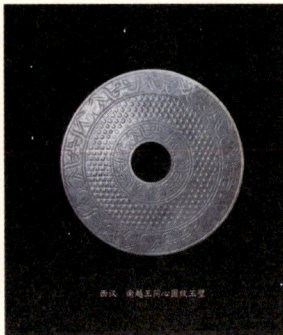

● 含山凌家滩玉璧　　● 南越王同心圆纹玉璧

　　奖牌："同心"。2021 年 10 月 26 日，北京冬奥会和冬残奥会奖牌正式发布。奖牌由圆环加圆心构成牌体，形象来源于中国古代同心圆玉璧，共设五环。五环同心，同心归圆，表达了"天地合·人心同"的中华文化内涵，也象征着奥林匹克精神将人们凝聚在一起，冬奥荣光，全球共享。正面浅刻"冰雪纹"和"祥云纹"，皆源于中国传统纹样，表现冬奥会特征的同时传达吉祥寓意。背面圆环上刻有圆点及运动弧线，取自古代天文图，蕴含"天人合一"的哲学思想，也象征运动员如群星璀璨，创造辉煌。

北京 2022 年冬奥会和冬残奥会官方海报

北京 2022 年冬奥会和冬残奥会宣传海报
《美好的冰雪激情的约会》

● 北京 2022 年冬奥会和冬残奥会宣传海报
《共襄盛举》

　　海报。海报包括 6 幅官方海报和 11 套宣传海报。冬奥海报以体育为主题，以文化为内容，融入冬奥元素、中国文化、城市风貌、冰雪运动等多种设计元素。冬奥海报既有奥林匹克精神的展示，又有对大赛氛围的渲染；既有对冰雪运动的热爱，又有笑迎八方宾朋的胸怀；既有中国传统文化的体现，又有主办城市风貌的呈现。冬奥海报体现了中华文化底蕴与奥林匹克精神的统一，呈现了冬奥项目造型与全民运动风采，展示了年轻一代蓬勃向上的朝气和参与冰雪运动的热情。

纯洁的冰雪激情约会口
国北京冬季奥运体动比
赛张家口号崇礼道交通
转计团志愿者高山滑雪
卓非凡精彩速度延庆列

艺术字体。 北京冬奥会和冬残奥会艺术字体设计灵感来源于中国传统书法，融合了行书与魏碑的字形结构特点，与会徽图形特征相结合，展示了中国传统文化，表达了现代设计感，体现了冬奥形象景观一致性和系统性的要求。整套冬奥专用艺术字体作为口号、标题、宣传语等的展示，被广泛应用于城市、场馆及大型活动中，也将在赛后成为重要的冬奥文化遗产。

2. 冬奥声像影视艺术作品展现中国形象

体育展示。奥运会的体育展示是呈现人文奥运和主办国文化特色的亮点窗口之一。北京冬奥会体育展示将通过视频、音乐和竞赛表演的形式烘托现场比赛气氛，激发观众热情，增强与观众互动，力图让赛场变成舞台，实现艺术与竞技运动的完美结合。北京冬奥组委一是建立了15000首的体育展示音乐库，包括不同风格的歌曲、纯音乐和音效，其中具备中国文化元素或符号的音乐作品超过三分之一；二是赛时期间，在首都体育馆举办花样滑冰表演赛（GALA），这是冬奥会花样滑冰项目金牌全部决出后，为答谢全世界花样滑冰爱好者所组织的专场表演。届时，中外花样滑冰运动员将以滑行表演的形式，

● 冬奥音乐作品征集活动

结合现场灯光和音效，呈现一场花滑冰舞盛宴；三是体育展示将在每个冬奥会竞赛场馆，借助视频、音乐和表演，在赛前、赛后和间隙开展文化展示，通过特效灯光和赛场冰面投影展示中国传统文化意象，传递中国文化，播放宣传片，展示冬奥筹办给百姓生活和城市发展带来的丰厚遗产。

音乐作品。2019—2021年北京冬奥组委面向全球连续发布3届冬奥音乐作品征集活动，受到各界广泛关注，最终，从应征作品中精选出《燃烧的雪花》《冬奥有我》《冰雪情怀》等40首不同主题、内涵丰富的优秀歌曲，向大众发布推广。这些作品的创作者有退伍军人、盲人作曲家、音乐学院师生、张家口歌手、少数民族音乐创作人等，他们用音乐传递着各自的奥运梦想和对北京冬奥会的期待。

影视与冰上舞剧作品。北京冬奥会筹办以来，反映冰雪运动和冬奥题材的文艺作品通过短视频、影视剧、纪录片、冰上舞剧等体裁不断涌现，呈现出日益繁荣的局面。2015年，冰雪运动和冬奥题材的短视频不足百部，2021年在抖音、优酷、今日头条等媒体客户端呈现的奥运主题和有关冰雪运动生活的短视频已经超过10万多个。冬奥冰雪题材电视剧作品数量逐年增加。中央电视台制作的《冰雪道路》和北京电视台拍摄的《故地重游盼冬奥》《我让冰嬉"活"起来》等纪录片，通过自然、地理、历史等多个侧面，透视冰雪运动背后丰富的文化内涵。冬奥主题冰上舞剧《WE ARE ONE》《踏冰逐梦》，分别由花样滑冰世界冠军庞清/佟健、张丹/张昊领衔

纪录片《冰雪道路》

● 纪录片《冰雪道路》之《花样年华》

● 纪录片《冰雪道路》之《年轻的战场》

主演，把新中国冰雪健儿薪火相传的形象立于舞台之上，将观众带入充满人文情怀和体育精神的冰上世界，为观众带来前所未有的艺术享受。随着影视作品体裁的增多，质量也不断提升，截至 2021 年，有 26 部冬奥和冰雪题材的影视作品参加米兰国际体育电影电视节，9 部获奖，其中《北京冬奥会会徽宣传片》《冰雪之约》《冬奥伴童年》等 5 部影片获得了象征最高荣誉的"金花环"大奖。

专栏：冰上舞剧《踏冰逐梦》

　　2019年，我国首部以花样滑冰为表演形式的原创冰上舞剧《踏冰逐梦》，在北京工人体育馆首演。该剧将西方的花样滑冰运动项目与我国优秀的民族精神相融合，多角度反映中国花样滑冰发展历程，把新中国冰雪健儿代代求索的形象立于舞台之上，使中华民族灿烂的冰上文化在舞台剧这一独特的艺术形式中绽放出时代光华，为北京冬奥会助力。该剧2019年演出2场，覆盖观众近1万人次；2020年受疫情影响，没有开展现场演出，该剧表演选段受邀在央视频《冬日暖央young》、黑龙江卫视《与冰共舞》等节目和"联通携手冬奥三周年活动"中展演，通过电视和网络平台播出，辐射观众百万人次，起到了广泛的宣传和激励作用。

◎ "北京国际体育电影周"冬奥和冰雪题材参赛作品数量

年份	数量
2006	1
2007	0
2008	1
2009	0
2010	2
2011	4
2012	16
2013	13
2014	23
2015	25
2016	10
2017	21
2018	16
2019	48
2020	19
2021	47

3. 冬奥特许产品开发带动中国设计与中国智造

特许经营计划是市场开发计划的重要组成部分。特许商品承担着弘扬奥林匹克精神、提升北京冬奥会品牌价值的重要使命，同时也是弘扬中国优秀传统文化和主办城市文化的重要载体。购买特许商品是世界各国人民参与冬奥、支持冬奥的一种简单易行的方式。已开发上市的特许商品中，既有纪念性强的徽章、邮品、工艺品、贵金属和金银纪念币等收藏品，也有实用性强的服装、文具、伞具、箱包、户外用品等，共16个类别5000余款。将中国优秀传统文化融入特许商品设计研发，依托珐琅、花丝镶嵌、玉雕、剪纸等非物质文化遗产和传统工艺，开发出冬奥五环珐琅尊、冬奥金镶玉瓶、盘扣挂饰等特色商品；关注冰雪文化，开发出阿勒泰雪山岩画、老北京的冰上时光等特色徽章产品；展示中华优秀传统文化，开发二十四节气、十二月令、"不时不食"等主题徽章和文房四宝等文化产品。纪念邮票共发行6套20枚。纪念币（钞）共发行北京2022年冬奥会金银纪念币2组19枚，流通纪念币2枚，流通纪念钞2张；冬残奥会金银纪念币1套2枚。北京冬奥会特许商品将激发民众参与、支持冬奥的热情，传播绿色、共享、开放、廉洁的办奥理念，推动中华文明与世界各国文明的交流互鉴。

人人参与、人人共享。北京冬奥会坚持"人人可参与、人人可享有"的原则，广泛动员专业机构、设计爱好者和社会大众，为北京冬奥会特许商品贡献智慧和力量。2018

● 北京冬奥会特许商品（一）

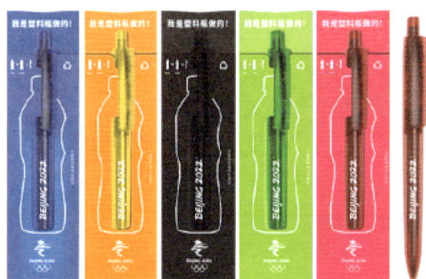

北京冬奥会特许商品（二）

年7月，北京冬奥组委举办"冬奥有我——我的冬奥会和冬残奥会"会徽商品创意设计大赛，把特许商品设计拓展为"人人可参与、人人可创意、人人可设计、人人可享有"的奥运推广活动，受到广大冰雪运动爱好者的普遍欢迎。共有350个专业机构和个人报名参赛，共收到参赛作品1182件，投票产生52件作品进入生产阶段，为全民参与和支持北京冬奥会搭建了平台。2021年7月北京冬奥组委组织举办"北京2022奥林匹克徽章文化周"活动，成立北京2022徽章交换中心，这是历届奥运会中开放时间最早，也将是持续时间最长的官方徽章交换中心，为奥林匹克徽章交换文化带来生机。"冰与火的澎湃·奥林匹克徽章展"同期举办。"徽章展"共有来自全国12个省市的60位奥林匹克徽章藏家制作了936个标准展盒，展出徽章9000余枚，是目前为止最专业、规模最大的一次奥运徽章展览。2020年8月，河北省组织了"河北游礼"迎冬奥文创和旅游商品遴选活动，共有121家单位和设计师参与征集，最终从2000余件（套）产品中遴选出了500件（套）能够融入冬奥场景、进入冬奥生活的"河北游礼"系列文创和旅游商品，作为迎冬奥主题的文创和旅游商品重点推介目标。这些征集、展览、交换活动为国内广大中小企业、专业机构和社会公众广泛参与、共享奥运文化成果搭建了平台，也促进了文化交流、文化创意，对主办城市乃至全国文化创意产业的发展都具有推动作用。

● 北京冬奥会纪念邮票、纪念币

四　冬奥文化传播力系统提升

北京冬奥会在筹办过程中，通过多种途径、多种形式、全方位、多视角宣传推介北京冬奥会，产生积极广泛的社会影响。学习国际先进经验，探索文化传播技术和模式创新，在新闻宣传、赛事转播、媒体运行、档案管理等方面都取得了积极成效，推动了整个冬奥周期和后冬奥时期的奥林匹克文化和冰雪文化的传播推广能力，也推动了相关行业专业化、国际化发展。

1. 新闻宣传传播中国声音

宣传内容广泛全面。在北京冬奥会的筹办过程中，全方位、多角度、立体化宣传北京冬奥会筹办成果和冬奥文化。宣传办奥理念，把可持续性作为筹办核心理念，展示冬奥筹办带动主办城市在可持续发展、生态文明建设方面取得的成果；宣传北京冬奥会对京津冀协同发展的重要牵引作用，特别是对延庆、张家口赛区经济、社会、交通、科技、环保、体育等领域协同发展产生的积极影响；宣传场馆建设、文化活动、科技冬奥、赛事组织、运行保障等各领域筹办进展；对冰雪运动知识技能进行基础性普及宣传，引领全民健身，倡导公众参与，让青少年学习奥运知识，传承奥运精神，感受奥运魅力；围绕"通过残奥体育为残疾人打造更加包容的社会"这一理念，宣传残奥价值观、残疾人体育运动精神，积极宣传无障碍设施建设和残疾人服务成果，以及促进包容性社会建设方面留下的丰富遗产。

● 北京冬奥组委官方 Twitter 账号　　● 北京冬奥组委官方 Instagram 账号

● 北京冬奥组委官网

宣传平台立体融合。2016年7月31日北京冬奥组委官网上线，网络新媒体平台陆续建设上线，形成由冬奥组委官网和官网APP自建平台、境内社交媒体、短视频、资讯类平台以及境外社交媒体的21个平台组成的官网矩阵。官网矩阵立足矩阵式传播、移动化布局、视频化呈现、社交化互动，围绕筹办工作重要节点、事件，全面、及时、准确地宣传北京冬奥会筹办进展情况，吸引境内外媒体以及广大网民关注、支持和参与北京冬奥会，推动冬奥网络宣传持续升温，营造了积极正面的网络舆论氛围。截至2021年8月31日，官网电脑端日均访问量达4.5万；官方微博粉丝量达215.6万，微信公众平台粉丝量达54.6万，抖音粉丝量达109万，快手粉丝量达161.1万；境外社交媒体平台中,北京冬奥组委官方推特账号粉丝量达16.38万,脸书粉丝量达7万。

充分发挥国内主流媒体平台的权威性和影响力，引导舆论，发挥主流声音。中央媒体及全国十余个省份在内的76家境内媒体、150余名记者已成为北京冬奥会日常报道队伍。2015年申冬奥成功至今，《人民日报》、新华社、中央广播电视总台等国内主媒体及时跟进北京冬奥会筹办进展，充分展现筹办工作亮点。《北京日报》、《北京晚报》、北京日报客户端协同加强对北京冬奥会筹办工作的宣传力度，进行冬奥运动知识普及，全方位报道中国和世界冰雪健儿的备战情况。冬奥纪实频道是北京冬奥组委官方发布平台，是全新的体育卫视。河北日报报业集团充分发挥全媒体矩阵优势，积极建设拓展冬奥新闻宣传专属阵地，形成了文字、图片、视频、动画等传播形式齐上阵的多维度、立体化冬奥新闻宣传格局。

宣传形式丰富多样。聚焦会徽、吉祥物、音乐作品、火炬、口号发布，赛会志愿者招募启动以及申冬奥成功五周年、北京冬奥会倒计时系列活动、"相约北京"系列冬季体育赛事、国际奥林匹克日等冬奥筹办重大事件、重要节点，做好节点性宣传。

发挥官方出版物传播效应。精心打造宣传品、宣传手册、特许商品等外宣精品，传播特色冬奥声音。设计制作北京冬奥会筹办工作宣传折页 14000 张用于冬奥宣讲、展览展示活动中发放。设计开发北京冬奥组委总部系列文具、三赛区导览图折页、"相约北京"系列文具和生活用品等宣传品，运送至我国驻外文化中心和旅游办事处，助力海外宣传活动。与特许生产商合作，将北京冬奥组委总部导览图设计开发为经典款的围巾、卷轴套装等礼品，配合宣传展览活动时发放。制作和投放北京冬奥会筹办理念宣传片、会徽宣传片、吉祥物宣传片、绿色办奥宣传片、筹办工作宣传片、志愿者全球招募宣传片等官方宣传片，作为重要宣传素材提供给海外各大新闻机构、转播商，扩大北京冬奥会国际影响力。编发 Newsletter，通过向境外媒体点对点发送 Newsletter，提供权威信息，做好信息服务。

创新展览展示模式，加大冬奥推广力度。在主办城市主干道、机场投放宣传广告，设立开放的冬奥展示区。利用国际组织重要会议、论坛活动及各类国际性运动会举办展览展示，其中，在东京奥运会举办期间，投放户外广告，设立线上"中国之家"，作为北京冬奥会集中宣传展示窗口。2019 年以来，参加国内、国际体育文化展览活动，在中国国际服务贸易交易会、上海进出口博览会、第4届和第5届雪博会、2019中国体育文化博览会等展会活动中，宣传北京冬奥会。推出"学习冬奥"微信小程序等北京冬奥会专属数字文化平台，让各类人群在学习、娱乐、运动、体验中学习冬奥知识，感受冬奥文化。

组建"北京冬奥宣讲团"，面向社会各界宣传北京冬奥会筹办进展、传播奥林匹克精神、普及冬奥文化和知识。自2017年组建至2021年12月，共策划开展370余场系列宣讲活动，现场直接受众超过15万人，线上直接受众超过1亿人次。精心打造100部《我与冬奥的故事》系列宣讲短视频，利用公交、地铁、高铁、楼宇电视、城市大屏等公共空间持续开展"百部短视频百日云宣讲"活动，构

◎ 官网矩阵构成

平台名称	包括	发布内容
北京冬奥组委官网	官网电脑端、官网移动端、官方小程序	报道赛会亮点、展现办赛理念、服务赛事运行、传递奥林匹克精神
境内社交媒体平台	官方微博	日常发布冬奥新闻和筹办动态，并与东京奥组委国际奥委会等机构的官方账号积极互动
	官方微信公众平台	发布冬奥新闻、筹办动态以及官方发布等内容
境内短视频平台	抖音、快手、西瓜视频、微视、微信视频号、央视频、B站	主要围绕项目普及、运动员备战、赛区发展、科技冬奥、公众参与、奥林匹克教育等主题积极开展视频拍摄、剪辑、发布与互动
境内资讯类平台	今日头条、企鹅号、QQ看点、北京号及百家号	抓取、推送、传播官网矩阵内容
境外社交媒体平台	北京冬奥组委脸书（Facebook）、推特（Twitter）、图享（Instagram）和优兔（Youtube）官方账号	采用英文运行，日常发布北京2022年冬奥会、冬残奥会筹办进展情况，紧扣节日、重要时间节点等进行内容创作，并与国际奥委会、国际残奥委会和各国际单项体育联合会等机构进行日常互动

建了全方位移动宣传平台，营造了强大的立体宣传声势。多元对外宣传，传播冬奥声音。组织外媒采访、专访，召开新闻发布会。先后组织美联社、法新社、路透社等常驻京境外媒体 100 余家次走进北京、延庆、张家口三赛区，了解场馆建设亮点、技术难点及冬奥带动当地发展情况。2021 年，先后参与组织冰上项目测试活动、遗产和可持续主题发布会，邀请 20 余家常驻京境外媒体参加。2019 年 10 月，启动"北京冬奥会信息海外电台落地"项目，"全球之声"海外电台在全球 17 个国家 19 座城市 10 种语言的电台发布北京冬奥会筹办进展，以多语种专题广播、新闻资讯广播等形式宣传推广北京冬奥会，覆盖人群约 12 亿人次。开展"北京 2022 冬奥文化全球行"主题活动，通过文化和旅游部驻外海外中国文化中心和旅游办事处等 28 个海外文化阵地，在全球 49 个国家 54 个城市分阶段开展各类宣传北京冬奥会活动。

2. 媒体转播提升观赛体验

创新媒体转播方式，多元化转播体系正在形成。北京冬奥组委与奥林匹克转播服务公司（OBS）、中国联通、阿里巴巴等企事业单位携手，整合媒体资源，探索利用新技术、新形式布局冬奥转播报道，逐步形成全方位参与、多形式传播、融媒体报道的新态势。

多种媒体转播形式，提升观众观看效果。在超高清方面，中央广播电视总台于平昌冬奥会时首次在转播中心搭建 4K 超高清一体化网络制播系统，全面实现 4K 信号的采集、编辑和播出。在智能化方面，新华社联合相关公司推

● 北京冬奥宣讲团

出全球首个 AI 合成主播。央视网在里约奥运会期间 VR 直播了开闭幕式和田径、跳水、男篮等赛事，平昌冬奥会期间制作了"VR 看冬奥"节目。在新媒体方面。咪咕获得北京冬奥会赛事的直播和点播权，腾讯和快手分别与中央广播电视总台合作，获得北京冬奥会视频点播及短视频权利。北京冬奥会期间，将通过旗下各类产品，推出点播、短视频、冬奥资讯、多场景互动、精品原创节目等内容，满足用户多元需求。北京冬奥会的媒体转播呈现出前所未有的立体化、互动性和延展度，推动了未来体育转播体系的革新和体育文化的高质量传播。

促进转播技术升级，赛事转播制作水平大幅提升。在转播信息采集方面，研发出高速运动目标智能跟踪拍摄系统，可自动搜索、快速识别和跟踪拍摄高速运动，捕捉运动员高光时刻。场馆仿真系统通过构建场馆可视化"数字孪生"模型，实现三维场景仿真，可以实现远程考察场馆，"身临其境"了解重点工作区域及工作流线，减少现场考察，克服疫情对筹办工作的影响。利用云转播技术搭建无人混合采访区和远程新闻发布厅，实现记者与运动员"隔空"对话，使赛后新闻采访既保护运动员不暴露在大量记者面前，又确保运动员在"情绪未冷"状态下的真情流露。

在转播信息处理方面，2019年9月，阿里云牵头的"北京冬奥会'一个 APP'关键技术研究及应用"与"面向冬奥的云转播平台关键技术"两个项目入选国家重点研发计划"科技冬奥"重点专项。其中"面向冬奥的云转播平台

● 2021 亚洲花样滑冰公开赛暨"相约北京"系列冬季体育赛事远程新闻发布

关键技术"基于云计算、人工智能和互联网高速传输技术，将原本需要现场转播和制作的"采、编、播"全流程工作放置在云端进行，实现转播设备云端化和人员服务远程化，保障世界各地观众流畅、稳定的观看体验，满足不同地域观众多语言快速切换、多码率自适应的功能需求。同时减少现场导播制作人员，提升转播效率，降低赛事转播成本，除服务传统的电视转播之外，更适合社交媒体的传播。应用5G、云计算、AI等技术实现云转播。

在转播信息输出方面，奥林匹克转播服务公司（OBS）将在北京冬奥会时采用全4K超高清制作并使之成为一项基本服务，北京从2021年开始推广"5G+4K/8K"超高清示范应用，实现北京冬奥会4K超高清电视全程直播，8K

超高清实验直播以及 5G 在直播报道、奥林匹克频道新闻、内容 +、虚拟现实、360 全景内容等方面的应用，让远程观众体验到超高速和超高清相结合的视觉盛宴。

加强人才联合培养，努力建设高水平专业化人才队伍。中央广播电视总台、北京广播电视台、腾讯、咪咕、快手等广播电视媒体机构，在奥林匹克转播服务公司（OBS）指导下参与北京冬奥会赛事转播公用信号制作。通过与国际一流赛事转播专家合作，培养了一批我国转播行业专业性人才，带动转播技术的发展，加速了我国信号制作和转播能力的提升。

以北京冬奥会赛事转播与媒体运行服务为契机，培养青年媒体工作者。奥林匹克转播服务公司在每届奥运会时都设有转播培训项目（Broadcasting Training Program，BTP），即与大学合作，为大学生提供现场培训和实践机会，包括音频助理、摄像助理、解说系统操作员和联络员等各种岗位。北京冬奥会前夕，有约 1000 名在校大学生获得培训机会，其中约 700 人获得了 OBS 带薪实习资格，加入 OBS 转播制作团队，参与北京冬奥会转播工作，约 140 人继续参与冬残奥会转播工作。北京冬奥组委首次专门面向我国高校学生为奥林匹克信息服务赛时运行招募青年体育记者，北京市和河北省共有 8 所高校的 120 名大学生记者获得了培训机会。

3. 档案管理留存中国智慧

　　全过程、全方位、科学系统地收集北京冬奥会筹办档案。北京冬奥组委从北京冬奥会筹办之初，就开始全过程收集、整理筹办过程中产生的档案，并将各类传统载体档案转换为数字形态进行存储、管理，完整地记录了北京冬奥会筹办的全过程，建立国内首个重大活动数字档案室应用系统、首次实现重大活动档案数字化与筹办工作同步推进、同步实施。设计研发信息防篡改和防窃取核心技术，填补我国档案信息系统研发领域的空白。挂牌设立国内首个筹办机构与国家综合档案馆联动的重大活动查档绿色通道。依托首钢工业遗址，改造完成国内首个重大活动标准档案库房，为赛后留下重要冬奥遗产。截至 2020 年底，北京冬奥组委共形成文书档案、纸质出版物档案、会计档案、合同档案等传统载体档案约 72 万页，实物档案约 1 万件，文本类电子档案、数码照片档案、数字音视频档案、电子出版物档案、电子图纸档案等电子档案约 6.2TB 容量。

约 72 万页
传统载体档案

约 1 万件
实物档案

约 6.2TB 容量
文本类电子档案、数码照片档案、数字音视频档案、电子出版物档案、电子图纸档案等电子档案

● "相约北京"系列冬季体育赛事

　　做好档案赛后利用，传承北京冬奥会筹办经验。档案种类丰富、数量庞大、内容详实，包含了场馆与基础设施建设、赛会服务、运行管理、商业和参与、新冠肺炎疫情防控类等各类文件材料，是北京冬奥会筹办的珍贵记录。北京冬奥会结束后，所有档案将被收录到北京市档案馆、河北省张家口市人民政府、国家体育总局、中国残联等相关单位，持续传承和利用，开放公众查阅，服务经济社会建设。这些珍贵档案是后冬奥时期奥林匹克文化传播的基础和知识来源，能够为未来各类大型体育赛事，尤其是冬季体育赛事筹办和举办提供宝贵的经验和参考价值，为未来我国体育文化事业的繁荣发展提供有益的借鉴。

五 城市公共文化服务建设有序推进

以北京冬奥会筹办为契机，主办城市北京和张家口两地基于自身特点，建设公共文化设施，改进公共文化服务模式，增加公共文化服务内容，公共文化服务体系逐步健全完善，公民文化素养得到有效提升，给主办城市带来长期的文化收益。

1. 北京市城市公共文化服务日益完善

公共文化服务示范引领效应显著。北京市出台《北京市公共文化服务体系示范区建设中长期规划（2019—2035年）》和《北京市公共文化服务体系示范区建设标准》等文件，建立市、区两级公共文化服务体系建设联席会议机制，通过创建国家公共文化服务体系示范区和首都公共文化服务示范区，引领北京市公共文化服务体系高质量发展。

● 北京吉祥大戏院

● 北京市朝阳区 24 小时自助图书馆

到 2020 年底，朝阳、东城、海淀、石景山区四区已建成国家公共文化服务体系示范区，丰台、石景山、房山、通州、大兴五个区建成首都公共文化服务示范区。

公共文化服务基础不断夯实。北京市加快推动公共文化服务建设，重大公共文化服务项目相继开工。截至 2020 年底，城市副中心图书馆、剧院开工建设，北京市文化中心建设项目完成主体工程及二次结构施工，北昆国际文化艺术中心开工建设，北京画院改扩建项目已完工，吉祥戏院完成装修改造。四级公共文化设施体系逐步完善。2016—2020 年，全市建成四级公共文化设施 6844 个，覆盖率 99%，基本形成了"15 分钟公共文化服务圈"；开通 404 个街道图书馆，把知识文化送到百姓身边；开展基层文化组织员培训，按照会做群众工作、会组织活动、会指挥合唱、会舞蹈编排、会乐器演奏、会计算机技能的标准，培训 6500 名基层文化组织员，引导带动更多居民参与文化活动，为建设国际一流和谐宜居之都和全国文化中心发挥重要作用。

公共文化服务供给丰富多样。北京市着力提升自身的公共文化服务供给，为群众提供更加丰富多样的文化活动。实现公共图书馆"一卡通"全覆盖，公共图书配送体系进一步完善。广泛开展"百姓周末大舞台""周末场演出计划""农村文艺演出星火工程"等公益惠民演出活动，创办首都市民音乐厅。年均举办有规模、有特色的首都市民系列文化活动共计2万场，有效丰富了首都群众的精神文化生活，提升了人文素养。

2. 张家口公共文化服务水平显著提升

创新公共文化服务体系建设模式。通过加强与北京、天津文化旅游局行业合作，开展文化交流，利用"北京对

● 张家口春光乡农民挎鼓队表演非物质文化遗产"王河湾挎鼓"

口地区合作促进平台"，加大了对文化项目的招商引资力度，崇礼区加入了京津冀公共文化长廊，利用京津冀强大的公共文化资源，加快本地文化发展，张北县与雄安新区"河北两翼"达成公共文化战略合作意向。崇礼区富龙四季小镇游客服务中心被国家文旅部确定为国家级文化和旅游公共服务机构功能融合试点创建单位，开展了天猫冰雪节、猛犸冰雪音乐节等国际高端文化活动，积极打造全季文化旅游度假目的地。张家口整合扶贫资金、冬奥资金、旅发大会配套债券资金、中央补助地方公共文化服务体系建设资金等资金投入到公共文化发展当中。

提升公共文化服务标准。制定实施《关于加快构建现代公共文化服务体系的实施意见》。截至 2020 年，全市完成 3895 个村（社区）的基层综合文化活动中心建设，达到全市全覆盖，且功能上实现了一间多功能活动室、一间图书室、一个文化广场、一套文化设备器材、一套体育设施器材的"五个一标准"。

推动文化扶贫。积极筹办北京冬奥会的同时，张家口市在各贫困县（区）开展图书馆、文化馆"分馆体系"建设。截至 2020 年底，建设图书馆分馆 50 个、文化馆分馆 50 个，9 个县区图文两馆完成与国家图书馆平台和文化云数字化接入；1970 个贫困村文化活动室全部配发了音响、锣鼓等文化设备，并建立了市县监管、乡镇和村委会直接管理的长效管理机制，确保文化扶贫资产用得住、不流失；99 个深度贫困村文化活动中心在一般村"五个一标准"的基础上，每年新增一批图书、放映一场电影、设置一个宣传栏，有条件的村建设一个戏台，有效提升农村公共文化服务水平。

结 语

　　北京冬奥会的筹办和举办，为中国和世界奥林匹克运动发展留下了丰厚的奥林匹克文化遗产。奥运文化、冰雪文化进一步深入人心，为中华文明注入了新的生机与活力。以北京冬奥会为平台，中国向全世界展示了悠久、厚重、开放的大国文化，促进世界文化交流互鉴，让世界更加相知相融。同时，北京冬奥会的筹办和举办也为国家、区域和主办城市的体育文化事业发展、公共文化服务体系建设、国际文化交流、文化人才培养留下丰厚的文化遗产。这些宝贵财富都将在未来持久地发挥作用，成为国家繁荣发展、人民幸福生活的文化资源和精神力量。

北京晓书馆

——贾平凹

"不过人不是为失败而生的，"他说，"一个人可以被毁灭

在历史作为一位真正的诗人和戏剧家存在的地方，任何作家都休想超越他。
——斯蒂芬·茨威格

不必匆忙，无需闪光，除了自己之外，不必成为任何人。
——伍尔夫

人生的真正意义，不在我所感知的世界里，而在于目不能见，耳不能闻
——莫里斯·梅特林克

北京冬奥组委首钢办公区

环境篇

导　言

环境遗产是北京冬奥遗产的重要组成部分。北京冬奥会的筹办，全面推动了区域生态环境质量再上新台阶。北京冬奥会环境遗产主要包括生态环境的保护与持续改善、低碳奥运的措施与机制、可持续性管理的政策与体系等方面。本篇主要介绍北京冬奥会筹办过程中形成的环境方面的遗产成果。

自 2015 年申办成功以来，京津冀及周边省市协同推进生态环境保护治理，实施治气、治沙、治水攻坚战，采取一系列精细化防控措施，区域生态环境持续改善。大气环境显著改善，北京市和张家口市空气中细颗粒物（$PM_{2.5}$）平均浓度分别由 78 微克 / 立方米和 30 微克 / 立方米下降至 33 微克 / 立方米和 23 微克 / 立方米。实施造林绿化工程，北京市和张家口市森林覆盖率分别由 41.6% 和 37% 增长至 44.4% 和 50%，赛区及周边风沙问题获得有效治理。京津冀地区水环境质量持续提高，北京市污水处理率由 87.9% 提高到 95%，张家口市地表水优良水质断面占比由 70% 提高到 100%。积极实施山地赛区保护和生态修复，形成了生态赛区、森林场馆的良好形态。

全面推进低碳管理，进行低碳场馆创新示范。奥运会历史上首次使用最清洁低碳的二氧化碳制冷剂；推动新能源车辆的普及应用，在全社会倡导绿色低碳出行方式；广泛推广可再生能源利用，依托 ±500kv 张北柔性直流电网工程和跨区域绿电交易机制，实现全部场馆常规电力需求

● 张家口秋景

100% 由绿色能源供给；采取行动推动碳中和，实施林业碳汇捐赠和涉奥企业碳汇捐赠示范，推广碳普惠制，搭建面向公众的自愿减排交易平台。

在全社会推广普及可持续理念，在北京冬奥会进行可持续措施的广泛应用，创新建立具有北京冬奥会特色的可持续性管理体系，实现奥运筹办全过程、全领域的可持续性融入和管理，为规范奥运会等大型活动可持续性工作管理提供了良好的示范。

一 实施大气治理行动，空气质量显著改善

● 北京西山

北京冬奥会的筹办加速了中国和各主办城市的大气治理步伐，通过实施持续性、大力度、多举措的区域大气协同治理，近年来空气质量得到了大幅提升。中国政府制订并在全国范围内实施《大气污染防治行动计划》《打赢蓝天保卫战三年行动计划》；自 2017 年起，连续 4 年在京津冀及周边地区等大气污染防治重点区域，开展秋冬季大气污染综合治理攻坚行动；北京市在实施《2013—2017年五年清洁空气行动计划》基础上制订并实施《北京市打赢蓝天保卫战三年行动计划（2018—2020 年）》《大气污染防治 2021 年行动计划》；张家口市在实施《张家口市大气污染防治行动计划实施细则（2013—2017 年）》的基础上制订并实施《张家口市打赢蓝天保卫战三年行动方案（2018—2020 年）》《张家口市 2021 年空气质量提升实施方案》。通过建立京津冀及周边地区大气污染防治领导小组，打破行政区域限制，完善区域大气污染防治协作机制，

北京市万元地区生产总值能耗

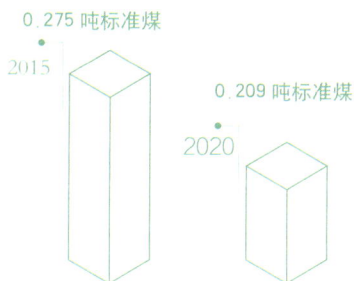

0.275 吨标准煤
2015

0.209 吨标准煤
2020

北京市万元地区生产总值水耗

2015　15.42 立方米／万元

2020　12.54 立方米／万元

强化区域联防联控。

调整优化产业结构，推进产业绿色发展。优化产业布局，严控"两高"行业产能，强化"散乱污"企业综合整治，深化工业污染治理，大力培育绿色环保产业。2020 年，北京市万元地区生产总值能耗持续下降，由 2015 年的 0.275 吨标准煤降至 2020 年的 0.209 吨标准煤，水耗由 2015 年的 15.42 立方米／万元降至 2020 年的 12.54 立方米／万元。

● 北京延庆雪后海坨山

加快调整能源结构，大力推广清洁高效能源。有效推进北方地区清洁取暖，重点区域继续实施煤炭消费总量控制，加快发展清洁能源和新能源。2015 年到 2020 年，北京市煤炭消费量由 1165.2 万吨削减到 135.0 万吨，在能源消费总量中占比由 13.1% 降至 1.5%，提前超额完成到 2020 年底 400 万吨的规划目标。北京市新能源和可再生能源消耗占比由 2015 年的 6.6% 提高到 2020 年的 10.4%。

积极调整运输结构，发展绿色交通体系。优化调整货物运输结构，加快车辆结构升级，大力淘汰老旧车辆。加快油品质量升级，强化移动源污染防治，推广使用新能源汽车。北京市新能源客车保有量由 2013 年的 2211 辆增加到 2020 年 11 月的 40.1 万辆。截至 2021 年 7 月，张家口市新能源公交车共 1718 辆，占公交车总数的 73%，其中包括 304 辆氢燃料电池公交车。

2015—2020 年，北京市煤炭消费量由 1165.2
万吨削减到 135.0 万吨，在能源消费总量中占
比由 13.1% 降至 1.5%

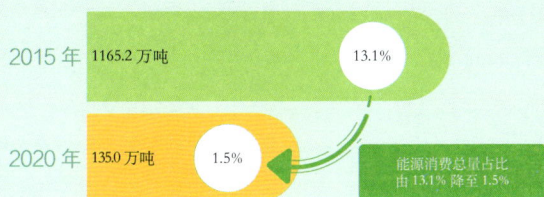

北京市新能源和可再生能源消耗占比由
2015 年的 6.6% 提高到 2020 年的 10.4%

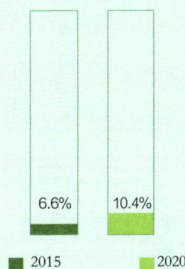

2015 年　1165.2 万吨　　13.1%

2020 年　135.0 万吨　1.5%

能源消费总量占比
由 13.1% 降至 1.5%

6.6%　　10.4%

2015　　2020

北京市新能源客车保有量

2211 辆　40.1 万辆

由 2013 年的 2211 辆增加到
2020 年 11 月的 40.1 万辆

张家口市截至 2021 年 7 月
新能源公交车共 1718 辆
其中包括 304 辆氢燃料电池公交车

优化调整用地结构，推进面源污染治理。 实施防风固沙绿化工程，推进露天矿山综合整治，加强扬尘综合治理，加强秸秆综合利用和氨排放控制。北京市 2020 年城市洁净度显著提升，全市降尘量同比下降 12.1%，在京津冀及周边地区 "2+26" 城市[①]中保持前列。

实施重大专项行动，大幅降低污染物排放。 开展重点区域秋冬季攻坚行动，打好柴油货车污染治理攻坚战，开展工业炉窑治理专项行动，实施 VOCs 专项整治方案。经测算，2015—2020 年北京市 NOx 和 VOCs 分别减排 43%、52.5%，实现污染物排放量刚性下降。

京津冀及周边地区：2020 年 "2+26" 城市年度空气质量优良天数平均为 63.5%，重度及以上污染天数比例较 2019 年下降 2%，未出现以 SO_2 和 CO 为首要污染物的超标天。

北京市：年度空气质量优良天数比例大幅度增加，从 2015 年的 51% 增长到 2020 年底的 75.40%。与此同时，中度以上污染天数比例明显减少，中度污染和重度污染天数比例分别从 2015 年的 12.9% 和 7.9% 减少到 2020 年的 3.0% 和 2.7%。严重污染天数比例由 2015 年 3.8% 减少到 2020 年的 0%。

2015—2020 年，北京市空气质量状况明显持续改善。空气中细颗粒物（$PM_{2.5}$）年平均浓度值从 80.6 微克 / 立方米下降到 38 微克 / 立方米，二氧化硫（SO_2）年平均浓度值从 13.5 微克 / 立方米下降到 4 微克 / 立方米，二氧化氮（NO_2）年平均浓度值从 50 微克 / 立方米下降到 29 微克 / 立方米，可吸入颗粒物（PM_{10}）年平均浓度值从 101.5 微

[①] 2+26 城市：是指京津冀大气污染传输通道城市，包括北京、天津以及河北、山西、河南、山东的 26 个重点城市

2015—2020 年北京市各空气质量等级天数比例

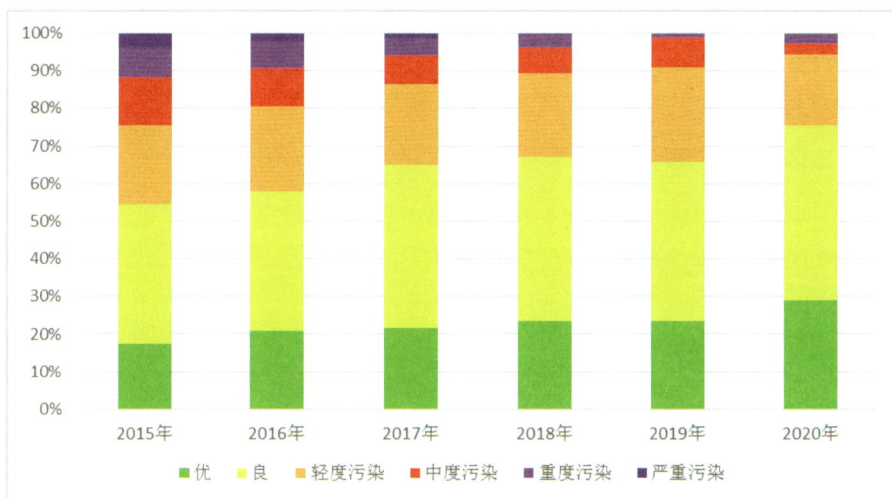

优　　良　　轻度污染　　中度污染　　重度污染　　严重污染

2015—2020 年张家口市各空气质量等级天数比例

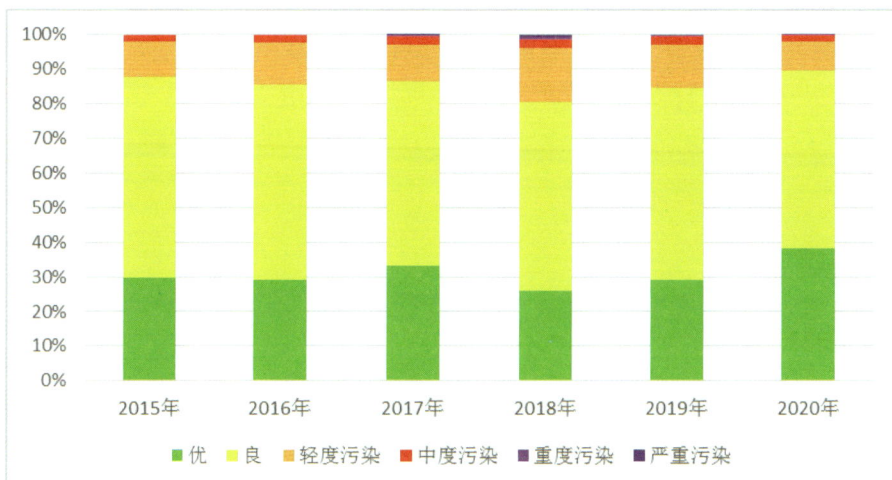

优　　良　　轻度污染　　中度污染　　重度污染　　严重污染

克 / 立方米下降到 56 微克 / 立方米。

2021 年，北京市 $PM_{2.5}$ 年均浓度和 O_3 浓度分别为 33 微克 / 立方米、149 微克 / 立方米，首次同步达到国家二级标准；PM_{10}、NO_2、SO_2 年均浓度分别为 55 微克 / 立方米、26 微克 / 立方米、3 微克 / 立方米，均多年稳定达到国家二级标准。各项大气污染物实现协同改善，北京市空气质量首次全面达标。

张家口市：空气质量始终保持在京津冀地区最好水平。2015—2020 年每年空气质量优良天数比例均在 80% 以上。2020 年，全市中心城区环境空气质量达标天数 328 天，达标率为 89.6%，相较 2015 年的 298 天、82.3%，提升 7.3 个百分点。空气综合指数 3.21，在全国 168 个重点城市中位列第 19 名，成为全国北方地区唯一进入前 20 名的城市。2015—2020 年，全市 $PM_{2.5}$ 平均浓度由 30 微克 / 立方米降至 23 微克 / 立方米。

2015—2019 年，作为北京冬奥会主赛区之一的张家口市崇礼区空气质量综合指数连续 5 年居河北省 168 个县（市、区）第一位。2020 年，崇礼区 $PM_{2.5}$ 平均浓度为 15 微克 / 立方米，较 2015 年下降 59.5%。

● 北京密云水库

空气中主要污染物年平均浓度值变化趋势

来源：北京市生态环境局

二 加大治沙覆绿力度，国土绿化稳步推进

北京冬奥会的筹办加速了京津冀三地在林业生态建设方面协同合作，增强了各项措施的实施力度、扩大了实施范围、加快了实施速度，三地共同努力构建区域绿色发展格局。国家林业局、北京市、天津市和河北省编制并印发《京津冀协同发展林业生态建设规划（2016—2020年）》，并签署《共同推进京津冀协同发展林业生态率先突破框架协议》。北京市制订并实施《北京市"十三五"时期环境保护和生态建设规划》。张家口市制订并实施《张家口市鼓励荒山绿化实施办法》《张家口市绿富张垣攻坚规划（2016—2022年）》。

加大绿化造林力度。加快实施京津风沙源治理、退耕还林、三北防护林、太行山绿化、平原绿化、城乡绿化等重点工程。推动京津冀水土保持、水源涵养功能区造林绿化，加快推进永定河流域综合治理与生态修复。共同推进北京冬奥会延庆赛区、张家口赛区、燕山—太行山水源涵养生态功能区、国家储备林基地等重大造林绿化项目。

● 张家口市区至崇礼区的公路沿线树木丛

254
255

● 北京灵山

　　提升森林资源质量。全面加强森林资源监管，继续扩大国家级公益林面积，积极探索建立区域生态效益横向补偿机制。强化森林抚育和退化林修复，推进森林近自然、多功能经营，全面提高森林质量和效益。

　　扩展自然保护空间。提升自然保护区、湿地公园、森林公园、风景名胜区等的建设和管护水平，构建环首都自然保护地体系。加强京津冀湿地保护和修复力度，建立湿地保护协调和生态补偿机制，划定生态保护红线，合理配置水资源，共同推进永定河、潮白河等区域湿地保护与恢复。

　　建立区域联防联控体系。强化三地森林保护合作机制，实现京津冀跨区域一体化联防联治。优化升级现有森林防火联防机制，建立三地森林防火联勤指挥部。建立和完善京津冀林业有害生物监测预警、检疫御灾联防协作体系。针对热点、难点科技问题和共性关键技术开展联合攻关，筛选科技成果，三地共享，强化推广应用。加大国家和三省市人才交流力度，完善研究资源、专家资源、科技资源的共享机制。

京津冀地区：至 2019 年，京津冀地区森林面积达到 760 万公顷，湿地面积超过 126 万公顷，防沙治沙面积达到 107 万公顷。推进大规模国土绿化，2016—2019 年，完成造林 133 万公顷以上，森林覆盖率达到 35% 以上。提升森林质量，完成中幼林抚育 100 万公顷，退化林修复 13 万公顷。开展环首都自然保护地体系建设，包括新建 3 个国家级自然保护区、10 个国家森林公园、12 个国家湿地公园。

森林面积达到 760 万公顷

防沙治沙面积 107 万公顷

湿地面积 126 万公顷

森林覆盖率 35%以上

完成造林 133 万公顷

中幼林抚育 100 万公顷

退化林修复 13 万公顷

开展环首都自然保护地体系建设

国家级自然保护区 3 个

国家森林公园 10 个

国家湿地公园 12 个

北京市：森林覆盖率持续提升。北京市自 2015 年以来人工造林、封山育林面积显著增加。2015—2020 年森林覆盖率由 41.6％增长至 44.4％。2020 年 6 月，山区森林覆盖率达到 58.8％，京津风沙源治理工程的贡献率达到 90％以上。

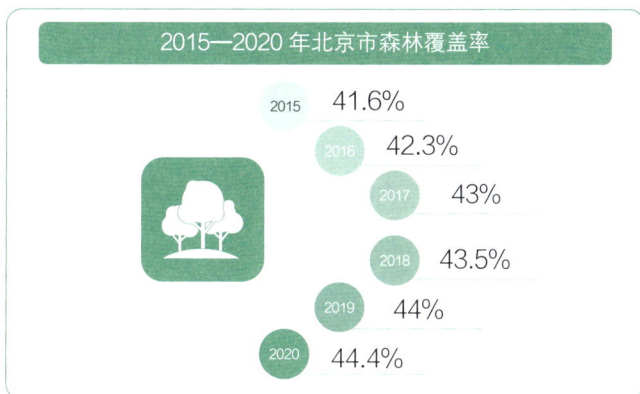

2015—2020 年北京市森林覆盖率

年份	覆盖率
2015	41.6%
2016	42.3%
2017	43%
2018	43.5%
2019	44%
2020	44.4%

张家口市：持续开展首都水源涵养功能区和生态环境支撑区建设，截至 2021 年 6 月，张家口市森林覆盖率达到 50％，比 2015 年提高 13％。崇礼区森林覆盖率达到 67％，比 2015 年提高 15％，其中仅 2020 年即完成造林绿化 7867 公顷。此外，完成水土流失治理面积 74 平方公里，通过土地流转对低质低效耕地集中收储，完成坝上地区休耕种草 12.09 万公顷。

截至 2021 年 6 月

张家口森林覆盖率达到 50%

比 2015 年提高 13%

崇礼区森林覆盖率达到 67%

比 2015 年提高 15%

三 坚持保护治理同步，水环境质量持续改善

以北京冬奥会筹办为契机，京津冀三地签署并实施一系列合作协议，共同改善流域水环境。三地签署《京津冀区域环境保护率先突破合作框架协议》和《京津冀水污染突发事件联防联控机制合作协议》。此外，北京市制订并实施《进一步加快推进城乡水环境治理工作三年行动方案》。张家口市制订并实施《张家口首都水源涵养功能区和生态环境支撑区建设规划（2019—2035年）》。

实施流域协同治理。 京津冀三地政府针对永定河、北运河、潮白河等重点河流水污染问题制订并实施《京津冀协同发展六河五湖综合治理与生态修复总体方案》。建立环境执法联动工作机制，发布《京津冀重点流域突发水环境污染事件应急预案》，开展水污染防治联合督导检查和渔政联合执法行动，进行突发水环境污染事件应急演练。京冀两地政府建立密云水库水源涵养区生态补偿机制，推动密云水库上游潮白河流域生态保护补偿。

加快农村地区生活污水治理。 按照污染治理与资源利

● 北京官厅水

● 潮白河大桥

用相结合、工程措施与生态措施相结合的原则，以水源地周边村庄、新增民俗旅游村庄、人口密集村庄为重点，解决约900个左右村庄的生活污水治理问题。结合农村户厕改造，采用收集运输处理等方式解决人口较少村庄生活污水治理问题。

加强合流制溢流污染和面源污染治理。坚持"点、线、面"结合，通过源头治理、末端拦截、分散调蓄、就地处理等方式，消减合流制溢流污染和面源污染。进行雨污混接错接治理，调蓄设施建设，排河口垃圾治理，农业面源污染治理。加强排水管网运行监管。深入开展入河（湖）排污口整治。规范工业企业排水管理。加强水体及岸线垃圾治理。加强水环境联合执法。

提升水源涵养功能。提高涵水蓄水能力，提升生态系统涵水功能。推进节约集约用水，压减农业用水，控制工业用水，实施城乡生活节水。治理地下水超采，开展退减灌溉，严控地下水开采。实施多源增水和引水，加强雨水资源化利用，大力推广再生水利用，有效实施生态补水。

北京市：全市地表水水质持续改善。河流水质逐年好转，水环境"优增劣降"，湖泊、水库水质较好，基本达到水环境功能区要求，市级、区级饮用水水源地水质均达到或优于相关标准。全市污水处理能力有所提高，优良水体增加明显。污水处理率由 2015 年的 87.9% 提高到 2020 年的 95%，城镇地区基本实现污水全收集、全覆盖、全处理。

● 河北张家口蓝天绿水

石家庄市： 通过截污管线和污水管网建设等方式，逐步恢复河道生态功能。持续开展碧水保卫战，实施永定河上游、潮白河等流域综合治理。张北县、怀来县入选全国第二批节水型社会建设达标县。2015—2020年，张家口市地表水优良水质（I—III类）断面比例由70%上升为100%，除2019年外，张家口市主要流域水质监测断面功能区达标率始终保持100%。2020年张家口市主要流域水质均为良好，全市区域地表水整体水质为优良。

北京市水环境治理

年份	污水处理率	城六区污水处理率	河流		湖泊		水库	
			优良水质	劣V类水质	优良水质	劣V类水质	优良水质	劣V类水质
2015	87.9%	97.5%	48.0%	44.5%	32.6%	18.6%	80.0%	0
2016	90.0%	98.0%	48.6%	39.9%	31.3%	3.9%	80.4%	0
2017	92.4%	98.5%	48.6%	34.7%	47.6%	11.7%	82.5%	0
2018	93.4%	99.0%	54.5%	21.0%	58.3%	1.0%	84.5%	0
2019	94.5%	99.3%	55.1%	9.5%	61.2%	2.7%	85.2%	0
2020	95%	99.4%	63.8%	2.4%	12.6%	2.8%	84.6%	0

张家口市水环境治理

年份	主要流域水质监测断面功能区达标率	地表水 I—III 类水质（优良水质）断面比例
2015	100%	70%
2016	100%	100%
2017	100%	90.0%
2018	100%	81.8%
2019	93.3%	87.5%
2020	100%	100%

● 北京市水质检测抽

专栏：北京多水域发现水生态环境健康风向标"五彩鱼"

最近，北京市水文总站的办公楼里养了一缸鱼，30多种小鱼在丰茂的水草间自在游弋，令人赏心悦目。这些鱼是市水文总站水生态监测团队在今年水生态监测工作中采到的活体鱼，市水文总站总工程师黄振芳打开了记录本，本上记录着30多种鱼的名称和来源地。这些鱼分别来自永定河、北运河、运潮减河、拒马河、妫水河、怀九河、昆玉河、凉水河等北京水域，它们齐聚这里，展示了北京本地水域的一种基本水生态系统。

"这种五彩斑斓的鱼俗称五彩鱼，是水生态健康与否的风向标。"黄振芳指着鱼缸中一群小鱼说道，这种鱼的学名叫鳑鲏鱼，是一种淡水鱼。"这种鱼对水生态环境要求很高，只在水质良好、溶氧充足、生境条件完善、水生态指标健康的水域中生存繁衍。"黄振芳说。

仅仅两个月的时间，"入驻"的本地鱼已经超过30种，其中就包括五彩鱼。"北运河、运潮减河、凉水河等河道都看见了五彩鱼，五彩鱼已经成为本市水域的广布种。"黄振芳说。据了解，北京历史上的有文献记载的野生鱼类有85种，目前市水文总站生态调查团队已经观测到活体的达60种，表明自筹办北京冬奥会以来，北京市多措并举下大力气提高地表水水质，河流水质逐年好转，水生态系统恢复势头良好，水环境质量提升成效显著。

● "五彩鱼"

四 强化实施全程管控，赛区生态环境硕果累累

为落实生态保护理念，最大限度减少场馆建设运行对原生态环境的影响，北京冬奥组委会同相关部门开展延庆和张家口赛区森林生态系统综合本底调查和规划环境影响评价工作，并编制《环境保护措施责任矩阵表》，确定责任主体和时间进度，督促各项责任得到严格落实，多方式保护赛区植物，尽可能减少对野生动物的影响，同步实施赛区生态修复，推进水资源循环高效利用，高标准保护赛区生态环境。

从设计源头减少环境影响。延庆和张家口赛区分别针对规划开展环境影响评价，科学研判赛区生态环境面临的主要风险与挑战，从避让、减缓、重建、补偿等方面确定了生态环境、水资源、大气、土壤等54项保护对象和44

● 延庆赛区生态修

264
↗
265

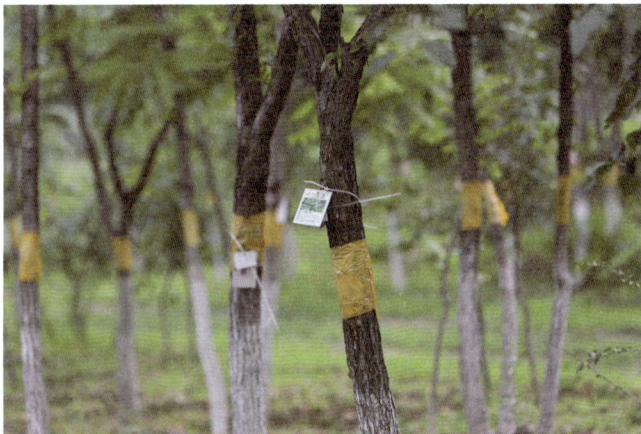

● 延庆赛区植物迁地保护基地

项保护措施。在工程设计选址中，两地最小化用地范围，设置施工红线，控制施工动土范围，合理安排道路。在工程建设施工中，科学设计、合理安排水电等各工序进度，合理配置永久建筑、临时设施和使用场地的数量和规模，尽可能减少场馆建设对生态环境的影响。

多方式保护赛区植物。延庆赛区在建设前，组织专业团队开展生态环境本地调查。针对不同情况，制定就地、近地、迁地三种保护策略。在赛区内建设就地保护小区，保护不能移植的树木。建成 5 个近地保护小区，对难以远距离迁移的、较为珍稀的 1.1 万余棵灌草以及数以百计的乔木，进行近地保护、短距离移植。建成 300 亩左右的迁地保护基地，保护了从赛区山地移植的 2.4 万余株乔木，通过科学施工以及精细化管护，使移植成活率达 90.7%。

尽可能减少对野生动物影响。在施工建设中注意减少夜间施工，道路照明使用定向遮光罩，减缓光污染对动物

国家高山滑雪中心生态修

的影响。组织巡护人员在赛区及周边开展动物救助工作，发现野生动物幼体和受伤的动物及时进行收容救治。延庆赛区还建立 11 座野生动物通道。在赛区周边布设了约 600 个人工鸟巢，有效改善鸟类生存环境。采取冬季投食、维护野生动物栖息地等措施保护动物，努力恢复野生动物原有的栖息环境。

同步实施赛区生态修复。延庆、张家口赛区在施工过程中，同步实施生态修复。延庆赛区通过草甸剥离、回覆、养护等措施，修复亚高山草甸 3500 平米。为了更好地保护延庆赛区珍贵的种质资源和土壤资源，在场馆建设前，将山地 8.18 万立方米表土进行剥离，集中贮存并将剥离表土回用到生态修复工程中，在确保本地物种多样性不降低的同时，避免了外来物种入侵。为修复因地质灾害、临时占地、道路施工等造成的边坡裸露现象，做好水土保持，根据不同高程、不同坡度、不同坡向、不同土壤基层条件，因地制宜，优选栽植本地植物实施生态修复。通过多种方式，延庆赛区全部面积生态修复工作已全部完成。

● 张家口崇礼太子城冰雪小镇

推进水资源高效循环利用。分别编制延庆和张家口赛区水资源报告，科学核算赛区用水总量，制定输水方案，对赛区水资源进行总量管理。通过建设塘坝和蓄水池，多途径收集、储存和回用雨水和融雪水，建设海绵赛区，推动赛区水资源高效循环利用。同时保护现有行洪通道，利用山洪滞蓄空间，保障延庆赛区及下游地区的防洪安全。此外，赛区还采取多种节水措施。应用智能化技术造雪，实现节水 20%。赛区污水全部收集，处理后回用于周边地表水环境。奥运村生活用水器具全部采用建筑节水型高品质、节能环保的供水管材以及密封性好的阀门等，减少管网渗漏。

通过从源头减少对赛区的生态扰动，多种方式对动植物进行保护，实现全面生态修复和推进水资源循环利用，延庆和张家口赛区的生态环境得到了最大限度的保护，生物多样性得到了保持，探索形成了人类活动与自然环境和谐共存的长期可持续发展模式，这也为未来在相似地理条件下举办同类型赛事和活动积累了经验，进行了良好示范。

五 低碳场馆树立典范，绿色低碳未来可期

为做好场馆低碳管理工作，北京冬奥组委进行低碳场馆工作顶层设计，细化并明确场馆低碳管理的各项具体要求，在各相关方的配合下，优先利用现有场馆、推动场馆满足绿色建筑评价标准、采用二氧化碳制冷、建设超低能耗示范工程、采取源头控制和循环利用材料、加强运行能耗和碳排放智能化管理、实现水资源高效利用，多措并举进行低碳场馆节能示范，留下了诸多可以长期造福主办城市和地区的遗产成果。

优先利用现有场馆办赛，减少新建场馆。 北京赛区主要的竞赛、训练和非竞赛场馆中，国家游泳中心、国家体育馆、五棵松体育中心、首都体育馆、国家体育场、首体花样滑冰训练馆等6个场馆直接利用了北京2008年奥运会场馆遗产。比如国家游泳中心、五棵松体育中心应用最新科技成果，因地制宜，通过改造，创造性地实现了"水冰

● "水立方"转"冰立方

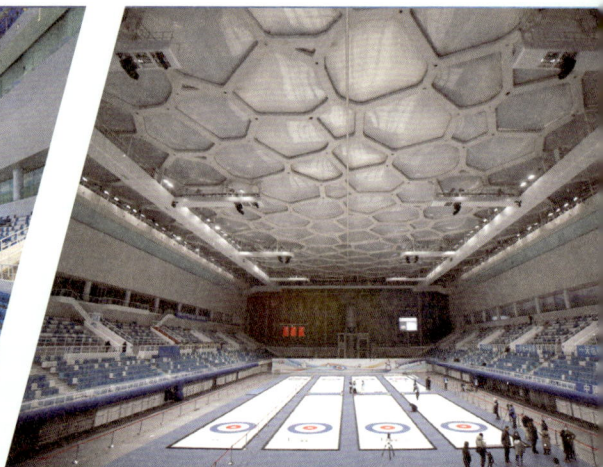

转换""陆冰转换",从夏奥场馆成为冬奥冰上场馆,既减少了赛事碳排放,又为赛后多项目广泛应用、多业态经营奠定了坚实的基础。此外,张家口赛区云顶滑雪公园也是最大化利用了现有的雪道和场地设施。

推动场馆建设满足绿色建筑标准。场馆规划设计之初就确定了目标,所有新建室内场馆全部达到绿色建筑三星级标准,既有场馆通过节能改造努力达到绿色建筑二星级标准。针对雪上场馆缺乏绿色建筑标准的问题,组建专家团队,创新制订《绿色雪上运动场馆评价标准》。截至目前,所有场馆均已达到绿色建筑标准,并已通过验收。

采用二氧化碳制冷剂。国家速滑馆、首都体育馆、首体短道速滑训练馆、五棵松冰球训练馆等4个冰上场馆在奥运历史上首次使用最清洁、最低碳的二氧化碳制冷剂,

● 首都体育馆冰面使用二氧化碳制冰技术

● 五棵松冰球训练馆"冰凌花"

不仅减少了传统制冷剂对臭氧层的破坏，而且大幅降低制冷系统能耗，与传统制冷方式相比，可实现节能 30% 以上。以国家速滑馆为例，制冷过程中产生的大量高品质余热可以回收利用，用于运动员生活热水、冰面维护浇冰、融冰池融冰等场景，一年可节省 200 万度电。二氧化碳制冷还可以将场地冰面温差控制在 0.5 摄氏度以内，为运动员提供更优质的比赛场地。此外，首都体育馆内诞生了世界第一块二氧化碳跨临界直冷制冰冰面，回收制冷过程中产生的余热，每年省电 100 多万度。

建设超低能耗低碳示范工程。采用超低能耗技术，建设"被动房"，提高了建筑物能效水平，发挥冬奥会的引领示范作用。北京冬奥村综合诊所建成超低能耗建筑示范工程 1140 平方米，通过高效的保温或无热桥设计，提高建

筑物的气密性，建筑物综合节能率达到51%。五棵松冰球训练馆更是将整个38960平方米的场馆打造为超低能耗示范建筑，并首次在冰场区域采用溶液除湿机组，节能率达77.1%。延庆冬奥村也广泛采用了超低能耗技术。

采取源头控制和循环利用材料。各场馆从场馆设计阶段便充分考虑采用各项节材节能举措，从源头进行减量。北京冬奥会各场馆广泛应用建筑物信息模型（BIM）等先进技术，实现了节材、节能的良好效果。北京冬奥村、首钢滑雪大跳台大量使用预制构件，在充分缩短工期、有效节约施工空间的同时，减少了拆改带来的建材浪费、能源消耗。国家速滑馆应用先进的计算机模拟技术，以单层双向正交马鞍形的设计，建成了椭圆索网结构屋顶，以此减少玻璃幕墙面积4800平方米，钢材用量仅为传统屋顶的四

● 五棵松冰球训练馆冰面使用二氧化碳制冰技

分之一。此外，各场馆都对施工材料用量进行优化设计，尽量减少不可循环材料如混凝土的使用，并优先使用可再生或可循环利用的材料。国家速滑馆的拼装胎架与大兴国际机场航站楼等建设项目周转使用，预制看台板使用地下结构施工期间剔凿下来的废旧桩头粉碎制成的再生骨料，实现了资源的循环利用。国家体育馆和国家游泳中心的运动员更衣间由集装箱改造而成，赛后可以无痕移除或作为场馆公共服务设施进行再利用。

加强运行能耗和碳排放智能化管理。围绕绿色建筑、智能场馆等重点领域，组织开展科技创新。国家速滑馆、国家游泳中心、主媒体中心、五棵松冰球训练馆等多数场馆均设立能源管控中心，利用大数据和人工智能分析，对场馆内的水、电、气、热等能耗数据进行实时采集、记录和分析，实现可视化、智慧化的建筑能耗和碳排放监测管理。

节蓄并举实现水资源高效利用。各场馆均采取多种节水措施，如使用节水器具、优先采用非传统水源等。以"渗、滞、蓄、净、用、排"为核心的"海绵"设计在三个赛区都得到了落实，实现了水资源的高效利用。国家速滑馆、主媒体中心等场馆通过建设下凹式绿地、设置雨水收集池等方式，对雨水进行收集，处理后用于绿化浇灌、景观水景等。延庆和张家口赛区的裸露地面，经过土石植被处理，使地表水、雨水、融雪水入渗、滞流，减缓了水土流失。在造雪用水管理方面，延庆和张家口赛区都采用智能化造雪系统，实现水资源的优化配置和精准投放，提高水资源利用率。

六 低碳交通持续深化，低碳出行蔚然成风

以冬奥筹办为契机，北京冬奥会着力构建低碳交通运输服务体系，采用高铁提供赛区间客运服务，充分应用智能化交通系统和管理措施，推动赛区交通服务采用清洁能源，同时在全社会倡导绿色低碳出行方式。目前，不断完善、健全、便利的公共交通体系大大增加了民众选择公共交通的可能性，民众低碳出行意识和低碳出行水平显著提升，冬奥会对民众低碳出行起到了促进、示范和引导作用。

不同赛区间的转运充分利用高铁。北京冬奥会加速了京张高铁建设步伐。京张高铁已于 2019 年 12 月 30 日建成通车，为鼓励观众在北京冬奥会举办期间优先选择铁路在赛区间通行，北京冬奥会专门制定了跨赛区铁路使用政策。京张高铁的开通不仅能满足赛事运行需求，还成为低碳公共交通体系建设的重要一环。截至 2020 年底，京张高铁开通一周年共发送旅客 680.6 万人次。截至 2021 年 8 月，延庆支

● 京张高

680.6万 京张高铁开通一年发送旅客

京张高铁开通一年发送旅客 680.6 万人次（截至 2020 年底）
京张高铁延庆支线开通 9 个月延庆站发送旅客 30 万人次（截至 2021 年 8 月）
进入冰雪季后，张家口太子城站日均发送旅客从 200 余人次猛增至 4000 余人次

● 北京新能源公交车 ● 张家口氢燃料公交车

线开通 9 个月，延庆站共发送旅客 30 万人次，日均发送旅客量呈显著增长态势。截至 2020 年底，进入冰雪季后，张家口太子城站日均发送旅客量从 200 余人次猛增至 4000 余人次。乘坐高铁前往延庆和张家口已逐步被公众所接受。

综合利用智能交通系统和管理措施。加强冬奥交通与城市交通信息的互联互通，完善城市公共交通运行调度系统，提升交通智能化和精细化管理水平。建设冬奥交通指挥中心延庆分中心，实现市区两个层级的系统整合和联合调度，打破各类交通方式之间的壁垒，实现数据的互联互通，实现信息发布与引导、运力调配、事件处理等多项功能，赛时满足冬奥会延庆赛区的交通服务保障需求，赛后为延庆区日常交通监测和大型活动提供交通运输综合保障。

超过90% 北京市新能源和清洁能源车型占所有公交车

73% 张家口新能源和清洁能源车型占所有公交车

张家口市推进智能公交建设，公交调度指挥管理实现信息化，开通了掌上公交、京津冀一卡通和移动支付乘车服务，建设了智能候车亭及电子站牌等基础设施。

推广使用新能源汽车。积极推广新能源车辆，推动氢燃料车辆的示范应用，合理规划建设充电桩、加氢站等配套设施，满足电动汽车、氢能源汽车运行需求。截至2020年底，北京市公交车中新能源和清洁能源车型占比已超过90%，其中新能源即纯电动车占比接近一半。

赛时，延庆区将投运212辆氢燃料电池大巴，赛后将用于延庆区的公共交通，改变公交能源结构。截至2020年9月，张家口市公交运营车辆2325辆，其中新能源车型1718

● 延庆综合交通服务中

276
277

● 张家口太子城站

135 绿色低碳出行方式

1 公里以内步行
3 公里以内自行车
5 公里左右乘坐公共交通工具

73.1% 以上
北京市中心城区
绿色出行比例

60% 以上
张家口城市交通
绿色出行比例

辆，占比 73%。截至 2021 年 6 月，张家口市已投运氢燃料电池公交车 304 辆，累计完成载客量 4300 万人次，累计运行 1480 万公里，是全国燃料电池运行数量最多、最稳定的城市之一。

大力倡导绿色低碳出行。开展各赛区公共交通配套站点建设，保障观众在赛区间的绿色出行。延庆综合交通服务中心、张家口南综合客运枢纽、太子城高铁站客运枢纽、崇礼南和崇礼北客运枢纽先后投入使用，这些项目可更好地实现各类交通方式的衔接转换，提高公共交通的便利性，便于公众绿色出行。同时，北京市和张家口市举办积极倡导"135"绿色低碳出行方式（1 公里以内步行，3 公里以内自行车，5 公里左右乘坐公共交通工具）。2020 年，北京市绿色出行满意度超过 85%，中心城区绿色出行比例达到 73.1%，张家口城市交通绿色出行比例高于 60%。

七 率先使用绿色电力，低碳能源引领示范

北京冬奥会首次提出所有场馆常规电力消费需求100%由绿电即可再生能源满足的目标，并通过建设张北±500千伏柔性直流电网工程及配套工程和适用于北京冬奥会的跨区域绿电交易机制确保这一目标的实现。奥运历史上首次实现场馆的照明、运行和交通等用电需求由光伏发电和风力发电满足，这也为赛后绿色电力的广泛应用提供了示范，留下了宝贵遗产。

建成张北柔性直流电网工程，确保绿电安全供应。该工程已于2020年6月竣工投产，是世界首个±500千伏四端环形结构的柔性直流电网，通过将张家口地区的新能源成功接入北京电网，可满足北京冬奥会测试赛和正式比赛用电需要并提供可再生能源保障。同时，该工程也是实

● 张家口宣化区光伏发电

现北京冬奥会赛区 100% 使用可再生能源目标的必要条件。该工程不仅具备重大创新引领和示范意义，对于推动能源转型与绿色发展、服务绿色办奥也具有重要意义。此外，工程对于引领科技创新、推动电工装备制造业转型升级等具有显著的综合效益和战略意义。

推行实施冬奥绿电交易机制，确保绿电消费使用。 通过跨区域绿电交易机制，实现场馆常规电力消费需求 100% 由可再生能源满足，为绿色电力的广泛应用提供有力支撑。2018 年制订并实施我国首个绿电交易规则——《京津冀绿色电力市场化交易规则（试行）》。截至 2021 年 6 月底，共 20 家场馆陆续达成绿电交易，总交易电量达 3.93 亿千瓦时，预计减少标煤燃烧约 12 万吨，减排二氧化碳约 31 万吨，赛时北京冬奥会所有场馆将实现清洁能源供应。

● 丰宁抽水蓄能站下水

专栏：丰宁抽水蓄能电站——世界最大的充电宝

丰宁抽水蓄能电站是与张北500千伏柔性直流工程相配套的北京冬奥会绿色能源重点工程，工程总装机容量360万千瓦，是世界上装机容量最大的抽水蓄能电站，有"世界最大的充电宝"之称。工程位于河北省承德市丰宁满族自治县，于2013年5月开工，首台机组于2021年12月底投产发电。

工程具有强大的储能能力，工程有上、下两个水库，落差425米。在用电低谷时使用多余风电和光电将水从下水库抽至上水库，相当于储存电能，在用电高峰期再放水至下水库发电。同时，工程具有良好的调节性能，可以有效提高系统调峰能力。在电网稳定性方面，工程机组启停便捷、反应迅速，是技术成熟、经济合理的系统备用电源，对稳定系统频率、提供事故支援、提高电力系统稳定性具有重要作用。

工程建成后的首要任务，是为冬奥会输送清洁能源及保证赛事用电安全。同时，工程将更好地消纳跨区清洁能源，提高京津冀电网的储能调峰能力，保障本地新能源的就近高效消纳，为当地大规模发展新能源提供有利条件，可大大促进节能减排和大气污染防治。工程每年可消纳过剩电能88亿千瓦时，年发电量66.12亿千瓦时，可满足260万户家庭一年的用电；年可节约标准煤48.08万吨，可减少碳排放120万吨，相当于造林16000公顷。工程可以产生重要的经济、社会和环境效益。

八 多措并举齐参与，努力实现碳中和

北京冬奥会在实施各项碳减排措施的同时，积极推进林业固碳工程，鼓励涉奥企业自主行动，实施碳普惠项目，努力实现碳中和目标。并通过上述措施发挥示范引领效应，加速中国向低碳社会转型，助力中国 2030 年前碳达峰、2060 年前碳中和目标的实现。

推进林业固碳工程。建立基于林业碳汇的北京冬奥会碳排放补偿机制，推动北京市造林绿化和其他造林绿化项目增汇工程建设，推动张家口市京冀生态水源保护林建设，将期间工程所产生的碳汇量捐赠给北京冬奥组委，用以中和北京冬奥会的温室气体排放量。北京市 36000 公顷造林绿化工程和张家口市 33335 公顷京冀生态水源保护林工程，已确定为北京冬奥会提供林业碳汇。

● 京冀生态水源保护

鼓励涉奥企业自主行动。鼓励涉奥企业向北京冬奥组委捐赠全国及北京碳排放权交易市场排放配额、国家核证自愿减排量，以中和北京冬奥会部分温室气体排放量。倡导涉奥企业建立自主低碳行动方案，采取低碳生产、低碳办公、低碳出行等低碳节能措施。2018 年，在全国低碳日主题宣传活动上，北京冬奥会官方合作伙伴代表共同签署"低碳冬奥倡议书"，倡导各方共同实现北京冬奥会低碳排放目标。

实施碳普惠制项目。在全社会积极倡导低碳生活方式，推广普惠制，搭建面向公众的自愿减排交易平台，鼓励企业、社会组织和个人的低碳环保行为，支持其捐赠国家、北京市及河北省等主管部门认定的碳减排量，积极参与多元化的低碳冬奥行动。举办"奔向 2022　绿色起跑　全民开动"2019 国际奥林匹克日冬奥主题活动暨公益跑活动，

向全社会倡导低碳生活方式,创造碳普惠制的"北京案例"。2018 年 10 月,河北省以张家口等城市为试点,制订并实施《河北省碳普惠制试点工作实施方案》,推进全省碳普惠制试点工作开展。启动运行全国碳排放权交易市场,推动北京冬奥会低碳管理核算标准的建立。2020 年北京冬奥组委正式发布"低碳冬奥"小程序,建立北京冬奥会碳普惠机制,鼓励企业、社会组织、个人积极参与冬奥低碳行动。通过上述措施,强化了低碳发展理念、绿色发展理念在全社会的宣传推广,绿色发展正在从办奥理念转化为支撑未来长期可持续发展的最宝贵的奥运遗产。

北京冬奥组委低碳小程序

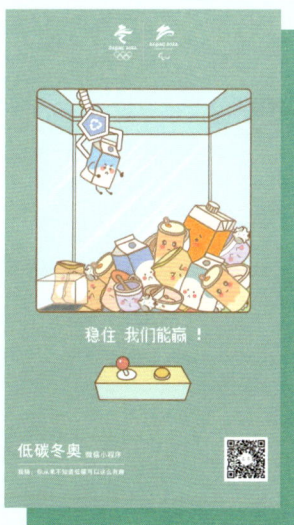

九 可持续性创新突破，可持续理念深入人心

　　北京冬奥会高度重视可持续性工作，通过制订发布可持续性计划、创新建立三标合一的可持续性管理体系、扎实推进场馆可持续性管理、推进全过程可持续采购、持续开展可持续性宣传教育，北京冬奥会可持续性工作取得诸多创新和突破，可持续措施广泛应用，可持续理念深入普及，北京冬奥会在可持续领域形成了宝贵的社会遗产和财富。

　　制定发布可持续性纲领性文件。2017 年，北京冬奥组委制定并发布《北京 2022 年冬奥会和冬残奥会可持续性政策》，阐释了可持续工作的主要任务与目标，提出了建立运

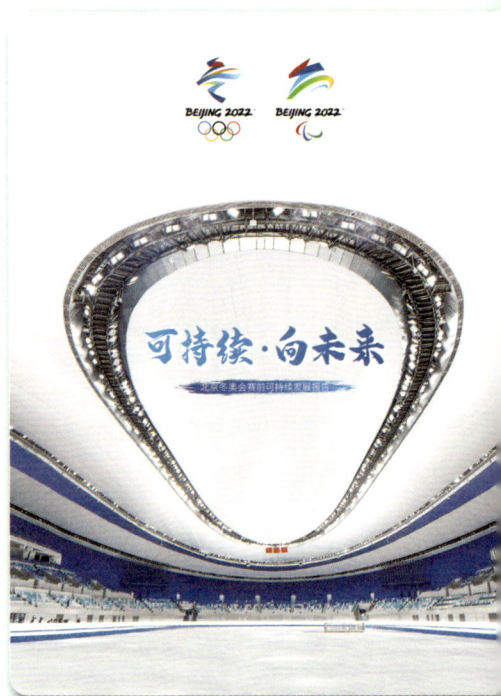

● 《北京 2022 年冬奥会和冬残奥会可持续性计划》　● 《北京 2022 年冬奥会和冬残奥会赛前可持续发展报

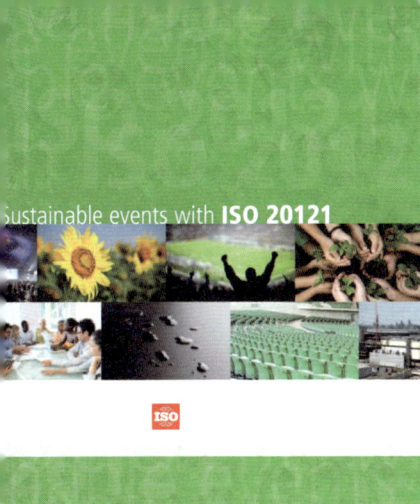

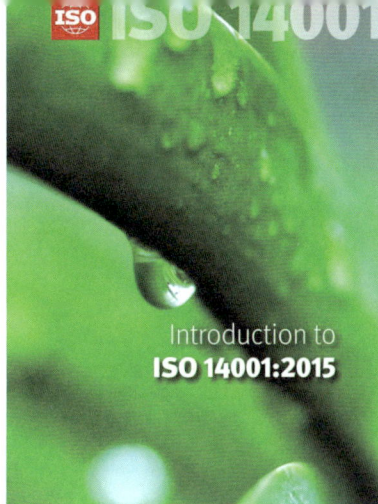

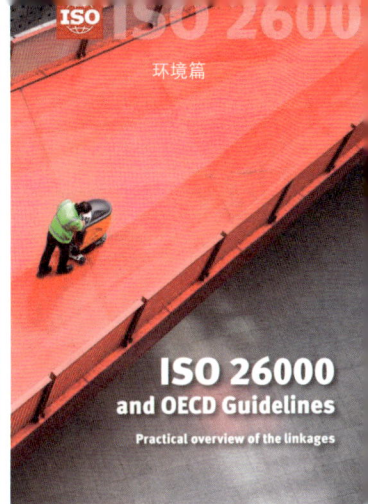

● ISO 20121   ● ISO 14001   ● ISO 26000

行可持续管理体系的基本路径，形成了北京冬奥会可持续工作的总体纲领。2020年5月，北京冬奥组委和国际奥委会同步发布《北京2022年冬奥会和冬残奥会可持续性计划》，提出"可持续·向未来"的可持续性愿景、"创造奥运会和地区可持续发展的新典范"的可持续性目标，以及环境正影响、区域新发展、生活更美好三大领域的12项行动、37项任务和119项具体措施，形成了更具操作性的工作指南。上述纲领性文件的制定和发布宣扬了北京冬奥会四个办奥理念，提升了北京冬奥会可持续性工作的影响力，为全社会今后开展相关可持续性工作起到了良好的示范引领作用。

创新建立三标合一的可持续性管理体系。北京冬奥会结合筹办工作实际，把国际大型活动可持续性管理体系（ISO20121）、环境管理体系（ISO14001）和社会责任指南（ISO26000）三个国际标准体系有效整合，研究建立具有北京冬奥会特色的可持续性管理体系，并于2019年11月获颁可持续性管理体系认证证书，获得国际权威认证。这是中国第一个规模最大的获得第三方认证的大

● 北京智慧垃圾分类体验站

● 北京举行"全民骑行总动员"活动

● 小女孩将垃圾投入对应垃圾桶中

型活动可持续性管理体系，是奥林匹克历史上第一个把"大型活动可持续性管理体系、环境管理体系、社会责任指南"三个国际标准整合为一体的可持续性管理体系，是第一个覆盖奥运筹办全领域、全范围的可持续性管理体系，为规范奥运会等大型活动可持续性工作管理、落实各项可持续性任务提供了良好的示范模式。

扎实推进场馆可持续性管理。制定《北京 2022 年冬奥会和冬残奥会场馆可持续性管理办法》，建立了由场馆建设单位、政府管理部门以及北京冬奥组委有关部门共同组成的场馆可持续性管理三级工作机构。分别设定关键岗位，共同组建北京冬奥会场馆可持续性管理工作团队，保障场馆可持续性管理工作的有效推进。另外，从技术层面制定《场馆与基础设施可持续性指南（规划设计阶段、建设阶段、赛时运行和赛后阶段）》以及《临时场馆与基础设施可持续性指南》，对场馆可持续性管理工作提出更具操作性的指导意见。

推进全过程可持续采购。制定并实施《北京冬奥会可持续采购指南》《可持续采购实施细则》《可持续采购技术细则》，涵盖工程、货物和服务采购活动的全过程，对可持续采购具体标准进行明确规定，确保可持续采购要求在各个领域、各个方面得到贯彻落实。开展 11 种专项品类可持续性相关技术要求编制工作，在采购文件的推荐成交合同商排序原则、采购需求、评分标准、合同模板等内容中体现具体的可持续性要求，将绿色办奥的可持续性理念逐步融入北京冬奥组委的采购活动中。通过正面示范，引导全社会在采购活动中实现经济、社会和环境的长期最大利益。

可持续理念广泛普及。实施北京市中小学生奥林匹克教育计划，举办"冬奥""绿色""低碳"主题系列活动。组织实施"绿色家园·绿色奥运"公众参与行动，在全社会营造低碳奥运氛围。大力倡导各类绿色出行方式，目前北京市和张家口市通过公交、地铁、骑行等方式绿色出行已蔚然成风。正式实施《北京市生活垃圾管理条例》，严格实施垃圾分类，开展相关教育和普及工作，减少垃圾处理量和垃圾占地，提高回收利用率。在全社会掀起"光盘行动"热潮，引导全社会大力倡导绿色生活和勤俭节约，反对铺张浪费。通过持续开展各类教育和宣传活动，不仅强化了公众对于冬奥可持续的参与，更为重要的是促进了全社会可持续发展意识的提升。深入人心的绿色、低碳可持续发展理念，形成了冬奥会可持续发展方面最为宝贵的社会遗产和财富。

结　语

北京冬奥会按照习近平总书记对于绿色办奥的相关要求，践行奥林匹克运动和联合国《2030 年可持续发展议程》的指导精神，坚持走绿色、低碳、可持续发展之路，经过 6 年的筹办工作，已形成诸多北京冬奥会环境遗产。生态环境治理成效显著，北京市和张家口市空气中细颗粒物（$PM_{2.5}$）平均浓度分别由 80.6 微克／立方米和 34 微克／立方米下降至 33 微克／立方米和 23 微克／立方米；低碳奥运建设创新突破，奥运会历史上首次使用最清洁低碳的二氧化碳作为制冷剂；可持续性理念广泛推广，奥运会历史上首次建立三标合一具有北京冬奥会特色的可持续性管理体系。这些奥运遗产的形成，已经为北京冬奥会打下美丽的中国底色，我们相信，未来这些奥运遗产还将长期发挥其绿色效益，持久造福广大人民。

● 国家速滑馆

北京奥林匹克中心区

城市发展篇

导 言

  北京 2022 年冬奥会和冬残奥会愿景与主办城市长期发展目标高度契合。经过 7 年的筹办历程，北京冬奥会带动了北京、延庆、张家口等主办城市和区域的高质量发展，冰雪运动全面普及推广，城市基础设施加快升级，生态环境持续改善，冰雪产业快速发展，社会文明程度显著提升，奥林匹克精神落地生根，人民群众获得感和幸福感进一步增强。

  北京是世界上首个既举办过夏奥会又将举办冬奥会的"双奥之城"。2008 年北京奥运会，推动了奥林匹克精神在中国的传播，形成了一大批宝贵的奥运遗产，有力支撑了后奥运时期首都城市快速发展。北京 2022 年冬奥会申办成功以来，充分传承利用 2008 年奥运遗产，全面推动冰雪运动普及和全民健身发展，进一步改善城市生态环境、升级基础设施、提升公共服务和城市管理水平，引领社会文明进步，"双奥之城"开启新征程。

  延庆区作为北京冬奥会三大赛区之一，借助冬奥发展机遇，立足生态涵养区功能定位，结合区域特点，开展生态修复和环境整治，做到好山好水好生态，加速发展冰雪科技、新能源产业和旅游产业，向着建设"最美冬奥城"迈进。

  张家口市融入京津冀协同发展大局，依托冬奥筹办，加大冰雪运动普及力度，推动全民健身和竞技体育发展，加快推动冰雪相关产业发展，绿色产业结构初步形成，人

● 首钢园

民群众收入和生活状况大幅改善，脱贫攻坚取得决定性成
效，交出了办好北京冬奥会和带动本地发展两份优异答卷，
正在逐步打造全亚洲冰雪旅游度假圣地和"体育之城"。

　　首钢园区作为百年钢铁企业的厂区，从服务保障奥运、
落实国家钢铁产业转型升级战略和首都城市战略定位要求
出发，实施整体搬迁调整，以北京冬奥组委入驻和首钢滑
雪大跳台的建设为契机，将工业遗产再利用与北京冬奥会
筹办紧密结合，着力推进"四个复兴"，建设北京冬季奥林
匹克公园，打造新时代首都城市复兴新地标。

　　本篇重点介绍从 2015 年申办成功至今，北京、延庆、
张家口、首钢园区在交通网络、基础设施、环境治理、公
共服务和人文环境等方面形成的城市发展遗产成果。

一 双奥之城——北京

2015 年 7 月 31 日，北京携手张家口获得了 2022 年第 24 届冬季奥林匹克运动会的举办权，北京成为世界上首个既举办过夏季奥运会又将举办冬季奥运会的"双奥之城"。2008 年北京奥运会的举办，推动了奥林匹克精神在 13 亿民众中的普及和传播，激发了广大人民群众对体育的热爱和参与体育锻炼的热情。2008 年之后，"绿色奥运、科技奥运、人文奥运"理念转化升级，"人文北京、科技北京、绿色北京"建设成为后奥运时期首都城市发展的新战略。2022 年北京冬奥会传承和利用 2008 年北京奥运会遗产，充分发挥带动和示范效应，极大地推动了冰雪运动普及和全民健身事业发展，持续改善了城市生态环境，加速了转型升级和高质量发展。两届奥运会给首都北京带来巨大变迁，双奥元素融入城市发展，双奥遗产持续为广大市民和城市发展带来持久收益。"双奥城市"成为北京这座古老而又现代的国际化大都市又一令人向往和印象深刻的新的城市名片。

1. 双奥促进奥运元素融入城市发展，塑造城市新名片

北京 2008 年和 2022 年两届奥运会的办赛理念与城市长远发展目标高度契合，奥林匹克精神全面融入城市发展。两届奥运会持续带动了首都经济发展和基础设施以及环境改善，激发了广大市民参与体育锻炼的积极性，助力全民健身事业发展，奥运场馆持续发挥经济效益和社会效益，成为北京城市新地标。"双奥之城"已成为首都北京国际交往新名片。

奥林匹克精神已经成为城市精神的重要内容。2008年北京奥运会的筹办举办，推动了奥林匹克精神的宣传普及，凝聚形成了伟大的北京奥运精神，并成为中华民族精神谱系的重要组成部分。连续举办6届奥林匹克文化节，累计参与人次超过1000万，为广大市民提供了广泛参与奥运、了解奥运知识、分享奥运欢乐的机会。开展了奥运史上规模最大、普及人数最多的奥林匹克教育活动，累计400多万青少年参与了奥林匹克教育项目。加速了志愿服务事业的发展，从112万名申请人中选拔了10万名赛会志愿者，共有170万名志愿者参加志愿服务。提升了全社会扶残助残意识，全面推动了公共设施无障碍建设，关爱残疾人、支持残疾人事业成为北京市民的共识，在尊重残疾人、关爱残疾人方面为全国树立了典范，加速了包容性社会建设进程。

● 北京奥运城市体育文化节

2022年北京冬奥会申办成功以来，北京市进一步加大奥林匹克精神、理念以及价值和文化的传承传播，特别是通过深入开展冰雪运动、冬奥宣传进学校、进机关、进企业、进社区、进乡村、进家庭的"六进"活动，宣传冬奥知识，传播冬奥理念。连续举办北京市民欢乐冰雪季、冬奥主题庙会灯会、北京冰雪文化旅游节、"相约2022"冰雪文化节、迎冬奥冰雪艺术展等冰雪文化活动，推广冰雪运动。将冬季奥林匹克教育纳入学校教育教学，通过体育课、体育活动、校本课程、综合实践活动等方式，普及冰雪运动和冬奥知识。截至2020年，创建200所奥林匹克教育示范学校，200所冰雪运动特色学校。依托首都体育学院，建设北京国际奥林匹克学院，扩展奥林匹克教育和人才培养平台。大力推进志愿服务，截至2020年，"志愿北京"信息平台实名注册的志愿者人数突破443.6万人，比2008年的170万增长了161%，实名注册志愿者达常住人口的20.6%。加强残疾人关爱服务，推动包容性社会建设。截至2020年底，全市共有98万处无障碍设施，建立残疾人健身示范点90个，实施康复体育进家庭计划，为6000户残疾人家庭开展入户健身指导。

奥运场馆已经成为城市新地标。2008年北京奥运会留下了一批体育场馆遗产，在赛后得到了可持续利用，成为市民群众体育健身、休闲娱乐的重要场所，也有力支撑了区域发展，产生了良好的经济社会效益。奥林匹克公园区域集"鸟巢"、"水立方"、国家体育馆、国际会议中心、奥林匹克森林公园、观光酒店以及大型地下商业街为一体，形成多场馆、多形态的文化体育设施集中区，成为北京国

际体育文化交流和旅游休闲娱乐的重要区域。自开放运营至 2020 年底，"鸟巢""水立方"共接待中外游客及观众超过 6200 万人次，举办各类赛事、演出、展览以及全民健身等活动 3500 余场次。大学区的奥运场馆转变为大学生的体育文化活动中心，满足了在校学生和周边社区青少年参加体育运动、开展文化娱乐活动的需求，成为学校体育教学、训练，以及举办大型学术、文化艺术活动的主要场所。同时，大学区的奥运场馆也对大众开放，服务社会各界，满足周边社区居民健身锻炼需求，举办高水平和群众性体育赛事。各区域奥运场馆转型为特色休闲场所、体育文化产业区和综合商业区。五棵松场馆群转型升级为北京西部最大的体育、文化、娱乐、休闲、购物综合商业区。顺

义奥林匹克水上公园对市民开放，开设了市民亲水项目，组建水上运动俱乐部。十三陵铁人三项场馆打造体育产业区，成为体育娱乐、体育旅游、体育器材和服装生产的集群区。

2022年北京冬奥会充分利用2008年奥运会场馆遗产，打造一批双奥场馆。国家体育场将举办北京2022年冬奥会和冬残奥会开闭幕式，国家游泳中心改造为冰壶比赛场馆，五棵松体育中心、国家体育馆均改造为冰球比赛场馆，首都体育馆改造为短道速滑和花样滑冰比赛场馆。这些场馆的改造应用最新科技手段，实现了"冰水转换""冰篮转换""双栖利用"，成为服务全民健身、体育文化休闲、多业态经营的综合体育设施。北京冬奥会新建场馆超前谋划赛后利用。北京赛区的国家速滑馆赛后将常年举办各种冰上赛事，广泛开展群众冰雪运动，成为北京市民参与体育

● 相约2022"冰雪文化节——鸟巢欢乐冰雪

● 北京奥林匹克中心区

运动的多功能冰上中心。首钢滑雪大跳台成为世界首例永久保留和使用的滑雪大跳台场地，赛后将承办国内外高水平冰雪赛事，开展大众冰雪体验和极限运动，结合工业遗存开展各类文化活动，成为北京冬季奥林匹克公园新地标。延庆赛区的国家高山滑雪中心，赛后雪季将继续举办高山滑雪赛事，为专业滑雪队提供训练场地，向高级别大众滑雪爱好者开放。非雪季开展山地观光和户外运动，实现四季运营。国家雪车雪橇中心，赛后将继续作为比赛和训练场地，承接和举办各类高级别相关赛事，开设大众体验项目，打造兼具大型赛事举办与大众休闲体验双重属性的特色场馆。这些奥运场馆已经成为北京重要的体育、文化和国际交往交汇地，首都发展的新地标。

● 2018 年短池游泳世界杯北京站在国家游泳中心"水立方"举行

● 国家速滑馆

304
305

专栏："冰雪惠民计划"释放冰雪运动发展红利

"第11届鸟巢欢乐冰雪季"于2020年1月2日在国家体育场（鸟巢）全面启动。当日，来自北京冰雪特色校的3000余名学生在此进行了冰雪体验，学生们在欢乐中体验到冰雪运动的魅力。

为让广大市民零距离感受、体验冬奥氛围，"第11届鸟巢欢乐冰雪季"在鸟巢6万余平方米的场地内设置了高台滑雪、越野滑雪、单板公园、模拟冬季两项、雪圈广场、雪地平衡车、雪地足球等20余项冬奥体验项目和冰雪健身游玩活动。

本届"冰雪季"期间，还面向青少年设置"冰雪大讲堂"，举办校园冰雪节、冰雪技能课程、竞技比赛、滑雪冬令营等精彩活动。以"冬奥"为主题的冰雪文化系列赛事"2019'鸟巢杯'全国青少年冰雪文化艺术创作赛"和"第四届鸟巢京津冀冰雪创新创业大赛"同期开展。

"鸟巢欢乐冰雪季"是由国家体育场（鸟巢）在2008年北京奥运会结束后，策划打造的全民冰雪健身品牌活动。经过连续11届发展，累计接待220余万人次。成为北京乃至全国持续时间最长、覆盖受众最广、参与群众最多的体育场馆大众冰雪健身活动。

● "冰雪季"现场

　　奥运经济已经成为城市经济发展的重要支撑。2008 年北京奥运会的筹办举办，推动首都经济快速发展。地区生产总值由 2002 年的 638.8 亿美元增长到 2008 年的 1542.4 亿美元；人均地区生产总值达到 9462 美元；财政收入由 2002 年的 78.5 亿美元增长到 270.2 亿美元。筹办奥运会加速了北京产业调整和产业升级，以首钢搬迁为契机，高能耗、高污染产业逐步淘汰，2008 年，北京成为中国国内单位 GDP 能耗最低的城市；高新技术产业和现代服务业迅速发展，特别是体育、休闲、旅游、会展以及竞赛表演等具有奥运效应的产业成为首都经济的重要支撑。

　　2022 年北京冬奥会的筹办，进一步为北京经济高质量发展提供了强大助力。筹办冬奥会加速了交通设施互联互通，生态环境明显改善，冰雪经济、清洁能源借势发展，疏解非首都功能和京津冀协同发展成效显著，绿色冬奥带动北京绿色发展，全市能源利用效率和低碳发展水平持续提升。过去五年，北京高技术产业、战略性新兴产业增加值分别累计增长 56.9% 和 58.5%，金融、科技、信息等现代服务业增加值比重进一步提升，2020 年第三产业比重达到

● 2015 国际田联世界田径锦标赛在北京举行

地区生产总值	北京地区生产总值从 2015 年的 2.5 万亿元提升至 2020 年的 3.6 万亿元	3.6 万亿元 2.5 万亿元 2020 年 2015 年
单位地区生产总值能耗	2020 年单位地区生产总值能耗较 2015 年下降 21% 左右	下降 21% 2015 年 2020 年
单位地区生产总值二氧化碳排放量	单位地区生产总值二氧化碳排放量保持全国最好水平,较 2015 年下降 22% 以上	下降 22% 2015 年 2020 年

84%,数字经济占比达到 38%,居全国前列。奥运筹办与经济发展正向而行、相互促进,奥运经济成为首都经济的鲜明特点和重要支撑。

奥运交往已经成为城市国际交流的重要方面。2008 年北京奥运会搭建了中国历史上规模空前的对外交流舞台,是空前的外交盛会和文化交流盛会。204 个国家地区 10500 多名运动员参加北京奥运会。85 位元首、首脑、王室成员出席了北京奥运会开幕式。2.6 万名的注册记者和近 6 千名非注册记者,以及 38 万名外国游客来到中国、来到北京,为世界文化集中交流提供了宝贵的机遇。2008 年之后,北京与国际组织、国际体育单项联合会、奥运城市的交往更加密切,先后举办国际泳联短池游泳世界杯系列赛、国际田联世界田径锦标赛、环北京职业公路自行车赛、世界智力运动会等高水平国际体育赛事，承办世界体育大会、世界奥林匹克城市联盟峰会、国际奥委会运动员委员会年会等高端国际会议，创办北京奥运城市体育文化节、北京国际青少年冰球邀请赛等品牌活动和赛事，进一步扩大体育文化国际交流，提升北京城市形象。

2022年北京冬奥会申办成功以来，北京市在重大国事活动中积极宣传北京冬奥会，在"一带一路"国际合作高峰论坛、亚洲文明对话大会、北京世界园艺博览会等主场外交活动中，展示北京冬奥会筹办进展、场馆建设和冰雪文化等。在对外文化交流中融入冬奥元素，先后在埃及开罗、英国爱丁堡、波兰华沙、俄罗斯莫斯科等地举行"魅力北京"公众日活动，介绍北京丰富的旅游资源和北京冬奥会相关情况。加强与芬兰赫尔辛基、加拿大渥太华、日本长野等冰雪城市的交流，2019年举办"北京友好城市国际青年交流营"，30个国家和地区的200余名青年齐聚北京，参观奥运场馆，增进对北京办奥理念、奥运资源再利用等方面的了解。加强与国际单项体育组织的沟通，积极承办2017北京世界女子冰壶锦标赛、2018沸雪北京国际雪联单板滑雪大跳台世界杯、2019国际雪联中国北京越野滑雪积分大奖赛等国际高水平冰雪赛事。以冬奥为平台、以体育文化为媒介的国际交往，已经成为北京建设现代化国际大都市的重要支撑。

2. 双奥全面推动体育事业发展，掀起全民健身热潮

2008年北京奥运会推动了体育事业发展。2008年北京奥运会的成功举办，实现了中华民族百年奥运梦想，也极大

● 北京姚家营中心小学进行"旱地钢架雪车"比赛

增进了对奥林匹克的了解，提升了民众对体育运动的热爱、锻炼健身成为时尚，全民健身运动达到了历史最好时期。截至 2008 年，新建社区健身俱乐部 18 个、青少年体育俱乐部 128 个、体育生活化社区 24 个，6000 多套全民健身设施和 4000 多个全民健身辅导站遍布北京城乡。2008 年北京奥运会的 31 个竞赛场馆，赛后积极承办高水平体育赛事，广泛开展群众性和青少年体育活动，成为市民健身的理想场所，全面服务于北京市全民健身事业发展。为积极倡导公众广泛参加体育锻炼，纪念北京奥运会成功举办，国家将北京奥运会开幕式日期——每年的 8 月 8 日确定为"全民健身日"。

在两届奥运会的带动下，北京市全民健身活动广泛开展，全市经常参加体育锻炼的人口比例由2001年的43.7%增长到2020年的50.18%，人数已超过1000万，体育场地由2001年的3500个增长到2020年的3.5万个。截至2020年，共有冰雪场地71座，2016—2020年全市冰雪运动参与人次累计达2480万，冰雪运动得到了跨越式发展。

2022年北京冬奥会带动了冰雪运动跨越式发展。北京冬奥会成功申办以来，北京市民参与冰雪运动的热情持续升温。群众冰雪运动广泛开展。北京市连续举办7届"北京市民快乐冰雪季"，2016—2020年共开展各级各类群众性冰雪活动1.5万场，累计参与人次达2480万。开展社会体育指导员冰雪运动技能培训，培养全市冰雪运动指导员约2.3万人。加快推进冰雪运动进校园。连续举办市青少年冬季项目锦标赛，着力打造滑雪、花样滑冰等5项青少年冰雪运动品牌赛事，北京市青少年冰球俱乐部联赛规模逐步扩大。组建6支市级、126支区级青少年冰雪运动队。推动冰雪竞技水平提升。北京市共组建21支市级专业冰雪运动队，共建雪橇、冰球等项目国家集训队，项目布局占冬奥会比赛项目的64%。创新举办首届北京市冬季运动会，参与人数达6.24万。冰雪运动竞技水平迅速提升，累计有115人次入选国家集训队。2020年，北京男子冰球队夺得全国锦标赛冠军。

● 国际冬季运动（北京）博览会

　　2022 年北京冬奥会推动冰雪产业快速发展。扩大冰雪设施供给。各区新建 1 座冰面不小于 1800 平方米的室内冰场，市冰上项目训练基地建成。截至 2020 年底，共有室内冰场 50 座、滑雪场 21 家。大力推动冰雪消费。组织 10 余个大型商圈、50 余家冰雪场馆、100 余家品牌企业，举办系列冰雪主题促销活动，带动全市冰雪消费。成功举办国际雪联单板及自由式滑雪大跳台世界杯、冰壶世界杯总决赛等 21 项国际高水平冰雪赛事，冰雪竞赛表演业迈上新台阶。进一步壮大冰雪人才队伍。截至 2020 年底，全市冬季项目裁判员达到 600 人，其中一级（含）以上裁判员有 349 人，涵盖冬奥会全部冰上项目和高山滑雪项目。开展浇冰、餐饮等赛事技能培训约 8000 人次，积极服务冬奥筹办。自 2016 年起，连续 6 届举办"国际冬季运动（北京）博览会"，开放中国冰雪市场，实现与国际冬季运动资源对接，拉动中国冰雪产业发展。

2016-2020 年

- 北京开展各级各类全民健身赛事活动 10 万余项次，参与人次达到 4816 万，全市经常参加体育运动人口比例达到 50.18%。

- 全市累计建成 1910 处多功能场地、216 公里健走步道，创建 166 个全民健身示范街道和体育特色乡镇，全市人均体育场地面积达到 2.45 平方米。

2022 年北京冬奥会进一步激发全民健身的热情。形成了"和谐杯"乒乓球赛、"北京纪录"挑战赛、大众冰雪北京公开赛、北京市青少年冰壶锦标赛等一批群众喜闻乐见的赛事活动，打造了全民健身体育节、北京奥运城市体育文化节、体育大会、北京市民快乐冰雪季、北京市冰雪嘉年华等具有较强影响力的群众品牌活动。

3. 双奥大幅改善生态环境，推动宜居之都建设

通过两次奥运筹办，加快生态环境建设，秉持"绿色办奥"理念，加速产业结构绿色转型，加强京津冀协同防控，大气、绿化、水环境治理取得显著成效。

2008 年北京奥运会改善了北京的生态环境。北京奥运会通过实践"绿色奥运"理念，全民环境意识得到空前提升，生态环境大幅改善。1998 年至 2008 年，北京陆续实施 14 个阶段的大气污染控制措施。2008 年好天气比例较 1998 年增加 47.5 个百分点，北京奥运会荣获"联合国体育环境贡献大奖"。

PM₂.₅ 平均浓度

2015 年 80.6 微克 / 立方米

2021 年 33 微克 / 立方米

森林覆盖率

2015 年 42.6%

2020 年 44.4%

北京市污水处理率

2015 年 87.9%

2020 年 95%

2022 年北京冬奥会加速改善北京市空气质量。以北京冬奥会和冬残奥会筹办为重要契机，北京市实施《北京市打赢蓝天保卫战三年行动计划》《北京市深入打好污染防治攻坚战 2021 年行动计划》，深化"一微克"行动，以超常规的措施和力度治理大气污染，成效显著。北京市大气污染治理被纳入联合国环境署"实践案例"，为全球其他城市，特别是发展中国家的城市提供借鉴。

2022 年北京冬奥会持续提升北京城乡绿化环境。北京市以北京冬奥会赛区及交通设施为重点，以京津冀生态协同机制为抓手，持续推进京津风沙源治理，改善城乡环境，提升北京绿化水平。

2016—2020 年累计淘汰退出不符合首都功能定位的一般制造业和污染企业 2154 家，完成 1.2 万家 "散乱污" 企业分类整治和动态清零，大力推进能源清洁化战略，燃煤消费总量不断下降。车辆结构绿色优化，推广新能源车 40.1 万辆。2021 年，北京市 $PM_{2.5}$ 年均浓度和臭氧（O_3）浓度分别为 33 微克 / 立方米、149 微克 / 立方米，首次同步达到国家二级标准，各项大气污染物实现协同改善，北京市空气质量首次全面达标。

● 北京故宫博物院

● 京礼高速华北第一高陡边坡完成修复

　　　　围绕北京冬奥会赛区，打造生态保障。累计完成京藏、京新、京礼高速两侧绿化改造 4.87 万亩、京张高铁沿线绿化 0.9 万亩，延庆赛区外围种植苗木 34 万株，首钢冬奥场馆及周边建设公园绿地 656 公顷。持续推进京津风沙源治理、三北防护林建设、太行山绿化等国家级重点生态工程建设，完成人工造林 21.86 万亩，封山育林 100 万亩，人工种草 8.89 万亩。持续改善城乡绿化环境。2016—2020 年，北京市新建城市休闲公园 190 处、城市森林 52 处、小微绿地和口袋公园 460 处。截至 2020 年，全市各类公园达到 1090 个，公园绿地 500 米服务半径覆盖率由 67.2% 提高到 86.8%。北京市森林覆盖率由 2015 年的 41.6% 增长至 2020 年的 44.4%，城市绿化覆盖率由 2015 年的 47.6% 增长至 2020 年的 48.96%。

2022 年北京冬奥会进一步加强北京水环境治理。北京市深入实施三轮城乡水环境治理工作三年行动方案，水环境治理取得巨大成效。基本实现城镇地区污水全收集全处理、污泥无害化处置，全市污水处理率由 2015 年的 87.9% 提高到 2020 年的 95%。累计解决 1806 个村污水收集处理问题。全市 142 条段黑臭水体全部完成治理并得到长效巩固。完成 727 条小微水体整治。加强水生态保护与修护。完成冬奥会延庆赛区造雪引水及集中供水等保障工程。京冀携手建成张承地区生态清洁小流域 600 平方公里。成功实施永定河生态补水，境内永定河 170 公里河段 25 年来首次全线通水，永定河京津冀晋水流基本贯通。出台水生态监测评价地方标准，开展全市水生态健康评价，健康水体占监测总量（48 个典型水体）比例达 89.6%，水生态健康状况持续向好，黑鹳、白鹭等珍稀水禽成为常客留鸟。

● 北京雁栖湖

● 北京首都国际机场 T3 航站楼

4. 双奥加速基础设施建设，提升公共服务水平

两届奥运会加快了北京基础设施建设速度，2008 年北京奥运会推动建立现代化交通体系，加速走向信息化时代。以 2022 年北京冬奥会筹办为契机，北京交通体系加速完善，基本形成京津冀核心区 1 小时交通圈、相邻城市间 1.5 小时交通圈。北京市布局 5G 技术、工业互联网、自动驾驶、区块链等新技术带动智慧城市发展。切实提升市政基础设施和公共服务水平，民生福祉进一步提升。

2008 年北京奥运会推动北京基础设施建设和城市管理水平达到新高度。城市道路总里程由 2001 年的 13891 公里增加到 2008 年的 20754 公里，城市轨道交通线路由 4 条增加到 8 条，公交车发展到近 4 万辆，运营线路 1020 条，2008 年客运量达 55 亿人次，建成世界上流量最大的现代化城市地面公共交通系统。为奥运会而修建的首都国际机场三号航站楼，年旅客运输能力超过 6000 万人次，成为世界上旅客运输能力最大的机场之一。奥运会还使北京成为世界上信息化程度最高的城市之一，宽带通信网络延伸到了城乡各个角落。2008 年北京网民总数达到 980 万户，网民数量占到全市总人口的 64.8%，是 2001 年的 8 倍。

2022 年北京冬奥会推动北京交通体系更加完善。北京冬奥会有力带动京津冀交通协同发展，"轨道上的京津冀"加快构建。2019 年 12 月 30 日京张高铁开通运营，2020 年 1 月 23 日京礼高速全线贯通，京张高铁、京礼高速联通北京冬奥会三大赛区，推动京张两地交通互联互通。2016—2020 年，京沈客专、京唐城际、京滨城际铁路建设全面提速。京礼高速等 8 条高速公路先后建成通车，北京市域内国家高速公路"断头路"全部消除。截至 2020 年底，北京全市

● 京张高铁

320
321

● 北京新能源公交

高速公路总里程达到 1174 公里，京津冀核心区 1 小时交通圈、相邻城市间 1.5 小时交通圈基本形成。在北京冬奥会的带动下，北京轨道交通路网更加完善、公交线网更加优化、步行自行车绿色出行环境更加友好，公众绿色低碳生活方式逐渐形成。地铁 11 号线西段于 2021 年底通车，服务于北京冬奥会首钢滑雪大跳台场馆，对北京石景山地区交通出行和区域发展有着积极的作用。截至 2020 年，轨道交通日均客运量超 1000 万人次。线路数量达到了 24 条，总里程达到了 727 公里，为北京市民打造了轨道上的都市生活。地面公交网络化运营，全国首推"定制公交"，优化公交线网。截至 2020 年底，线路数量达到了 1207 条，总里程达到了 28418 公里，新能源和清洁能源车辆比例超过公交车总规模的 80%，公交线网系统全面形成。

专栏：北京地铁 11 号线西段（冬奥支线）
打通首都西部交通动脉

2019 年 11 月，北京启动建设了地铁 11 号线西段（冬奥支线），2021 年 12 月 31 日通车运营。地铁 11 号线西段线路位于石景山区，北起模式口站，南至新首钢站，设有模式口站、金安桥站、北辛安站、新首钢站 4 座车站。其中换乘站 2 座，分别在金安桥站与地铁 6 号线、S1 线换乘，首钢站与规划 R1 线换乘。

地铁 11 号线西段是北京第一条智慧轨道交通示范线路，列车采用全自动驾驶技术，可实现智能运行、智能服务和智能运维。整车采用以太网控车的先进技术，引领智能地铁列车国内先进水平。

地铁 11 号线西段将加强北京冬奥组委办公区、首钢滑雪大跳台的交通服务水平，解决赛时接驳地铁问题。11 号线西段也是石景山区第一条南北向轨道交通线路，将织密石景山轨道交通线网，打通首都西部交通动脉，同时助力新首钢高端产业综合服务区发展建设，打造国家体育产业示范区。

● 地铁 11 号线

2022 年北京冬奥会加速带动智慧城市建设。在"科技冬奥"的引领带动下，北京市加快新型基础设施建设，聚焦民生服务和产业发展需求，不断拓展智慧城市创新应用场景，促进新型基础设施建设与应用融合发展。北京冬奥会场馆实现 5G 全覆盖，北京及延庆赛区建设了 31 个 5G 宏基站，建设了国家高山滑雪中心、国家雪车雪橇中心、延庆冬奥村 3 套 5G 室内分布系统，在京张高铁、京礼高速等重要交通线路建设 81 个 5G 基站，实现了对赛区及周边 5G 信号全覆盖。在北京冬奥会的带动下，截至 2021 年 8 月，北京市 5G 基站达到了 3.2 万个，用户超过 600 万，实现了五环内和城市副中心市内外信号的连续覆盖，五环外重点区域的精准覆盖。正式开展高级别自动驾驶示范区建设，人工智能公共算力平台已上线运行，区块链在政务服务领域落地 300 余个具体应用场景。

● 北京规模最大的电动汽车充电站在五棵松体育中心投入使用

2022 年北京冬奥会推动了市政基础设施升级建设。在北京冬奥会的带动下，北京市水电气热等市政基础设施建设成果斐然。围绕服务保障北京冬奥会，北京加大市政基础设施建设。

2016—2020 年利用南水北调中线水 52 亿立方米，直接受益人口超过 1500 万。持续推进城市排水管网建设，强调雨污分流，实现生态管理。

截至 2019 年底，北京市共建成污水管网 13188 公里、雨水管网长达 7868 公里，有效缓解了城市内涝，保障了污水处理能力。2016—2020 年新建生活垃圾处理设施 20 座，新增处理能力 1.58 万吨 / 日，生活垃圾回收利用率达到 35% 以上。供热保障能力持续增强。城镇地区供热面积达到 8.95 亿平方米，基本实现清洁供热。电网运行保障不断加强。北京地区的 12 项冬奥会配套电网工程于 2020 年 12 月完全投运，实现了冬奥所有场馆100%绿电供应。充电设施网络体系加快建设。北京冬奥会竞赛场馆及京礼高速公路北京段充电桩全覆盖。截至2020年，北京市新能源汽车充电桩达到21.85万个、换电站达到142座。公共充电服务平均服务半径平原地区小于5公里，重点地区小于0.9公里。

2022年北京冬奥会进一步提升了公共服务和民生保障水平。北京市加大对就业、教育、医疗、养老的投入力度，公共服务水平显著增强。实施就业优先政策，2016—2020年累计新增城镇就业人员185.4万人，城镇调查失业率始终控制在5%以内。建成城乡统一、覆盖全民的社会保障体系。学前教育供给学位持续增加，2016—2020年累计新增学位17.5万个，普惠性幼儿园覆盖率达87%。优质义务教育覆盖面不断扩大。奥林匹克进校园成效显著，截至2020

● 国家游泳中心无障碍坡道

年，创建 200 所奥林匹克教育示范学校、200 所冰雪运动特色学校。健全城乡医疗卫生服务体系，市民健康水平稳步提升，2020 年居民期望寿命达到 82.3 岁。2016—2020 年累计建成养老机构 544 家、养老照料中心 305 所、养老服务驿站 1005 家，中心城区基本实现照料中心全覆盖。各类便民店、便利店、菜市场加快补齐，一批实体书店、剧场和健身体育设施加快发展，生活性服务业品质不断提高，2016—2020 年累计完善提升基本便民服务网点 6000 余个。

2022 年北京冬奥会进一步提升城市无障碍环境建设。北京冬奥组委结合国际标准和办赛要求，制定并发布《北京 2022 年冬奥会和冬残奥会无障碍指南》及相关图册等文件，全面带动和提升了城市无障碍环境建设的规范和标准。指南涵盖并适用于冬奥会和冬残奥会竞赛场馆、非竞赛场馆、训练场馆以及赛事举办城市的交通、公园、广场、酒店等公共区域，确保赛时各利益相关方能够获得高质量的无障碍体验，持续推动城市人文环境长远提升。北京冬奥会 12 个竞赛场馆和 3 个冬奥村（冬残奥村）无障碍设施建设与场馆主体工程同步完工，做到无障碍动线清晰顺畅、无障碍永久设施建设规范标准、可持续及人性化建设目标明确。在北京冬奥会无障碍工作的带动下，北京市开展无障碍环境建设专项行动，将城市道路、公共交通、公共服务场所、信息交流 4 个重点领域的 15.15 万个点位，125.72 万处无障碍设施纳入统一管理，已解决闲置、占用问题 21 余万个，整改点位 10 万个。

二　最美冬奥城——延庆

延庆区，作为北京冬奥会三个赛区之一，借助北京冬奥会筹办的重要契机，紧紧围绕"最美冬奥城"这一定位，加强生态环境保护，不断扩大生态环境容量和提高生态环境质量；提升基础设施建设水平和公共服务能力，筑牢壮大长期发展基础；通过推动"世园""冬奥""长城"三张金名片联动发展，大力发展特色文化体育旅游产业。北京冬奥会让延庆人民切身感受奥林匹克运动带来的转变，冬奥遗产将持久惠及百姓生活，延庆——"最美冬奥城"也将启航新征程。

1. 用心守护绿色生态，最美冬奥城初呈现

场馆建设与生态修复同步完成。延庆赛区生态修复工程由国家高山滑雪中心生态修复、国家雪车雪橇中心生态修复、赛区市政配套基础设施生态修复3部分组成。延庆赛区坚持生态优先，最大限度降低施工对生态环境的影响。

● 北京延庆妫水河

在建设冬奥场馆的同时，同步推进赛区生态修复，充分体现了绿色、可持续的办奥理念。延庆区空气质量显著改善，PM$_{2.5}$ 浓度由 2015 年的 61 微克 / 立方米降至 2020 年的 31 微克 / 立方米，下降 49.2%，森林覆盖率由 57.46% 增长到 60.4%，城市绿地由 1567 公顷增加到 1767 公顷，水环境质量全市最优。

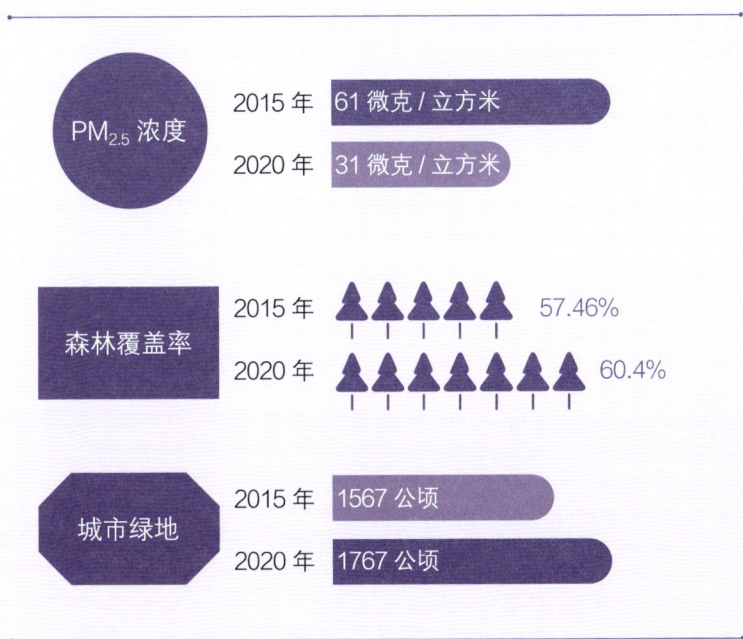

PM$_{2.5}$ 浓度

2015 年　61 微克 / 立方米

2020 年　31 微克 / 立方米

森林覆盖率

2015 年　57.46%

2020 年　60.4%

城市绿地

2015 年　1567 公顷

2020 年　1767 公顷

场馆周边植被恢复采用乡土物种或当地成功引种驯化的植物物种。截至 2021 年 6 月，赛区已圆满完成生态修复工作，共计 214 万平方米。已建成 5 个就地保护小区，共栽植乔木 6.12 万株、灌木 32.4 万株。在赛区周边完成营造和抚育林地总计 26054 公顷，并恢复和重建动物栖息地，以多种形式建设动物通道。

青山绿水建设见成效

在绿色办奥理念的引领下，延庆深入实施百万亩造林绿化工程，造林、营林 **125.2 万亩**，人均公园绿地面积由 **41.88 平方米**增加至 **46.84 平方米**。持续开展"**清河**""**清四乱**"行动，水环境质量全市最优。新建改建集中污水处理厂站 **14 座**，完成 **138 个村**污水治理，配套建设污水管线 **572 公里**，全区污水处理率由 2015 年的 78% 提升至 2020 年的 **92%**。

● 延庆海坨山

2. 交通设施互联互通，民生福祉显著提升

北京冬奥会的筹办加快延庆区交通基础设施建设，京礼高速、京张高铁的通车实现交通质的飞跃。延庆市政基础设施有了突飞猛进的发展，水、电、气、热既满足冬奥会需求，也将服务于延庆区域发展。就业、医疗、文化、教育等公共服务显著改善。

交通基础设施大幅改善。北京冬奥会加速了延庆区原有规划中交通基础设施的建设步伐，京礼高速（兴延高速、延崇高速）全线贯通，京张高铁八达岭站、延庆站建成通车，形成了 3 条高速、1 条高铁、1 条市郊铁路的对外交通网络，对外交通瓶颈全面打破，使得延庆区正式进入首都半小时经济圈、生活圈，交通实现了质的改变。2016—2020 年，延庆新建城市道路里程 34.19 公里，乡村公路实现 100% 通车，乡村中等路以上比例达到 73.3%，通车里程 1068 公里，路网密度处于生态涵养区领先水平，市民的日常出行也更加安全便捷。

市政保障能力大幅提高。北京冬奥会申办成功以来，延庆市政保障能力有了突飞猛进的发展。陕京四线工程干线全线贯通，历史性接入市政天然气，燃气实现"同城同价"。供暖行业全部实现能源清洁化；电力供应能力大幅提升，既满足冬奥会举办要求，又满足延庆未来发展需求；平原区地表水工程（一期）完工，再生水利用量较 2015 年增长 44.7%。

公共服务质量大幅提高。就业培训力度加大，2016—2020 年，累计培训 8.1 万人次，提供岗位 5.51 万个次，促进各类就业近 5 万人。医疗水平加速提升。在延庆区医院

内建成冬奥医疗保障中心，加快推进家庭医生工作，每万名居民全科医生拥有量达到 5.55 名。文化设施提质升级，当前完成 37 个村社区文化设施提质升级，人均公共文化设施建筑面积达到 1.57 平方米。教育资源持续补齐提质，2016—2020 年累计新建改扩建幼儿园 11 所，新增学前学位 3300 个，普惠性幼儿园覆盖率达 99.8%。八一实验学校、海淀外国语实验学校相继落户延庆。养老助残成效明显，完成 3 个街道乡镇养老照料中心建设，新增养老驿站 17 家。完成 562 个基本公共服务场所无障碍点位改造。

● 京张高铁延庆站

● 京礼高速营城子立交

专栏：延庆冬奥医疗保障中心正式投入使用

2020年10月，延庆冬奥医疗保障中心正式投入使用，为运动员、教练及冬奥建设者等相关工作人员提供医疗服务。

冬奥医疗保障中心位于冬奥会医疗保障定点医院延庆区医院内。中心共建造7层，设置急诊科、冬奥专区病房、手术室等，并设立了多个学科门诊和专科病房，保证诊疗室专业全面，为冬奥会提供更周到的医疗服务保障。

冬奥医疗保障中心的西南角，占地210平方米的停机坪将在赛时用于紧急转运伤员。自2016年建成以来，每年，延庆区医院都进行直升机救援演练，包括患者受伤救治和直升机舱抢救等全实战演练，为赛时服务积累经验。

冬奥医疗保障中心已经成立了由58名延庆区医院医护骨干和43名北医三院专家组成的冬奥专区救治队，将在赛时为运动员、教练等提供医疗保障。与此同时，旨在提升医护人员服务保障能力的医疗救治演练、医疗技术理论、外语培训、滑雪培训都在持续进行。

赛时，冬奥医疗保障中心将把5G远程医疗等新技术应用到医疗保障工作中，救护车可实时进行心跳监护，并实时回传到中心，为快速救治争取时间。同时，还将配备智慧医学影像远程平台，将危重患者病情及时传输到北医三院、北京积水潭医院等冬奥定点医院及专科医院，实现专家实时会诊指导。

● 冬奥医疗保障中心

3. 冰雪带动绿色产业，全域旅游成效显著

北京冬奥会推动了延庆冰雪产业及其他绿色产业发展，延庆体育科技创新园已吸引40多家体育科技企业入驻。氢能创新产业园、无人机产业园建设速度加快。2016—2020年旅游收入累计达到323亿元，同比增长30.3%。

做强冰雪体育科技产业。中关村延庆园体育科技创新园，是北京市唯一一家以体育科技为主题的科技园区，占地1.4万平米，包含科技创新研发办公区、科技创新孵化加速区、科技创新服务保障区三大功能区。重点引进并服务于体育科技研发、冰雪体育、训练支持、赛事运营、运动康复、智能制造、电子竞技等企业。已有雪族科技、冰峰科技、必胜体育、铭星冰雪、梦起源、雪帮雪业、白夜电竞等40多家冰雪类体育科技企业入驻园区。目前园区体育产业链条进一步完善，体育产业生态圈已初步形成。

● 延庆区体育科技创新园

● 龙庆峡冰灯艺术节

绿色产业发展迅速。在冰雪体育产业的带动下，延庆设立科技创新基金，加快推动现代园艺、新能源和能源互联网、无人机等绿色产业发展。新引进重点产业企业突破600家，氢能创新产业园、新能源微电网示范项目建成运营，中关村现代园艺产业创新中心、中关村（延庆）体育科技前沿技术创新中心、无人机产业园等一批重大项目落

● 北京世园公园

地。休闲农业积极推进，全区休闲农业星级园区达到 37 家。2021 年 8 月，氢能创新产业园二期项目冬奥配套加氢站（70 兆帕）投入使用，进一步提高了对冬奥氢燃料车辆用氢的保障能力，对氢能在国内交通领域的应用具有示范意义。

冰雪旅游带动全域旅游。"冬奥""长城""世园"三张金名片联动发展，旅游产业发展迅速。2016—2020 年旅游收入累计达到 323 亿元，同比增长 30.3%，成功创建国家全域旅游示范区。以万科石京龙滑雪场、八达岭滑雪场和龙庆峡冰灯景区为基础，积极开发世葡园、玉渡山、冬季妫河冰场等多处冰雪旅游景点和场地发展冰雪旅游。在全市率先出台民宿发展扶持政策，发起成立北京市首个民宿联盟，建成北方地区首个民宿集群项目"合宿·姚官岭"，打造"冬奥人家""世园人家""长城人家""山水人家"四大品牌，连续四年举办北方民宿大会，民宿产业从无到有，加快向品牌化集群化发展，打造精品民宿 100 余家、建成民宿小院 376 个，成为首批全国民宿产业发展示范区。

4. 冬奥培育运动氛围，冰雪运动势头正猛

在北京冬奥会的带动下，延庆冰雪运动场地设施不断完善，带动更多人参与冰雪运动，2016—2020 年冰雪运动参与人数达 13 万余人次，具备滑雪滑冰基本技能的中小学生达 2.6 万余人，占学生总数的 86%。

冰雪运动场地设施不断完善。国家高山滑雪中心和国家雪车雪橇中心在内的冬奥延庆赛区核心区场馆及配套项目已建成，这些冬奥场馆设施将服务北京冬奥会的举办，并将在赛后建成延庆奥林匹克园区，成为冰雪赛事和全民健身的新平台。北京市冰上项目训练基地、梦起源滑冰场、妫河自然冰场建设和西大庄科滑雪场陆续建成。

冰雪运动普及和发展势头良好

在北京冬奥会的影响下，冰雪运动在延庆发展迅速。2016—2020 年共开展冰雪旅游、冰雪文化、冰雪赛事、冰雪培训 4 大类 86 项活动，参与人数达 13 万余人次；具备滑雪滑冰基本技能的中小学生达 2.6 万余人，占学生总数的 86%；累计举办冬奥知识讲堂 77 场、科学健身知识大讲堂 22 场，9989 人次参训；累计承办或举办近 20 项国内外多级别冰雪赛事活动。开展滑雪类培训和认证，通过培训共有 306 人取得滑雪指导员、社会体育指导员（滑雪）等冰雪类从业资格证书。

三 体育之城——张家口

　　张家口因北京冬奥会而吸引世界的目光，北京冬奥会的筹办给张家口带来了前所未有的发展机遇。在北京冬奥会的带动下，张家口经济社会长足发展，冰雪经济和绿色产业拉动就业、助力脱贫，12个贫困县区、1970个贫困村、93.9万贫困人口全部脱贫。冰雪运动全面普及，带动500万人参与冰雪运动，冰雪产业快速发展，装备制造落地生根。城市环境、基础设施、公共服务全面改善提升。张家口交出了筹办好北京冬奥会和带动本地发展的两份优异答卷。

1. 借势冬奥蓄力腾飞，冰雪运动落地生根

　　在冬奥筹办的带动下，张家口冰雪运动蓬勃发展，冰

● 国家跳台滑雪中心跳台滑雪比赛

● 云顶滑雪公园

雪场地设施不断完善。截至 2020 年底，已建有滑雪场 9 家，高、中、初级雪道 177 条，总长度 164 公里；索道与魔毯共 70 条，总长度 45 公里。北京冬奥会竞赛场馆（云顶滑雪公园、国家跳台滑雪中心、国家越野滑雪中心和国家冬季两项中心）赛后将成为冰雪运动和全民健身场地，张家口崇礼奥林匹克体育公园将推动冰雪运动再上新台阶。

冰雪运动借势腾飞。张家口借力冬奥筹办，推动冰雪运动落地生根。冰雪运动加快普及。2020—2021 雪季结束，累计参与冰雪运动人次突破 500 万，成功承办河北省第 2 届冰雪运动会，累计建成冰雪运动培训基地 59 家，冰雪运动特色学校 100 所。冰雪进校园成效显著。连续 4 年组织"万名中小学生冰雪体验活动"，累计有超过 11 万名中小学生参与到活动中，全市中小学奥林匹克教育覆盖率及冰雪运动普及率均达到100%。冰雪赛事和活动蓬勃发展。举办国际雪联自由式滑雪U型场地世界杯等国际品牌赛事，连续多年举办"大好河山激情张家口"冰雪季等群众品牌活动。崇礼冰雪旅游度假区获批国家级旅游度假区，太舞四季小镇、富龙四季小镇成功创建国家4A级旅游景区。

冬奥场馆赛后可持续利用。张家口赛区4个竞赛场馆分别为云顶滑雪公园、国家跳台滑雪中心、国家越野滑雪中心和国家冬季两项中心。云顶滑雪公园赛后将继续作为比赛场地和大众滑雪健身场地；国家跳台滑雪中心赛后将建成国家训练基地，小跳台可作为儿童训练场地继续使用，顶峰俱乐部可用于大型会议和展览；国家越野滑雪中心赛后将建成四季户外体育公园；国家冬季两项中心赛后除了继续作为比赛场地使用外，夏季也可作为山地自行车场地。赛后还将推动张家口崇礼奥林匹克公园建设，打造全民健身新平台。

2. 加速冰雪产业发展，绿色产业融合发展

张家口加速推动冰雪装备产业发展，新型能源、大数据、文化旅游、健康养生等绿色产业融合发展，构建起多点支撑、多业并举、多元发展的绿色产业格局。

提速冰雪装备产业发展。张家口大力发展冰雪产业，截至2021年11月底，累计签约冰雪产业项目97项，落地项目79项，总投资373.28亿元，投产运营项目41项，累计实现产值9.69亿元，其中，冰雪装备研发制造项目52项，项目涉及法国、意大利等8个国家。规划建设了2个占地3000亩的冰雪产业园，先后引进了一批知名冰雪装备制造

● 张家口市宣化区冰雪装备生产现场

企业落户张家口。

　　文旅与健康产业融合发展。坚持生态保护与全域旅游发展深度融合，积极推进旅居产业发展，成功举办 4 届市旅发大会、承办第 5 届河北省旅发大会，率先在全省实现旅发大会县区全覆盖，叫响了草原天路、崇礼滑雪、张北草原音乐节等文化旅游品牌，建成 4A 级景区 15 个、省级以上乡村旅游重点村 15 个，全长 323.9 公里的草原天路全线贯通，全季全域旅游新格局初步形成。健康产业融合发展。康保风筝节、尚义赛羊节、沽源冰雪节、崇礼 168 国际超级越野跑等为运动康养提供多层次参与平台。打造了沽源县老掌沟、蔚县暖泉镇等民宿休闲集群以及怀来、赤城、阳原为代表的温泉休闲康养群落，建成了下花园蓝城国际康养小镇、涿鹿县黄帝泉国际养老 (养生) 中心等旅居康养目的地。

"

专栏：氢能张家口

"氢能张家口"已成为河北省张家口市绿色发展的城市新名片。近年来，张家口市加快推进氢能与可再生能源产业协同创新发展，初步形成氢能全产业链发展格局，为全省乃至全国可再生能源发展和新能源体制改革探索了新路径、总结了新经验。

绿色制氢基地建设初具规模。张家口市可再生能源资源丰富，倾力打造绿色制氢基地，目前，年产能1400万标准立方氢气的海珀尔制氢项目一期已投产；产能近1.7吨／天的河北建投沽源风电制氢综合利用示范项目一期已竣工调试；壳牌绿色氢能一体化示范基地等项目正有序推进。

氢能全产业链发展全国领先。目前，张家口市氢能项目达到51个，总投资182亿元，初步形成制加储氢设备制造、燃料电池核心零部件制造、氢能整车制造等上下游全产业链发展格局，在全国领先。

氢能示范应用走在全国前列。截至2021年5月份，张家口市投运氢燃料电池公交车304辆，累计完成载客量超5157万人次，累计运行超1600万公里，成为全国燃料电池汽车运行数量最多、最稳定的城市之一。张家口市以氢能为媒介，实现在电力、热力、液体燃料等各种能源品种之间的跨能源网络协同优化，逐步将应用领域拓展至绿色化工、管道掺氢、热电联供、分布式能源等领域。

产业创新发展体系初步形成。2019 年 2 月 27 日，张家口氢能与可再生能源研究院成立，为氢能产业发展提供有力的智力支持。2019 年 12 月，获批省级氢能产业创新中心，探索建立产业联盟开放式运行模式，开展示范运营、产业标准、燃料电池等领域研发创新。2021 年张家口市建成国内首家氢能数据中心，实现对氢能全产业链的数据采集与分析，为政策制定、产业发展提供决策依据。

大数据产业形成集聚效应。建成投产张北云联数据中心、数据港张北数据中心、怀来秦淮数据中心等 12 个数据中心项目，服务器规模达 85 万台，建成开通张家口国际互联网数据专用通道。阿里巴巴张北云计算庙滩数据中心和怀来云交换数据中心产业园项目 1 号数据机房、2 号数据机房入围 2020 年度国家绿色数据中心。

● 阿里巴巴张北云计算数据中心

　　可再生能源彰显绿色发展。张家口践行绿色发展理念，加快可再生能源发展。截至 2020 年底，张家口可再生能源装备制造企业 23 家、产值达到 75 亿元，可再生能源装机容量突破 2000 万千瓦、并网 1882 万千瓦，已投用和在建储能 172.15 万千瓦，张北—雄安 1000 千伏特高压工程建成投用，可再生能源消费占终端能源消费比例达到了 30%。深入开展"公交都市"创建工作，开通大站快线公交 3 条，累计推广氢能源电池公交车 304 辆，中心城区实现清洁能源公交车全覆盖，氢燃料公交车运营数量居全国首位。

● 张家口赛区新能源大巴

● 张家口草原天路

3. 树立生态优先意识，生态环境持续改善

在绿色办奥理念的带动下，张家口按照建设首都水源涵养功能区和生态环境支撑区的要求，实施蓝天、碧水、绿地、净土四大行动，生态环境持续改善。PM$_{2.5}$平均浓度下降至 23 微克 / 立方米，空气质量持续保持京津冀地区最好水平。地表水水质和水源地水质达标率 100%。对永定河流域实施生态补水 6.5 亿立方米，助推永定河北京段时隔 25 年实现全线通水。加快植树造林，森林覆盖率达到 50%。

扎实推进蓝天行动。全面开展污染防治攻坚，深化燃煤、扬尘、工业企业等污染源治理。2017 年以来累计淘汰燃煤锅炉 4882 台，全部退出市属钢铁产能，完成 26 家挥发性有机物排放企业治理。以北方地区冬季清洁取暖试点城市建设为抓手，大规模推动电代煤及其他清洁取暖方式。2017 年以来完成城镇清洁取暖面积 633 万平方米，2018 年以来实施农村煤改电、煤改气 23.3 万户。截至 2020 年，PM$_{2.5}$平均浓度下降至 23 微克 / 立方米，空气质量持续保持京津冀地区最好水平。

全力实施碧水行动。深入开展潮白河流域和永定河、白洋淀流域上游等水环境治理与修复工程，全市8个国省考断面水质均值优良比例100%，地表水水质总体达标率100%，水源地水质达标率100%。扎实推进京津风沙源治理二期工程水利水保项目、国家水土保持重点工程、生态清洁小流域治理等水土保持生态建设项目，2017年以来累计治理水土流失面积575平方公里。大力实施生态补水工程，2017年以来对永定河流域实施生态补水6.5亿立方米，永定河北京段时隔25年实现全线通水。严格控制地下水超采，2018年以来坝上地区累计退减水浇地40.45万亩，压减地下水开采5485万立方米，2020年坝上地区地下水位较2017年回升1.09米，基本实现地下水采补平衡。

● 张家口市坝上闪电河

深入开展绿地行动

- 进一步加强森林、草原、湿地等生态系统保护与建设，全面推进生态建设和修复保护工作。

- 2017 年以来累计完成营造林 1138 万亩，森林覆盖率达到 50%，国家森林城市通过国家核验。

- 2020 年完成坝上地区休耕种草 181.26 万亩。挂牌草原公园 10 个、建设国家示范牧场 30 个，坝下地区创建农业公园 30 个。

- 建成国家湿地公园 8 个、省湿地公园 8 个、省级湿地自然保护区 1 个。

持续深化净土行动

- 加强农业面源污染防治，实施化肥、农药减量增效工程，推进畜禽粪便、农作物秸秆和废旧地膜资源化利用，2016—2020 年化肥减量 15638 吨。

- 严格控制矿产资源开发，实行矿山有序退出，累计退出矿山 449 处，完成 592 处责任主体灭失矿山迹地修复治理，实现原有矿山 80% 左右有序退出，50% 左右大中型矿山达到绿色矿山标准。

4. 打造立体交通网络，基础设施建设加速

冬奥筹办带动张家口基础设施建设提速升级，张家口全面跨入高铁时代，四通八达的交通网络使其成为区域交通枢纽。一批输变电项目、水资源项目既保障了冬奥筹办和群众生活需要，又为产业发展和新能源项目建设提供了重要支撑。已建成的1363个5G基站服务于智慧张家口建设。

立体交通网络加快打造。在北京冬奥会的带动下，张家口加快交通基础设施建设，融入京津冀交通网络。京张高铁、崇礼铁路、张呼高铁、张大高铁"四驾马车"齐发力，于2019年底顺利通车运营，高铁张家口南综合客运枢纽（北广场）已完工，张家口全面跨入高铁时代，四通八达的铁路交通网络，使张家口成为东临环渤海地区、西接大西北地区的区域铁路客、货运输中心。

市政基础设施快速推进。实施了主城区、宣化、怀安、

沼源、蔚县等地一批输变电工程，为产业发展和新能源项目建设提供了重要支撑。世界规模最大的 ±500 千伏多端柔性直流、张北—雄安 1000 千伏特高压工程建成投用。云州水库调水一期工程顺利竣工，骨干行洪河道和中小河流治理、蓄滞洪区安全建设、农村饮水安全、灌区节水改造、病险水库和水闸除险加固等水利工程有序实施，水资源保障能力明显增强。

　　通讯基础设施建设加速。在科技冬奥的带动下，张家口 5G 建设成果显著。制定实施了《张家口市 5G 发展规划（2020—2025 年）》《张家口市关于加快推进 5G 发展的实施意见》等文件。到目前，累计签约重大项目 25 项，总投资 1363 亿元。已建成 5G 基站 1363 个，实现了对机场、京张高铁等重要交通枢纽及主城区、冬奥崇礼赛区等 5G 网络热点地区有效覆盖。成功入选全国首批 5G 建设试点城市。

● 京张高铁

5. 提升民生保障能力，决战决胜脱贫攻坚

张家口将冬奥筹办与民生保障紧密结合，截至2020年，城乡居民人均可支配收入显著提升，全市基本医疗保险覆盖402万人。深入开展城乡环境清理，获评国家卫生城市。12个贫困县区、1970个贫困村、93.9万贫困人口全部摘帽脱贫。

居住环境焕然一新。深入开展城乡环境清理、"断头路""半截子"项目和烂尾工程清理等"十项清理"行动，持续实施城市"双修"等六大工程，加快城市更新，推进以人为核心的新型城镇化，成功创建全国食品安全示范城市、获评国家卫生城市。深入推进"空心村"治理，扎实开展厕所革命等行动，大力发展高端民宿、旅居康养等新业态，农宅空置率50%以上的924个"空心村"完成治理。

脱贫工作取得决定性成效。张家口大力推进产业、就业、消费、生态扶贫和易地扶贫搬迁，实施产业项目5749个，实现贫困人口全覆盖。安排护林员、护草员、河湖巡查员、卫生清扫员等公益岗位11.85万个，实施了119个易地扶贫搬迁

● 张家口宣化区农村住房条件改善

352

353

民生保障能力显著增强

● 张家口市坚持财力 80% 以上用于民生，带动社会资本持续加大民生投入，滚动实施民生工程，城乡居民人均可支配收入由 2015 年的 23841 元、8341 元分别提高到 2020 年的 35424 元、13881 元。

● 2016—2020 年新增城镇就业 32.4 万人，实现了零就业家庭动态清零。

● 城乡低保年保障标准分别增长 40.4% 和 60.1%。

● 改造老旧小区 128 个、棚户区 96590 户，建设人才住房 4499 套。

● 新建改建农村标准化幼儿园 302 所、普惠制幼儿园 142 所，中心城区新建扩建学校 18 所，义务教育均衡发展提前一年通过国家认定。

● 北医三院崇礼院区获批国家区域医疗中心。市第一医院晋升三甲，市第四医院、市妇幼保健院新院区投入使用，新建县医院、中医院 7 所。

● 3792 家村卫生室与乡镇卫生院一体化管理，大病和地方病贫困患者得到集中救治，全市基本医疗保险参保全覆盖。

集中安置项目，10.3 万人搬入新居。截至 2020 年，12 个贫困县区、1970 个贫困村、93.9 万贫困人口全部摘帽脱贫，建档立卡贫困人口人均年收入由 2016 年的 4148 元提高到 9968 元。2018 年以来，在国考、省考中连续获得"好"的等次。

四 城市复兴新地标——首钢园

首钢于 1919 年建厂，是国家特大型钢铁企业、跨行业和跨国经营的大型企业集团。考虑到举办奥运会以及经济社会发展需要，首钢停产搬迁。2015 年北京冬奥会申办成功后，随着北京冬奥组委的入驻和冬奥赛场的建成，首钢涅槃重生。2018 年，首钢签约成为北京冬奥会官方城市更新服务合作伙伴。以冬奥举办为契机，首钢紧抓战略机遇，将打造新时代首都城市复兴新地标与冬奥会筹办、老工业区有机更新、绿色高端发展紧密结合，建设北京冬季奥林匹克公园。国际奥委会主席巴赫多次称赞，首钢园区必将成为奥林匹克运动推动城市创新发展、世界工业遗产再利用和工业区复兴的新典范。

● 2021 年中国国际服务贸易交易会在首钢园举行

● 2019 国际雪联中国北京越野滑雪积分大奖赛

1. 冰雪场馆设施落户，带动体育相关产业快速发展

北京冬奥组委办公区、首钢滑雪大跳台、国家体育总局冬季训练中心等一批冬奥相关设施的建成使用，成为首钢园区最亮眼的冬奥遗产。以冰雪运动为特色的国际级体育赛事、品牌发布会、高端论坛等活动举办，推动着首钢园区体育相关产业快速发展。

建设北京冬奥会相关比赛及训练设施，形成一批场馆遗产。建设完成北京冬奥组委办公区，成为北京冬奥会前期筹办及赛时指挥协调机构所在地，赛后将成为高端产业孵化服务基地。建设完成首钢滑雪大跳台，成为冬奥会第一个永久性滑雪大跳台场馆，在赛后将成为重大赛事举办地和群众健身休闲场地。建设完成国家体育总局冬季训练中心，做好冰上项目运动队入驻训练服务工作，同时积极承接北京冬奥会有关参赛国家运动队的赛前适应性训练等活动。

举办特色文化体育展会活动，建设国家体育产业示范区。积极承办以冰雪运动为特色的国际级体育赛事，如国际雪联中国北京越野滑雪积分大奖赛、2019年沸雪北京国际雪联单板及自由式滑雪大跳台世界杯比赛、冰壶世界杯、KHL冰球联赛等，建成首钢极限公园，推动国际体育机构、国家及市级体育资源、知名体育企业聚集。结合工业遗存特色，举办各类发布会，如北京冬奥会吉祥物发布会、汽车品牌发布会；举办专业演出，如2021北京迎新年活动、2020北京时装周开幕秀盛典、抖in北京；举办高端论坛，如国际奥委会平昌冬奥会和冬残奥会总结会、联合国教科

●首钢滑雪大跳台

● 首钢园沸腾之夜光影秀

文组织创意城市北京峰会等，推动国际级会议、科技文化体育类展览落地。

以冬奥带动项目入驻，发挥冬奥溢出效应。培育拓展体育＋科技＋产业生态，打造特色产业集群。建设北京冬奥会技术运行中心及附属通信枢纽，同时作为数字基础设施助力首钢园智慧园区建设，推动更新应用场景落地。建设冬奥云转播中心，为冬奥赛事转播提供保障支持。建成北京首个体育特色公用型保税仓库，服务保障冬奥筹办。铁狮门项目打造的高品质办公社区将于2021年投入使用。首钢园北区将集中释放15万平方米产业空间，瞄准体育与科技融合、文化创意、时尚潮流运动等产业方向，吸引国际知名企业入驻形成产业集聚。

2. 进行工业遗存改造利用，打造文化遗产特色名片

首钢园区充分利用充满时代感的工业遗存，打造三高炉、秀池等特色景观，成为网红打卡地。结合科技冬奥，科技产业集聚区初步形成。工业遗存与首钢文化相融合，打造具有时代感的工业遗产文化产品和服务品牌。

活化利用工业遗存。编制北京冬奥会首钢工业遗存保护名录，研究制定系列支持政策。推进首钢主厂区、二通厂区等工业遗存保护利用改造，因地制宜建设产业孵化基地、休闲体验设施。北区工业遗址公园植入文化、科技功能，形成特色景观带和灯光秀，打造更多网红打卡地。利用铁轨、管廊、传送带等工业遗存建设铁轨绿道、空中步道，营造城市特色公共空间。目前，一号高炉被打造成为京津冀地区最大的VR综合体验馆，成为集文化、科技、娱乐为一体的新型潮流综合乐园。储存炼铁循环水的秀池，都根据功能需求，一分为二，上面为人工打造的水上景观，地下部分则为有855个车位的地下车库和圆形下沉式展厅。"制氧厂片区"打造成为办公区和首钢滑雪大跳台配套服务区。

打造科技产业集聚区。首钢园开展科技冬奥应用场景应用示范，目前已有11家自动驾驶车项目企业达成应用合作，有9种无人车入园开展测试运行，累计测试里程已达15万公里。结合独具科幻感的工业遗存资源，首钢与属地政府着力打造科幻产业集聚区。目前已入驻中国科幻研究中心、腾讯、当红齐天、天图万境、未来事务管理局等10余家科幻企业。与清华大学合作打造的沉浸式数字圆明园、音乐机器人等项目实现营业；与腾讯合作的数字演播厅将

2019 年 11 月 13 日，文化和旅游部、国家文物局在国家博物馆举行圆明园马首铜像捐赠仪式。

● 首钢园沉浸式数字体验

于年内建成投用；一号高炉幻真乐园 VR 沉浸式体验项目即将正式运营，科技产业集群已初步形成。

提升园区文化品质。按照工业遗存能保则保、能用则用、分区分类、保用结合的原则，对老工业文化脉络进行保护，传承山、水、工业遗存特色景观体系，形成整体特色风貌。打造西部山、水、冬奥、工业遗存融合创新的典范，做好首钢工业遗址公园的建设，打造西山永定河文化带重要节点。加快推进永定河文化综合体规划建设工作。

3. 构建绿色生态体系，建设北京冬季奥林匹克公园

首钢园依托山、水、后工业景观等独特优势，打造绿色生态空间。园区规划、建设充分体现绿色可持续发展理念，并以建设北京冬季奥林匹克公园为契机，打造西部山、水、冬奥、工业遗存融合创新典范。

精心打造生态空间。首钢园构建山水交融、大疏大密、低碳智慧的绿色生态体系，撑起西部城市生态骨架。加快永定河生态带建设，促进水系连通和水环境改善。推进森林城市建设，规划蓝绿交织、棕绿协调的后工业景观休闲带。推动节能低碳技术研发应用，推广绿色建筑，实施智慧能源系统，将生态理念融入生产生活，促进生态、文化、旅游深度融合。

可持续理念贯穿建设始终。园区内拆除的建筑垃圾，实现就地拆除、就地预处理、就地分类的资源综合利用闭路循环模式，最大程度减少垃圾填埋量、运输量以及资源

●首钢园

● 群明湖

消耗量。各类再生建材已经在脱硫车间改造、晾水池东路等建设中广泛使用。此外，园区大力推广装配式建筑、钢结构建筑等工业化预构制件，减少了建筑垃圾产生。绿色交通体系初步构建。新能源无人汽车已在园区内运行，北区规划有地下、地面、空中三级立体慢行系统，特色空中步道无缝串接各功能区和绿色公共空间。其中，利用原工业传送廊道改造的世界最长空中步道，现已完成群明湖北侧、绿轴西段 1.5 公里空中步道改造。

建设北京冬季奥林匹克公园。2021 年 1 月，国际奥委会正式批复首钢园区（工业遗址公园和冬奥广场两个区域）为"北京冬季奥林匹克公园"，标志着北京冬奥会一项重大遗产正式形成。赛后滑雪大跳台、国家体育总局冬季训练中心等冬奥设施将向大众开放。公园区域同时具有冰上项目、雪上项目资源及冰雪产业资源，将推动冰雪运动普及和发展，开展青少年冰雪运动赛事，持续推动奥林匹克理念的广泛传播。在奥运效应的带动下，公园园区将助力中国冰雪运动的发展，成为城市复兴新地标上璀璨的明珠。

结　语

　　2015年北京冬奥会申办成功至今，以"绿色、共享、开放、廉洁"的办奥理念为引领，冬奥筹办走出了一条高质量、高标准的可持续发展之路，京张两地新面貌、新气象成为新发展理念的生动实践。

　　从2008走向2022，奥林匹克运动走进千家万户，融入百姓生活，促进城市发展。从冰雪运动普及推广，到全民健身热情高涨；从环境保护、生态优先、资源节约，到打下美丽中国底色；从冰雪产业新引擎，到城市发展新高地；从城市更新、民生改善，到绿色低碳新生活；从高铁、高速互联互通，到带动区域新发展；从志愿服务、扶残助残，到文明社会新风尚，奥运成果将转化为宝贵财富，持久惠及百姓生活、城市发展和社会进步。

　　"一旦奥运城市，永远的奥林匹克之城。"奥林匹克给主办城市带来巨大变化，留下永久烙印，奥林匹克精神将为城市发展增添持久活力。北京冬奥会丰厚的奥运遗产也将长久造福城市、造福人民，成为推动城市可持续发展的永久动力。

● 八达岭长城

新八达岭隧道

京张高铁新八达岭隧道

区域发展篇

导　言

　　北京冬奥会的筹办是推动京津冀协同发展的重要抓手。自筹办伊始，北京冬奥组委与主办城市一起，研究制订与区域长期发展目标相一致的遗产计划，着力体制创新、机制创新、管理创新和政策创新，推动交通、环境、产业等领域协同发展先行先试，既有力保障了北京冬奥会筹办，又为京津冀区域全面协同发展发挥了重要的牵引作用。

　　冬奥筹办6年多来，在各方共同努力下，逐步构建形成了筹办工作与区域发展相互促进、协同提升的局面。冬奥筹办加速带动京张两地交通基础设施相连相通、生态环境联防联治、产业发展互补互促、公共服务共建共享，京张体育文化旅游带建设初见成效，张家口脱贫攻坚目标全面实现，京津冀协同发展战略实施取得了积极进展，交出了冬奥筹办和本地发展两份优异答卷，实现奥林匹克运动与区域发展的双赢。

　　本篇主要介绍北京冬奥会在带动区域发展方面形成的重要遗产成果。

● 官厅水库

一 交通设施相连相通 交通出行更加便利

在北京冬奥会的带动下，京张高铁（含崇礼铁路和延庆支线）通车运营、京礼高速全线通车，与此同时区域交通干线逐步织密，一批综合性交通枢纽逐步建成，京张区域交通基础设施体系更加完善，不仅满足了奥运保障需求，也为赛后区域长期可持续发展提供了有力支撑。

1. 建设京张高铁，搭建区域交通骨架

冬奥筹办加速京张高铁的建设步伐。京张高铁是国家《中长期铁路网规划》中"八纵八横"京兰通道的重要组成部分。2015年，京张高铁开工建设。2019年底京张高铁及崇礼支线

680.6万

京张高铁开通一年发送旅客（截至2020年底）

通车投运，2020年12月1日，京张高铁延庆支线正式通车，至此京张高铁全面投入运营。作为北京冬奥会重要的交通保障设施，举办的日益临近加速了京张高铁的建设和运营进度。它与同期投运的张呼高铁、张大高铁连通，对于加快构建西北、内蒙古西部、山西北部地区快速进京客运通道具有重要意义，对增进西北地区与京津冀地区人员的交流往来、促进西北地区与京津冀地区协同发展具有重要作用。

京张高铁全面提升了北京冬奥会交通保障能力。京张高铁开通运营后，北京清河站至延庆站最短仅需26分钟，北京清河站至张家口太子城站最短仅需50分钟，大大缩短

BJ2022

26分钟

北京清河站 —— 北京延庆站

限乘当日当次车

BJ2022

50分钟

北京清河站 —— 张家口太子城站

限乘当日当次车

● 官厅水库上的京张高铁土木特大桥

了三个赛区之间的通行时间，北京冬奥会赛时将为奥林匹克大家庭、媒体记者、观众等客户群提供快捷便利的交通服务，有助于缓解三赛区交通压力，降低办赛成本，倡导低碳出行，大幅提升北京冬奥会交通服务保障能力。

京张高铁带动了延庆和张家口地区发展。京张高铁的开通将张家口直接纳入首都1小时生活圈，发挥了重要的廊道作用和功能，通过联通北京这一常住人口超过2000万的客源市场，较大程度压缩了北京市民到张家口参与冰雪运动、体验长城文化和草原文化的时间成本，将极大促进张家口和延庆地区冰雪、文化、旅游等产业的发展。截至2020年底，京张高铁开通一周年共发送旅客680.6万人次。乘坐高铁已成为越来越多民众前往延庆和张家口首选的出行方式。

2. 贯通京礼高速，铺设区域交通动脉

冬奥筹办加速京礼高速建设。京礼高速是北京至崇礼高速公路，由兴延高速和延崇高速合并而成。其中兴延高速是2019年北京世界园艺博览会的配套基础设施，连接了北京市的昌平区和延庆区；延崇高速是由原延崇路提级建设而成。按照申办计划，延庆和张家口赛区之间拟通过对国道延崇路的升级改造来连接，申办成功后，为加速带动张家口赛区冰雪产业发展，培育京津冀协同发展国家战略新经济增长点，完善区域高速公路网，交通运输部将延崇公路由国道提级为高速公路，加速建设，布局长远。

京礼高速大幅提升了京张公路交通效率。2020年1月23日，京礼高速全线贯通。京礼高速作为北京西北方向第

2020年1月23日，京礼高速全线贯通。

延庆赛区 ←——→ 张家口赛区

北京六环路 ←——→ 张家口赛区

京礼高速贯通前
150 分钟

京礼高速贯通前
3 小时

京礼高速贯通后
50 分钟

京礼高速贯通后
1.5 小时

● 京礼高速使延庆赛区至张家口赛区的转场时间由原先的 2.5 小时缩短到了 50 分钟

● 北京六环路至张家口赛区由原来的 180 分钟缩短一半时间

● 京礼高速太子城互通立交

三高速通道，对于疏解京西北京藏、京新高速客货运交通压力，促进京张两地道路相连相通，带动沿线地区社会经济发展具有重要意义。截至 2021 年 6 月，京礼高速延崇段客货车总流量 225 万辆，日均交通量近万辆。

3. 完善赛区内外交通设施，织密区域交通网络

建设赛区内外交通连接道路。延庆区建成赛区内松闫路（改线段）、赛区连接线、1 号路、2 号路、4 号路等场馆连接路。赛区外实施新昌赤路项目，打破对外联系交通瓶颈，相比旧路缩短约 8.3 公里，通行时间缩短约 30 分钟，形成了延庆中北部地区南北方向的新通道。此外对城区内新城街、菜园南街等多条道路进行交通改造，逐步优化交通路网。

张家口市进行市区到崇礼省道、崇礼环线公路、崇礼区域路网优化提升，进行赛区道路及应急疏导线建设，优

● 京礼高速

● 延庆综合交通服务中心

化提升崇礼区域路网，包括崇礼城区至万龙、长城岭、太子城公路，太子城至云顶道路，太子城至古杨树至棋盘梁公路。赛区外建成国道承塔线、6 条省道、4 条县道、14 条乡道、259 条村道。

建成延庆综合交通服务中心。项目于 2020 年建成投入使用，是北京冬奥会重点配套工程之一，是连接延庆区与北京市区的重要交通枢纽，可满足高铁与市郊铁路、公交、出租车、旅游大巴、小汽车、自行车等多种交通形式的换乘和接驳需求，服务冬奥赛事，赛后作为延庆区重要交通换乘枢纽服务日常交通及通勤，加强与外部的交通联系，促进延庆整体发展。

建成张家口南综合客运枢纽。项目于 2020 年建成投入使用，能满足高铁与普铁、长途、公交、出租、旅游大巴、航空大巴的换乘和接驳需求，赛时满足北京冬奥会期间快

● 张家口南综合客运枢纽

速交通联系的需求，赛后将改善民众出行条件，同时加强

张家口市与京津冀晋蒙的经济社会联系。

建成太子城高铁站客运枢纽。项目于2019年底开通运行，是太子城高铁站配套设施，集高铁、公交、游客大巴、社会车辆、出租车换乘于一体，有效提高了太子城高铁站周边区域交通通行服务水平。

建成崇礼北客运枢纽。项目于2021年10月底建成，是太锡铁路崇礼站配套客运枢纽，通过铁路与公交、出租

● 太子城高铁站客运枢纽

的一体化接驳，进一步提高了区域客流集散中转能力。

建成崇礼南客运枢纽。项目于 2021 年建成投入使用，位于崇礼城区南侧，将满足高速客运和本地公交、出租等多种方式的换乘和接驳需求，满足本地居民和外地游客多元化的出行需求。

二 生态环境联防联治 青山绿水更加宜居

深入落实绿色办奥理念，以治气、治沙、治水为重点，推动区域生态环境联防联治。加强北京市与河北省的工作联动，通过联合开展大气污染防治执法行动、排查水污染隐患、进行生态水源保护林建设等工作，加快实现区域环保一体化，提高了区域生态环境保护和污染治理能力，推动了区域大气、水、森林等生态环境质量的大幅提升。

1. 启动环境执法联动机制，实现环保一体化

京津冀三地启动环境执法联动工作机制。建立定期会商、联动执法、联合检查、重点案件联合督察和信息共享

● 北京市水质检测抽样

● 张家口草原天路

五项制度，排查与处置跨行政区域、流域重污染企业，解决环境污染问题、环境违法案件或突发环境污染事件。排查与处置位于区域饮用水源保护地、自然保护区等重要生态功能区内的排污企业。在国家重大活动保障、空气重污染、秸秆禁烧等特殊时期，联动排查与整治大气污染源。

张家口市与北京市合作实施京冀生态水源保护林和水环境治理工程。建立环京三县与北京交界四县森林防火联防机制和林业有害生物防御体系。推动京张两地联手实施区域燃煤污染执法，联动打击超标排放、自动监控数据造假等环境违法行为。

延庆区与张家口市怀来县、赤城县分别签署了跨区域环境污染防治联合执法合作协议，在大气和水污染防治、突发环境事件、跨区域信访案件处理等领域加强合作。

2. 进行大气污染联合治理，打赢蓝天保卫战

生态环境部与京、津、冀、晋、鲁、豫等6省（市）人民政府，共同建立京津冀及周边地区大气污染防治领导小组，以冬奥筹办为契机进一步加强联防联控。2017年以来，连续5年开展京津冀及周边地区秋冬季大气污染综合治理攻坚行动，全面降低区域污染排放负荷。将北京市、张家口市纳入北方地区清洁取暖试点城市，推进冬季取暖清洁化改造工作。组织开展大气污染综合治理，督促京津冀及周边地区传输通道城市①完成涉气"散乱污"企业整治，推进农村"煤改气""煤改电"改造，完成散煤治理。对包括北京和张家口在内的31个城市组织开展清洁车用油品专项行动，启动实施"京津冀及周边地区大气污染联防联控及重污染应急技术与集成示范"项目，建成区域一体的空气质量精细化立体监测预警平台。

① 传输通道城市：是指京津冀大气污染传输通道城市，包括北京、天津以及河北、山西、河南、山东的26个重点城市

●北京颐和园

380
381

● 张家口闪电河

北京市空气中细颗粒物（PM$_{2.5}$）年平均浓度值

2015 年　80.6 微克 / 立方米

2021 年　33 微克 / 立方米

张家口市空气中细颗粒物（PM$_{2.5}$）年平均浓度值

2015 年　34 微克 / 立方米

2020 年　23 微克 / 立方米

3. 开展水污染联合防治，提升区域水生态环境质量

京张两地环保部门协同开展水污染隐患跨界排查工作，组织开展地表水饮用水水源地环境保护专项行动，先后对延庆、崇礼、赤城等区域内重点企业环境风险源、环境风险防范和应急措施等进行检查，有效预防跨界水污染突发环境事件的发生，确保跨界流域水环境安全。开展涉冬奥重点治水工程，深入推进京津冀水源涵养区生态保护修复，落实重点流域水污染防治等重点任务。制订实施《2022年北京冬奥会水资源保障方案》。进行永定河综合治理与生态修复项目建设，推进实施永定河综合治理与生态修复，开展上下游协同向桑干河、永定河进行生态补水。

● 官厅水库

北京市

污水处理率

87.9%
2015 年

95%
2020 年

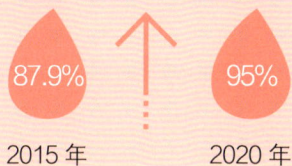

城六区污水处理率基本达到全面覆盖。

张家口市

水质监测（2015—2020 年）

2015—2020 年，张家口市主要流域水质监测断面功能区达标率始终保持 100%，地表水优良水质（I—III 类）断面比例由 70% 上升为 100%。2020 年全市主要流域水质均为良好，张家口市区域地表水整体水质为优。

北京市：全市地表水水质持续改善。河流水质逐年好转，水环境"优增劣降"，湖泊、水库水质较好，基本达到水环境功能区要求，市级、区级饮用水水源地水质均达到或优于相关标准。全市污水处理能力有所提高，优良水体增加明显。

张家口市：通过截污管线和污水管网建设等方式，逐步恢复河道生态功能。持续开展"碧水保卫战"，实施永定河上游、潮白河等流域综合治理，张北县、怀来县入选全国第二批节水型社会建设达标县。

4. 联合进行土地沙化治理，绿化风沙源头

国家林业局、北京市、天津市和河北省印发并实施《京津冀协同发展林业生态建设规划（2016—2020 年）》，并签署《共同推进京津冀协同发展林业生态率先突破框架协议》。一是加大植树造林力度。加快实施京津风沙源治理、退耕还林、三北防护林、太行山绿化、平原绿化、城乡绿化等重点工程。推动京津冀水土保持、水源涵养功能区造林绿化，加快推进

永定河流域综合治理与生态修复。共同推进北京冬奥会延庆赛区、张家口赛区、燕山—太行山水源涵养生态功能区、国家储备林基地等重大造林绿化项目。二是提升森林资源质量。明确划定京津冀地区林业生态保护红线。继续扩大国家级公益林面积，积极探索建立区域生态效益横向补偿机制，强化森林抚育和退化林修复，全面提高森林质量和效益。三是扩展自然保护空间。提升自然保护区、湿地、森林公园、风景名胜区等的建设和管护水平，构建完整的环首都自然保护体系。加强京津冀湿地保护和修复力度，建立湿地保护协调和生态补偿机制。四是建立区域联防联控体系。强化三地森林保护合作机制，实现京津冀跨区域一体化联防联治。建立三地森林防火联勤指挥部。建立和完善京津冀林业有害生物监测预警、检疫御灾联防协作体系。

京津冀三省市人民政府开展京冀生态水源保护林建设，支持重点生态廊道绿化，打造"保护京津、服务奥运、绿富张垣"的水源涵养生态功能区。实施北京市新一轮百万亩造林绿化工程和张家口绿化美化工程，重点抓好冬奥会

●延庆区百里山水画廊景区

384
385

赛区周边及沿线绿化美化，开展赛区生态恢复和植树造林。开展延庆生态清洁小流域建设、密云水库上游生态清洁小流域建设。开展京津风沙源治理二期工程建设，实施人工造林和封山育林。进行张家口市及承德坝上地区植树造林项目，实施人工造林和森林质量精准提升。

京津冀地区： 截至 2019 年，京津冀地区森林面积达到 760 万公顷，湿地面积超过 126 万公顷，防沙治沙面积达到 107 万公顷。推进大规模国土绿化，2016—2019 年，完成造林 133 万公顷以上，森林覆盖率达到 35% 以上。提升森林质量，完成中幼林抚育 100 万公顷，退化林修复 13 万公顷。开展环首都自然保护地体系建设，包括新建 3 个国家级自然保护区、10 个国家森林公园、12 个国家湿地公园。

森林面积 **760 万公顷**	防沙治沙面积 **107 万公顷**	湿地面积 **126 万公顷**

森林覆盖率 **35%以上**	完成造林 **133 万公顷**

幼林抚育 **100 万公顷**	退化林修复 **13 万公顷**

开展环首都自然保护地体系建设

国家级自然保护区 **3 个**	国家森林公园 **10 个**	国家湿地公园 **12 个**

三 产业发展互补互促 区域经济不断提升

以北京冬奥会筹办为契机，京张两地立足城市功能定位，发挥各自比较优势，积极推动区域间在冰雪产业尤其在冰雪装备制造以及高科技产业和农业等冬奥＋领域的合作，着力打造互补互促的产业体系。冰雪装备产业集聚发展态势初步形成，绿色可再生能源示范应用取得突破，一批重大项目落地实施，氢能产业、大数据产业发展特色明显，农业产业化、科技化、标准化、品牌化发展迈上新台阶。

1. 发力冰雪装备研发制造，打造冰雪装备新高地

在冬奥筹办带动下，作为主办城市的京张两地冰雪运动普及程度得到较大提升，带动冰雪产业整体迅速发展，尤其是以满足群众冰雪运动需求为导向的冰雪装备制造业呈现集聚发展态势，一批冰雪装备制造园区和重大项目建设加速，成为京张地区冰雪产业发展的特色亮点。

北京市连续举办国际冬季运动（北京）博览会。冬博会自2016年开始至今已连续举办6届，通过深化国际交流合作，引入众多全球知名冰雪装备品牌，展示全球前沿冰雪科技创新成果，助力区域冰雪装备产业发展。2020年举办的冬博会吸引了近20个冰雪强国参展，涵盖海内外参展品牌约500个，国际品牌占比60%以上；近200位海内外国际体育组织官员、国内外冰雪企业高管、冰雪产业专家、相关产业领域业界精英出席论坛；600家媒体全程跟进，吸引现场洽谈专业机构代表近2.5万名，观众参观人次达到20万。经过几年的发展，冬博会已成为全球规模较大，较

● 2021 年冬博会上体验滑雪运动的观众

为权威、具备一定影响力的冰雪装备展示平台，未来也将为中国冰雪装备产业的发展提供长期助力。

张家口市着力打造冰雪装备产业园。张家口市依托中煤张家口煤矿机械、河北宣工等现有工业发展基础，立足冰雪资源优势，积极引进国内外知名冰雪装备研发和制造企业，打造以张家口高新区和宣化区为核心的冰雪装备全产业链制造基地。在高新区、宣化区规划建设了 2 个各占地 200 多公顷的冰雪产业园。其中张家口高新区冰雪运动装备产业园重点发展滑雪服、滑雪板、滑雪鞋等个人轻装备生产，以及造雪机、压雪车、索道等重型装备制造。宣化冰雪产业园重点发展冰雪装备与个人器材制造、场馆规划设计、模拟训练设施、质量检验检测。产业园签约项目从 2017 年的 8 个、2018 年的 21 个到 2019 年的 42 个逐步增长，截至 2021 年 11 月底，累计签约冰雪产业项目 97 项，落地项目 79 项，投产运营项目 41 项，园区产业链协同能力不断提升，配套设施不断完善，冰雪装备制造初具规模。

2. 扩大可再生能源消费使用，加速发展氢能产业

以冬奥场馆使用可再生能源为带动，京津冀区域加快建设一批工程项目，建立并推行绿电交易政策机制，打通绿电输送、储存和消费全链条，促进可再生能源使用。在

●张家口高新区冰雪运动装备产业园内一家制冰车制造企业

388
389

● 张家口市的一座光伏发电站

此基础上，有效整合区域内的资源供给及消费和环保需求，积极推进绿色电力的就地和就近消纳，大力发展氢能产业，加速氢燃料汽车示范应用。目前京张尤其是张家口已形成产业链齐全、具备一定发展潜力的氢能产业发展格局。

绿电输送带动清洁可再生能源应用。为保障场馆绿电使用，于 2020 年 6 月竣工投产张北柔性直流电网工程，通过将张家口地区的新能源成功接入北京电网，为实现场馆常规电力消费需求 100% 由可再生能源满足提供必要条件。完成国家风光储输示范工程 3.7 万千瓦储能电站建设方案。建成并投运世界上首个具备虚拟同步发电机功能的新能源电站和 3 兆瓦电动汽车电池梯次利用储能示范工程。丰宁抽水蓄能电站首台机组将于 2021 年 12 月底投产发电。推行跨区域绿

专栏：张家口市做大做强冰雪产业园

以冬奥举办为契机，以产业发展为基础，张家口市大力发展冰雪装备制造业，分别建设张家口高新区和宣化区两个冰雪产业园，致力于打造国家级冰雪装备产业集群和国际一流的冰雪装备研发与制造基地。

其中宣化区立足雄厚的工业发展基础，发挥产业工人充足优势，建设占地面积213公顷的冰雪产业园，先后设立国家级冰雪装备检测、检验中心。

2020年初入驻宣化冰雪产业园的张家口市宣化宏达冶金机械有限公司，是一家主要生产景区用脱挂式索道上下站设备的企业。前些年，脱挂式索道主要面向旅游景区，市场需求量不大。"冬奥申办成功后，我们看到了机遇。通过研发成功集控式智能高架造雪系统——固定式造雪机旋转支架，我们已取得8项国家实用新型专利证书，填补了国内造雪设备的空白。"公司总经理张长生说。

张长生坦言，入驻园区后确实受益了，2019年企业产品销售额为2000余万元，到2020年销售额已超过9600万元。"现在我们的造雪支架不但销往国内外多家滑雪场，更被北京冬奥会赛场——云顶滑雪场和延庆高山滑雪赛场所选用。"

截至2021年11月底，宣化冰雪产业园累计签约项目

14 个，涉及冰雪装备制造及相关服务项目，计划总投资10.56 亿元，已落实投资 1.17 亿元。冰雪装备项目已投产 4 个，累计实现产值 3.18 亿元。业务领域涉及冰雪装备与个人器材制造、场馆规划设计、模拟训练设施、质量检验检测等。大部分项目获得了资金、土地等方面的优惠政策，传统产业成功"转身"，为地方发展注入新活力。

根据《河北省冰雪装备器材产业发展行动计划（2019—2022 年）》，到 2022 年，河北省将培育一批高端冰雪装备器材制造企业，建成 3—4 个冰雪装备器材研发生产基地，打造 10 家以上年营业收入超亿元的冰雪装备器材企业。

张家口市商务局副局长宋爱生介绍，面对发展新机遇，近几年张家口市积极做大做强高新区冰雪运动装备产业园和宣化冰雪产业园两个冰雪产业载体平台，产业集聚效应逐步显现，围绕冰雪装备制造、冰雪运动、冰雪旅游、冰雪人才培养、冰雪现代服务的冰雪全产业链初步形成。

"我们的新厂房即将投产，冬奥会也即将举办。对于未来的发展，我们充满信心且干劲十足。"张长生说。

电交易机制，2018年制定并实施我国首个绿电交易规则——《京津冀绿色电力市场化交易规则（试行）》，为绿色电力的广泛应用提供有力支撑，目前，所有冬奥会场馆均加入绿电交易机制。截至2020年7月，张家口市可再生能源装机容量达1504万千瓦，并网容量达1415.5万千瓦，通过"四方协作机制"[①]累计交易6次，交易电量4.22亿千瓦时。

推动一批氢能产业项目落地。北京市政府与国家电力投资集团就绿电进京和氢能交通达成共识，通过北京冬奥会氢能交通示范应用推动延庆区氢能产业发展。延庆区与国家电力投资集团下属中国电力国际有限公司签署《绿色氢能战略合作框架协议》，共同规划建设位于中关村延庆园的延庆氢能产业园，围绕绿色氢能产业开展装备研发、生产、技术应

① 四方协作机制：是指张家口市在清洁能源供暖工作中，从体制机制上首创"政府＋电网＋发电企业＋用户侧"共同参与的四方协作机制，即：市政府与冀北电力有限公司合作，建立可再生能源电力交易平台，政府部门每月在平台上发布下个月可再生能源需求电量和挂牌电价，可再生能源发电企业自愿参加，开展市场化交易，将清洁能源直接销售给用户

● 官厅水库风力发电场

●张家口氢能产业园

用及培训，加快绿色氢能产业化步伐。目前一期项目（加氢站）已建成投运，二期项目（制氢）和三期项目（产业园整体）正在规划建设过程中。张家口市制订实施《氢能张家口建设三年行动计划（2019—2021 年）》《张家口市支持氢能产业发展的十条措施》等相关文件，建立完备的氢能产业发展政策支撑体系。围绕"制取、储运、加注、应用"环节，打造国内一流的氢能装备制造基地和产业集群，打造望山示范园区氢能装备研发制造园、桥东区氢装备产业园制造基地、空港经济开发区氢燃料电池研发制造基地、南山园区氢燃料电池汽车整车生产基地、宣化区氢燃料大巴物流车制造基地等氢能装备制造基地。北汽福田欧辉氢能大巴生产项目、新天风能风电制氢、中油金鸿等加氢制氢项目等一批重点项目落地实施，氢能产业链条不断完善。

加速推进氢燃料汽车示范应用。延庆区于2021年投放200辆氢燃料电池客车用于包车客运专项运力，进行冬奥会应急保障和社会交通保障。冬奥赛时将投运212辆氢燃料汽车用于客运服务，赛后用于公交用车。加氢方面，已建成并投运加氢站5座，可充分保障冬奥会及公交车辆使用需求。张家口市推进城市客运、货运、公务及私家车辆使用氢燃料电池汽车。截至2020年，张家口市已建成投运加氢站14座，赛时将达到16座。目前，已累计投运304辆氢燃料公交车，赛时将达到2000辆。氢燃料公交车的推广应用为北京冬奥会绿色交通保障起到了示范作用，也将推动氢燃料商用车在张家口落地和大规模应用。

3. 积极发展大数据产业，数字经济新引擎启动

张家口市以北京冬奥会可再生能源利用为契机，充分发挥当地常年气候凉爽、绿电富集和低电价优势，立足近京区位优势，积极吸引在京高科技企业将数据中心落户张家口，大力发展大数据产业，培育数字经济新引擎。

完善大数据产业政策体系。张家口市抢抓京津冀协同

●延庆区氢燃料电池客车　　　　　　　　　　●张家口市氢能源公交车

394
395

望山示范园区氢能装备研发制造园

桥东区氢装备产业园制造基地

空港经济开发区氢燃料电池研发制造基地

南山园区氢燃料电池汽车整车生产基地

宣化区氢燃料大巴物流车制造基地等氢能装备制造基地

延庆区

200 辆
氢燃料电池客车

212 辆
冬奥赛时

5 座
加氢站

张家口市

14 座  **16 座**
加氢站   冬奥赛时

304 辆  **2000 辆**
氢燃料电池客车   冬奥赛时

发展、京张携手筹办冬奥会、大数据新能源示范区建设等一系列历史重大机遇，先后出台《中国数坝·张家口市大数据产业发展规划（2019—2025年）》《支持大数据产业发展十项措施（试行）》等规划及配套文件15个，开辟重点项目审批绿色通道，强化顶层设计，构建比较完善的大数据产业政策体系。

开展全产业链招商。张家口市围绕"一带三区多园"①的大数据发展布局，在产业链硬件制造侧，引进业内龙头企业落户怀来，秦淮装备制造产业园在宣化签约落地。在产业链应用侧，带动知名数据应用用户购买运营服务，逐步形成以张北云计算产业基地、怀来大数据产业基地等多个产业园区为核心，功能错位、特色鲜明、协同联动的大数据发展格局。

全力保障大数据项目供电需求。张家口市充分利用国家可再生能源示范区扶持政策，创新云计算数据中心供电保障机制，进一步完善"四方协作机制"，将数据中心用电纳入可再生能源电力交易系统，实现绿电企业以优惠价格为数据中心直供绿色电力，并形成了长期低电价供电机制。

优化通信基础设施。张家口市积极落实"宽带中国"战略，城市社区光纤网络覆盖率、行政村光纤宽带覆盖率均达100%，重点产业基地特色产业园区宽带接入率100%，无线WiFi实现热点公共区域100%全覆盖。张家口国际互联网数据专用通道开通并投入使用。

通过上述措施的推动和支持，张家口市大数据产业获得迅猛发展。截至2021年6月，张家口市投入运营数据中心12个，投入运营服务器达87万台，签约一批大数据企业，

① "一带"即以京张高铁和张石高速为轴，沿怀来县、宣化区、经开区、桥东区、张北县一线，构建充满活力的大数据产业发展隆起带；"三区"即围绕"一带"分别建成以张北、中心城区、怀来为龙头的大数据产业三大功能区；"多园"即重点打造张北云计算基地、创坝、冰雪数据产业园、京北数谷、信息安全基地等产业园

累计签约投资达上千亿元。

4. 加快农产品基地建设，打造高品质农产品品牌

创建冬奥农产品供应基地。延庆区和张家口市以落实冬奥餐饮保障任务为契机，深入推进冬奥农产品备选基地的建设工作。延庆区确定 3 家冬奥农产品供应保障基地，从蛋鸡养殖、蔬菜种植两个方面进行农产品供应保障，从生产环境、质量控制、物流平台、产品自检四个方面进行基地提升建设。张家口市深化与首农集团战略伙伴合作，全力建设冬奥农产品生产供应体系，培育 30 个冬奥农产品供应备选基地。食源基地的布局提升了基地综合生产能力、质量安全水平、市场竞争力、可持续发展能力，实现两地农业高质量跨越式发展。

推进农业产业结构调整。延庆区和张家口市以创建冬奥农产品供应基地为契机和抓手，加速农业产业结构调整。延庆区依据地域适宜性、产业成熟度、市场饱和度和科技支撑力确立鲜食玉米、香草（包括艾草）、葡萄与苹果、精品蔬菜 4 个核心产业，打通产业链关键环节，集中出台引导政策，实施规模化发展。同时补充建立食用菌、草莓产业发展科技高地。张家口市加快推进"一减四增"任务，适度压减非优势区高耗低效粮食作物，切实增加设施农业、农业产业园区、农业规模化生产基础和生态绿化面积。压减高耗水蔬菜种植 13334 公顷、籽粒玉米等低效作物 6667 公顷、扩大设施蔬菜面积 6667 公顷、优质杂粮面积 166675 公顷。推动畜牧业结构由食粮型畜牧业为主向食草型畜牧业为主转变。

促进农业产业化、科技化、标准化、品牌化发展。延

专栏：张北：建设云计算产业基地

张家口市张北县紧抓冬奥筹办以及张家口市大数据新能源示范区建设的重大历史机遇，以云计算大数据产业发展为重点、以产业招商为抓手、以打造"中国数坝"为目的，着力推进张北云计算产业基地建设。

随着阿里巴巴集团等一批项目签约落地，基地的项目集聚效应、产业品牌效应、区域带动效应日益凸显。截至2020年9月，基地运营项目5个，完成装机容量30万台服务器。在建项目1个，计划建设12万台服务器。签约项目18个，洽谈推进项目22个，相关企业在张北注册公司25家。

现阶段基地已被定位为"京津冀大数据综合试验区—特色功能区""国家新型工业化产业示范基地（数据中心）"，被确定为张北两大"特色产业"之首。

预计到2022年底，张北云基地数据中心规模将达到50万台服务器，相关产业规模突破400亿元。到2025年底，张北云基地数据中心规模达到100万台服务器，相关产业规模突破1000亿元。

按照《京津冀大数据综合试验区建设方案》总体部署，张家口市把发展数字经济作为推动创新、绿色、高质量发展的重要举措，大数据产业已日益成为经济增长的支柱产业和传统产业转型升级、经济提质增效的新引擎。

● 张家口阿里数据中心

庆区重点围绕"南部精品蔬菜产业带、中部花卉园艺产业带（香草、艾草为主）、北部鲜果产业带"三条产业带，打造现代农业产业园。整合利用首都农业创新资源，提升农业设备设施装备水平，建立首席科学家制度，增强科技支撑能力，2021年2月延庆区被评为"国家农产品质量安全创建单位"。大力推动"妫水农耕"品牌建设，出台"妫水农耕"新增有机基地奖励办法，鼓励龙头企业实施品牌化发展。张家口市实施"制定颁布一批农业生产市级标准、助推申报一批农产品地理标志、培育一批优秀地方农产品品牌、培育一批开展农产品可追溯体系建设的企业、认证一批绿色有机基地和农产品品质提升"五个一批工程，新

● 张家口宣化区一葡萄产业园

400
401

张家口市

新拟定市级绿色有机农产品生产地方标准 30 项左右

新建市级农业生产标准化示范基地 30 万亩以上

30 万亩 🌲🌲🌲🌲🌲🌲 +

有机农业生产基地达到 5 万亩以上

5 万亩 🌲🌲 +

拟定市级绿色有机农产品生产地方标准 30 项左右。新建市级农业生产标准化示范基地 30 万亩以上，其中有机农业生产基地达到 5 万亩以上。引导企业开展质量认证,健全农产品质量安全监管追溯平台,实现认证产品全部可追溯。

四 公共服务共建共享 民生保障水平整体提升

以冬奥筹办为契机，京张地区加大在通信设施、住宿餐饮、医疗服务、教育等多方面的投入，并建立健全协同共享的机制，努力推动和实现区域整体公共服务水平的提升，冬奥公共服务已提前呈现出显著的遗产效应。

1. 加快完善通信基础设施，以智慧冬奥带动智慧城市建设

稳步推进以冬奥相关场所为重点的通信基础设施及服务建设。制订并实施了《北京赛区通信基础设施专项规划》《延庆赛区通信基础设施专项规划》《2022年冬奥会张家口赛区水电气信及其他配套设施建设规划》。同步开通京张高铁沿线4G和5G网络系统，升级完成张家口地区广播电视有线网络。针对新建场馆及交通干线进行了集群通信补充覆盖，进一步完善了城市管理指挥调度体系。截至2019年底，北京市共建设5G基站17357个。

加速推进张家口智慧城市建设。张家口市新建189个基站，实现了冬奥赛区及城市大部分区域的集群通信室外覆盖。2019年张家口市区、崇礼奥运区域、京张高铁沿线等共建设5G试验站237个，实现了崇礼云顶冬奥场馆及周边区域的5G全覆盖。2020年实现对张家口市区、崇礼城区及冬奥核心区、冬奥相关连接道路冬奥5G信号全覆盖。

2. 以冬奥保障为抓手，带动住宿餐饮水平持续提升

进一步加强主办城市住宿接待能力，提升服务水平。持续开展京张地区酒店基础设施建设、人才技术培训和行

● 延庆区特色民宿

业标准建设。延庆区确定冬奥签约酒店 15 家，对星级酒店进行全方位无障碍设施改造。积极发展精品民宿产业，打造冬奥人家、世园人家、长城人家、山水人家四大主题民宿品牌。全区精品民宿品牌持续增加，截至 2020 年，全区共有精品民宿品牌 120 家，民宿小院 376 个，床位近 4000 张。联合京津冀蒙等多家民宿协会共同成立北方民宿联盟。邀请专家对冬奥保障酒店工作人员开展各方面培训和指导，同时搭建网络培训管理平台，年均开展行业培训 5000 人次，切实提升酒店服务水平。

张家口市编制完成了住宿业相关的 6 项工作标准，通过推广落实冬奥标准，促进行业整体服务质量提升。

2015—2019年，张家口星级宾馆数量从48家增加到74家，四星级以上酒店数量从17家增至22家。

进一步规范餐饮服务标准，带动行业发展。北京冬奥组委会同京冀两地餐饮等相关部门，结合食源基地布局，针对北京冬奥会农产品、水果干果、食品生产三大类生产供应企业制定17项标准规范，从供应标准、技术要求、产品要求等方面提出了具体要求。其中延庆区2家、张家口市18家企业进入第一批餐饮原材料备选供应基地。标准规范的制定和实施对于夯实行业基础，提升生产标准和产品质量具有巨大促进作用，有助于赛后进一步打造延庆和张家口农产品品牌，带动农产品的销售。

延庆区集中行业内优势资源，举办服务冬奥餐饮从业人员培训班，在菜色搭配、餐饮配送、食品安全、餐饮服务质量方面，加强现有餐饮从业人员的技能水平，累计开展餐饮类培训6000余人次。张家口市组织相关人员参加各类餐饮培训，人次超过1000余人。此外正式发布"崇礼菜单"，共收录河北省研发菜点300道、其他省市菜系菜点60道。这些措施提升了餐饮行业服务标准和质量，提升了精细化和品牌化水平，有利于区域住宿餐饮旅游行业的整体发展。

2015—2019年
张家口市星级宾馆数量

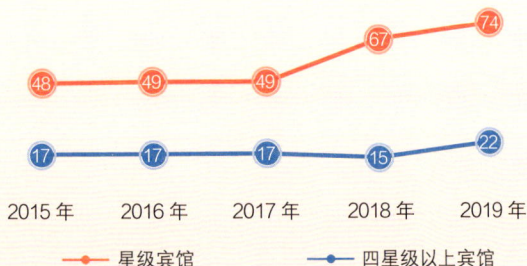

	2015年	2016年	2017年	2018年	2019年
星级宾馆	48	49	49	67	74
四星级以上宾馆	17	17	17	15	22

3. 以冬奥会医疗保障为支撑，促进京张医疗服务协同发展

整合共享提升协同发展能力。以赛时服务保障需求为引导，北京、延庆、张家口三地共同发力，提升区域医疗服务水平。北京市发挥自身医疗优势，支持医疗资源对外援助服务、加强培训交流、共建合作医院，制定实施一系列有利于医疗资源整合共享的服务政策。延庆区新建延庆区医院（冬奥医疗保障中心），不仅为赛时提供全方位的医疗保障，也大幅提升了区域医疗水平。2015—2019 年，延庆区的执业医师人数增加了 26.9%。

张家口市加快医疗服务体系建设，推进多个新建及维护项目（包括停机坪项目），不断提升区域整体医疗救治水平水平。截至 2019 年 9 月，张家口市共有 48 家公立医院与北京市 60 家大医院开展合作，合作项目达 62 个。8 家医院成为北京冬奥会定点医院，3 家医院成为航空医疗救护联合试点医院。2015 年以来，张家口市在各级各类医疗卫生计生机构数量、医院数量、实有床位数量、执业医师（助理）人数保持稳定的同时，服务质量不断提升。在强化奥运支撑的基础上提升了本地医疗服务水平。

加强直升机救援保障。北京、延庆、张家口三地以冬奥医疗保障工作为契机，加强山地空中医疗救援体系建设，培养空中医疗救援人才、高山救援飞行员人才队伍。建立了标准化直升机医疗救援保障体系和科学高效的救援工作机制，实现航线审批、空域开放、空中医疗、空地对接等环节无缝衔接，满足冬奥会赛时直升机在 5 分钟内到达赛道进行救援、在 15 分钟内将危重患者转运到距离最近有救治能力综合医院的办赛标准，整体提升了国内空中救援能力和水平，将为未

来我国山地户外运动和大型冰雪活动提供有力保障。

进行雪上医疗救援人员培养。面临冬奥申办成功时我国雪上医疗救援一片空白的局面，2018年北京冬奥组委在北京市和河北省选拔具有中高级滑雪技术、精湛专业技艺、熟练英语交流能力的滑雪医生80名。通过培训，这些医生已升级为雪上救援专家，并经受了两个雪季测试赛的实战考验，得到国际雪联的高度肯定。这些人才将在赛时从事雪上医疗救援，助力北京冬奥会的成功举办，同时也将推动中国未来雪上医疗救援事业的蓬勃发展，保障未来各项雪上大型赛事的成功举办。

● 北京医疗救援直升机演练

2015-2019 年张家口市医疗服务情况

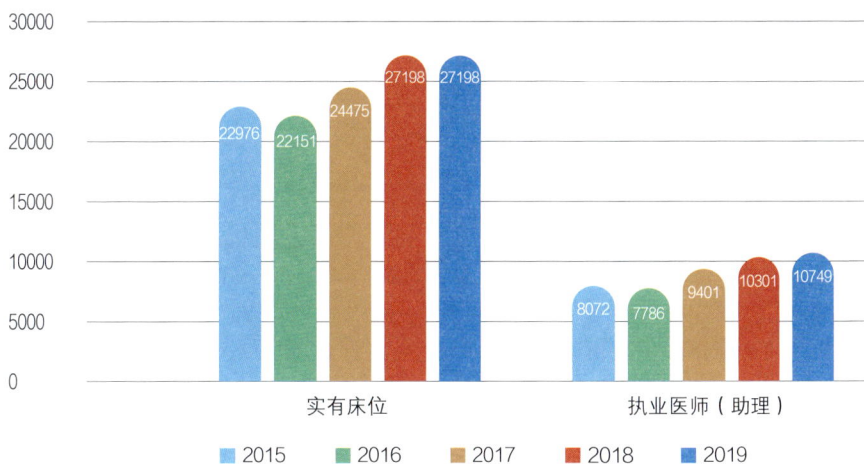

| | 2015 | 2016 | 2017 | 2018 | 2019 |
实有床位: 22976, 22151, 24475, 27198, 27198
执业医师（助理）: 8072, 7786, 9401, 10301, 10749

4. 推动冰雪运动进校园，加快提升区域教育均衡化水平

北京市推进冰雪运动进校园。北京市将"冰雪运动"纳入购买公共教育服务范围，并从文化、活动、师资多方面提供全面保障。连续举办市青少年冬季项目锦标赛，着力打造滑雪、花样滑冰等 5 项青少年冰雪运动品牌赛事，北京市青少年冰球俱乐部联赛规模居亚洲之首。共组建 6 支市级、126 支区级青少年冰雪运动队。奥林匹克进校园成效显著，截至 2020 年，创建 200 所奥林匹克教育示范学校、200 所冰雪运动特色学校，共 46 万余名中小学生参与冰雪进校园相关活动。

延庆区加快提升教育质量。通过在中小学中大力普及冰雪运动，延庆区 2.4 万名中小学生掌握了冰雪运动技能。推进北京国际奥林匹克学院建设，已完成学校选址方案。累计新建、改扩建幼儿园 11 所，增加学前学位 3330 个。学前教育实现普及普惠发展，普惠性幼儿园覆盖率达 99.8%。八一实验学校、海淀外国语实验学校相继落户延庆。义务教育优质均衡发展持续深入，乡村学校教育质量有新提升。在 2020 年市教委教育满意度测评中，延庆区综合成绩位列北京市第 1 名。

张家口市冰雪进校园成效显著。张家口市明确目标，将冬奥纳入教育工作整体规划，并采取政策措施支持中小学生近距离感受冰雪运动，支持各学校与滑冰场、滑雪场、冰雪俱乐部、培训机构及其他相关社会机构合作开设冬季运动课程，盘活调动社会资源，解决场地不足问题。截至 2019 年，张家口市冰雪运动特色学校总数已达 100 所。连续 4 年组织"万名中小学生冰雪体验活动"，累计有超过 11

● 冰雪运动进校园走进史家小学分校

● 张家口市冬季运动学校

万名中小学生参与到活动中，全市中小学奥林匹克教育覆盖率及冰雪运动普及率均达到100%。

京张两地大力开展教育对口帮扶工作。2016—2020年北京市对口帮扶张家口市教育项目20个，其中教师培训类项目14个，学生游学类项目6个；支持张家口市学校建设类项目25个，投资近2亿元。其中，小学方面，两地开展北京铁路实验小学与张家口独石口学校教育帮扶"手拉手"活动，北京市海淀区与张家口市桂田乡中心小学开展教育对口帮扶等活动；中学方面，北京101中学国际学校、海淀外国语学校京北校区先后落户张家口；高等教育方面，中公教育国际学校、阿里巴巴培训学院张家口分院成立，北京理工大学水研院河北分院在怀来成立。

五 加快建设京张体育文化旅游带 为区域协同发展注入新内涵

加快建设京张体育文化旅游带是实施京津冀协同发展的重要举措和新的抓手。冬奥筹办6年多来，京张两地紧抓冬奥机遇，整合资源、形成合力，大力推动体育产业、文化休闲、冰雪旅游融合发展，打造京张体育文化旅游带获得积极成效，为赛后持续带动区域一体化长远发展注入新动力。

● 北京世园灯会

1. 建立协同发展机制，夯实长远发展基础

纳入顶层规划设计。2015 年，北京冬奥会申办报告和《京津冀协同发展规划》中明确提出，中国将以举办冬奥会为契机打造京张体育文化旅游带。2016 年，《京津冀旅游协同发展行动计划（2016—2018 年）》中正式提出延庆、张家口共建京张体育文化旅游带。2020 年，"协同建设京张体育文化旅游带"写入《北京市国民经济和社会发展第十四个五年规划和二〇三五年远景目标的建议》。2021 年，"加快建设京张体育文化旅游带"分别写入文化和旅游部、河北省、延庆区《"十四五"文化和旅游发展规划》《河北省国民经济和社会发展第十四个五年规划和二〇三五年远景目标纲要》《延庆区国民经济和社会发展第十四个五年规划和二〇三五年远景目标的建议》。

开展体制机制创新。京张两地进行一系列体制机制创新，探索深化政府间、部门间战略合作，加速推动京张体育文化旅游带建设。张家口政府、延庆区建立联席会议机制，签订《深入推进京津冀体育协同发展议定书》，完善京张区域合作机制，建立互联互通的旅游交通、信息和服务网络，构建体育文化旅游共同体。京张两地共同发起成立包含 6 省市 13 家民宿协会、231 家民宿在内的北方民宿联盟。京津冀三地体育局联合制订并实施《京津冀体育产业协同发展规划》，利用服贸会、京交会、文博会为冰雪体育组织、经营单位搭建服务平台，促进冰雪健身、冰雪培训等业态发展。

2. 推动体育、文化、旅游融合发展，打造京张体育文化旅游带整体品牌

共同打造京张体育文化旅游带整体品牌。文化和旅游部联合财政部开展中央财政文化产业专项资金重大项目征集、遴选工作，支持京津冀地区文化产业重点项目建设。京张两地联合推出8条精品体育旅游线路和精品冰雪旅游线路，涵盖两地70余种优质冰雪资源；支持各地举办一批高水平、高质量的运动主题赛事活动；培育一批品牌民宿；持续推进"雪国崇礼　户外天堂"体育旅游目的地品牌建设。河北省在崇礼组织筹办"京张全季体育旅游嘉年华"，通过融合体育赛事品牌、体育旅游线路品牌、民俗文化体验品牌、京张体育研学品牌等，努力打造京张体育文化旅游一体化品牌。此外，"北京冬季奥林

● 门头沟神泉峡景区冰瀑

412
413

● 张家口崇礼太舞滑雪场

匹克公园""延庆奥林匹克园区"和"张家口崇礼奥林匹克公园"先后命名，以奥林匹克品牌为纽带，以丰富的奥运场馆资源为基础，以高水平冰雪赛事、奥林匹克文化教育活动和冰雪旅游为抓手，也将为京张体育、文化、旅游融合发展注入新活力。

推进"体育＋旅游"融合发展。文化和旅游部积极推动体育与旅游产业融合发展，会同体育总局组织开展"国家体育旅游示范基地"创建工作，把张家口市万龙雪场列为创建单位。京张两地政府推出"美丽北京·激情冰雪""大好河山·激情张家口冰雪季"等活动，丰富体育旅游产品供给，有效促推"体育＋旅游"深度融合发展。延庆区提出了以京张体育文化旅游带建设为契机，构筑以"春骑行、夏露营、秋路跑、冬冰雪"为特色的四季生态体育旅游线路和服务，形成全季候、全区域的体育旅游产业发展模式。张家口市积极发展崇礼户外运动线路，线路入选"2019年十一黄金周体育旅游精品线路"，体现了崇礼多元化的体育文化旅游文化。

推动"体育+文化"融合发展。北京市多次在故宫、世纪坛、鸟巢等地举办冬奥文化主题展，对文化地标赋予冰雪内涵，向市民普及奥林匹克知识和冰雪文化。连续举办北京市民快乐冰雪季、"相约2022"冰雪文化节、冬奥主题庙会灯会等冰雪文化活动，市民广泛参与，体验冰雪快乐，感受冰雪文化。京张两地共同举办了以"冬奥"和"长城"为主题的各类文化交流活动，包括奥林匹克会旗"中国之旅""长城内外迎冬奥·京张携手闹元宵"等，使长城文化赋予奥林匹克文化新的时代印记。北京、张家口等地艺术家以冰雪为主题，赴三赛区共同写生、创作，举办"走进北京2022冬奥会"书画摄影艺术展，将冰雪运动融入春节文化、长城文化和三地历史文化。

● "冰雪礼赞"冬奥艺术系列展

414
415

◎ 延庆-张家口联合推出 8 条精品旅游线路

线路一： 世园温泉之旅

第一天：滑雪场滑雪→午餐雪场内→入住温泉酒店→晚上世园灯会
第二天：冰雪狂欢嘉年华→午餐特色美食→返程

线路二： 舌尖延庆之旅

第一天：游长城→午餐特色美食→世葡园冰雪嘉年华→晚餐特色美食→入住精品民宿→晚上龙庆峡冰灯
第二天：冰雪风光→午餐特色美食→返程

线路三： 世园灯会之旅

第一天：滑雪场滑雪→午餐雪场内→冰雪风光→入住精品民宿或世园周边酒店→晚上世园灯会
第二天：游长城→午餐特色美食→返程

线路四： 滑雪亲子之旅

第一天：滑雪场滑雪或雪场内亲子乐园→午餐雪场内→入住温泉酒店或精品民宿→晚上赏灯
第二天：崇礼富龙滑雪场→午餐雪场内→返程

线路五： 民宿年味之旅

第一天：滑雪场滑雪→午餐特色美食→世园灯会庙会→入住精品民宿
第二天：民宿内体验过大年→冰雪狂欢嘉年华→晚餐特色美食→入住精品民宿
第三天：民宿内体验过大年→午餐特色美食→永宁古城赶大集→返程

线路六： 新春赏灯之旅

第一天：冰雪狂欢嘉年华→午餐特色美食→龙庆峡冰灯→入住精品民宿或酒店→世园灯会
第二天：滑雪场滑雪→午餐雪场内→入住精品民宿→晚餐民宿内或附近→晚上长城铁花
第三天：游长城→午餐特色美食→返程

线路七： 森林探险之旅

第一天：玉渡山冬季森林体验→午餐景区内→晚餐特色美食→入住精品民宿
第二天：游长城→午餐特色美食→崇礼冰雪博物馆→入住酒店（晚餐）
第三天：万龙滑雪场滑雪→返程

线路八： 古城赶集之旅

第一天：滑雪场滑雪→永宁古城赶大集→午餐晚餐特色美食→入住精品民宿
第二天：冰雪狂欢嘉年华→午餐特色美食→宣化假日绿岛欢乐农场→入住酒店
第三天：宣化桑干河大峡谷赏冰瀑→返程

❝

专栏：京张联合举办迎冬奥青少年多米诺骨牌大赛

从滑雪小人到五色雪花，从每届冬奥会会徽到奥运五环，从冬奥会倒计时年份到五星红旗……29 万枚多米诺骨牌用时 960 秒，将 1924 年法国夏慕尼第一届冬奥会至 2022 年北京张家口冬奥会的近百年冬奥历程逐一呈现。

2016 年 10 月 30 日，来自北京和张家口两地 14 所学校的 31 支代表队共 155 名中小学生，经历 2 天骨牌摆放后，在"2016 年迎冬奥青少年多米诺大赛"现场完成了这项创意挑战。此次比赛由北京市和张家口市两地共同举办。

赛事组委会秘书长高铭华表示，此次赛事的内容主题为"我眼中的冬奥历史"，每个代表队的 5 名队员以一届冬奥会的故事为主题，创作多米诺骨牌图形、图案和机关。在此次赛事中，中国队夺得冬奥会历史第一枚金牌等时刻被多米诺骨牌重新呈现。

赛事组委会主席、北京市昌平区科学技术协会主席王秋生介绍，2015 年北京与张家口共同申办冬奥会成功后，昌平区科协提出将多米诺骨牌运动与冬奥会跨界组合在一起，举办迎冬奥青少年多米诺骨牌大赛活动，促进北京市与张家口市两地青少年在体育和文化方面的互动交流。此次比赛为第 2 届，今后该项活动还将长期举办。

推进"文化+旅游"融合发展。文化和旅游部联合北京市政府、河北省政府共同建设长城国家文化公园，编制长城国家文化公园建设保护规划，扎实推进长城历史文化传承保护利用与文化旅游产业深度融合。京张两地举办"京张心连心"大型文艺演出、北京冰雪文化旅游节、张家口年俗国际旅游节等系列活动。春节期间，北京市各大公园、庙会纷纷开辟冰雪活动场地，满足群众赏冰乐雪需求。2020年春节期间，共计有33万游客赴京郊延庆滑雪、攀冰、赏冰灯，体验冰雪文化。中国长城国际摄影周、长城交响音乐会、长城文化节等各类长城文化活动融入冬奥元素，赋予长城文化新的时代特点。

3. 带动"冰雪+"效应逐步形成，京张体育文化旅游带建设初见成效

"冰雪+"效应逐渐形成。河北省2018—2019年雪季冰雪旅游人次792.2万，同比增长32.2%。其中，张家口承办各类冰雪赛事活动高达143项，参与冰雪运动人次突破400万。张家口市被评为中国十佳冰雪旅游城市，崇礼区被《纽约时报》评选为2019年全球52个值得前往的旅游目的地之一。冰雪旅游成为京张文化旅游带沿线地区的新亮点与新增长点。

京张已形成"1小时体育文化旅游圈"。京张高铁开通后，由北京市区1小时可通达张家口市，京张高铁开通对于张家口市体育文化旅游的带动和提升极为显著。仅2019年第一季度，数据显示京张高铁及相关线路高铁开通后，各旅游平台张家口旅游搜索量环比增长三成以

上。2019 年，张家口市接待体育文化旅游各类活动人数8605.06 万人次，其中约 31.5% 来自北京市，共实现总收入 1037 亿元。随着公众对京张高铁的熟知，未来京张体育文化旅游带体育文化旅游人次数和体育文化旅游收入还将得到持续提升。

京张旅游产业蓬勃发展。2016—2019 年，延庆区接待游客量从 1576.3 万人次增长至 3053 万人次，增长 94%，旅游收入从 55.5 亿元增长至近百亿元，增幅近 80%。2021年春节假期，延庆区共接待游客 33.41 万人次，实现旅游收入 3764.7 万元。2019 年，张家口全年全市接待国内外游客 8605.06 万人次，总收入 1037 亿元，分别比 2015 年增长 123.6% 和 243.8%。截至 2019 年底，全市共有 A 级景区 60 家、星级酒店 74 家、旅行社 98 家。分别较 2015年增长 53.8%、54.2% 和 18.1%。围绕休闲体育、旅游、冰雪和健康的产业空间布局逐步完善。

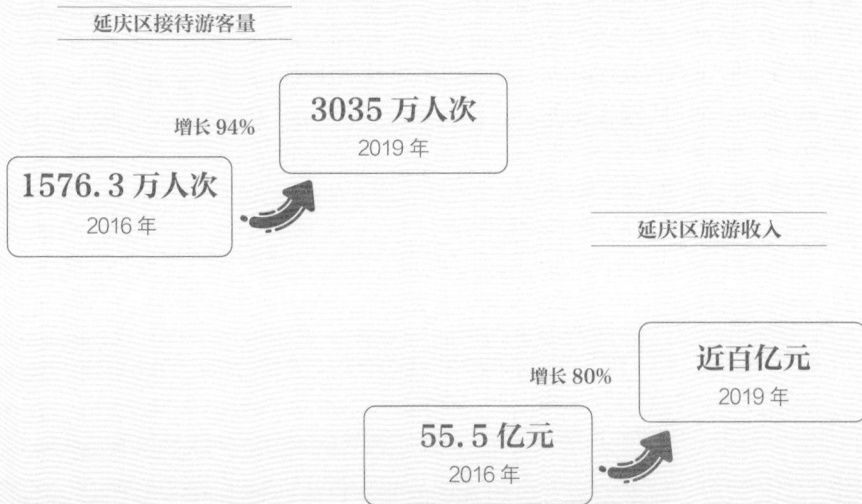

延庆区接待游客量

增长 94%

3035 万人次
2019 年

1576.3 万人次
2016 年

延庆区旅游收入

增长 80%

近百亿元
2019 年

55.5 亿元
2016 年

近五年张家口旅游接待情况

- 游客接待量（万人次）
- 旅游总收入（亿元）

数据点：
- 游客接待量（万人次）：2015年 3848，2016年 5193.77，2017年 6259.8，2018年 7354.8，2019年 8605.06
- 旅游总收入（亿元）：2015年 301.67，2016年 519.24，2017年 696.5，2018年 859.4，2019年 1037

近五年张家口旅游企业数量

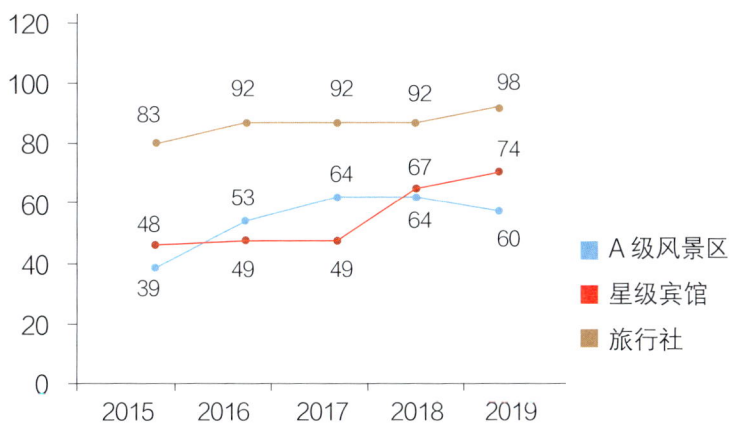

图例：
- A 级风景区
- 星级宾馆
- 旅行社

数据点：
- A 级风景区：2015年 39，2016年 53，2017年 64，2018年 64，2019年 60
- 星级宾馆：2015年 48，2016年 49，2017年 49，2018年 67，2019年 74
- 旅行社：2015年 83，2016年 92，2017年 92，2018年 92，2019年 98

六 助力脱贫攻坚绿色发展 交出两份优异答卷

延庆区和张家口市紧抓筹办北京冬奥会这一历史机遇，紧密结合"十三五"规划实施和京津冀协同发展这一国家战略，在原有产业的基础上，加速推进基础设施建设，开展绿色扶贫，开展京张对口帮扶，推动体育＋扶贫就业，大幅改善了欠发达地区的落后面貌，使当地群众获得了更多的就业和发展机会，生活水平获得了显著提升。截至2021年6月，张家口市12个贫困县区全部脱贫摘帽、1970个贫困村全部出列、93.9万贫困人口全部脱贫。

● 张家口市崇礼区太子城体育公园

● 张家口市崇礼区新建地表水厂

1. 强化基础设施建设

　　大力解决交通基础设施落后的瓶颈问题。张家口市紧抓冬奥筹办契机，建成京张高铁崇礼铁路、太锡高铁太崇段，建成张承高速和京礼高速，建成国道承塔线、6条省道、4条县道、14条乡道、259条村道，建设张家口南、太子城高铁站、崇礼北、崇礼南客运交通枢纽，四纵三横一环的立体交通网络已经形成。2018年以来，张家口市共修建农村公路4888.58公里，完成贫困村主街道硬化1480万平方米。北京冬奥会加速了延庆区原有规划中交通基础设施的建设步伐，随着京张高铁和京礼高速通车，延庆区正式进入首都半小时经济圈、生活圈，交通实现了质的改变。几年来，延庆新建城市道路里程34.19公里，乡村公路实现100%通车，乡村中等路以上比例达到73.3%，通车里程1068公里，路网密度进入生态涵养区领先水平，市民的日常出行也更加安全便捷。

加快推进贫困地区饮水、电力、通讯等方面基础设施改造提升。持续开展饮水安全问题大排查、大治理，消除饮水安全隐患。"十三五"期间，张家口市建成一系列安全饮水工程，惠及人口132.16万人。此外，采取有力措施，使所有贫困村实现了电力能源、广播电视信号、网络宽带、4G网络信号等全覆盖。

2. 实施生态扶贫富民

积极探索生态扶贫新模式。随着北京冬奥会筹办及张家口市"首都水源涵养功能区和生态环境支撑区"建设工作的推进，近年来崇礼区植树造林力度空前加大。张家口市在实施造林绿化工程中，拓宽建档立卡贫困群众的参与渠道，优先安排农村贫困人口参与工程建设，增加务工收入，既满足冬奥筹办对生态环境改善的需求，又满足群众脱贫致富需求，不断探索生态扶贫新模式。河北省将有劳动能力的近100万建档立卡贫困人口选聘为生态护林员，带动300万人稳定增收脱贫。

创新完善生态富民新机制。张家口地区的脱贫坚持走生态富民的道路，坚持改善环境与农民增收相互促进、正向而行。为最大化增加项目区群众特别是贫困群众的收入，张家口市崇礼区出台《林业助推扶贫购买式造林实施方案》，创新造林机制，促进生态林业和民生林业协调发展，最终造林收益的20%归集体收入并使用，80%

● 张家口崇礼区驿马图乡霍素太村参与冬奥绿化项目

用于精准扶贫和入社社员分红。比如，崇礼区驿马图乡霍素太村通过参与冬奥绿化项目以及购买式造林，村集体每年能增收100多万元。2019年，该村已成功实现脱贫。

3. 开展京张对口帮扶

京张两地围绕生态环保、社会公共服务等领域，谋划对口帮扶项目，凝聚各方力量，多渠道带动贫困人口增收就业。一是搭建扶贫平台，加大结对帮扶力度。建立京张市级统筹对接协作机制，加速承接北京非首都功能疏解和产业转移。张家口制定实施《张家口市衔接落实北京市对口帮扶工作实施方案》，明确总体目标要求、资金使用范围、重点工作任务等。张家口8个区县与北京结对签署《携手奔小康行动协议》，落实推进20名北京到张家口挂职干部，围绕教育、医疗、劳务协作等多个领域实行结对帮扶。二是充实社会扶贫力量，加速张家口脱贫进程。动员京津冀民营企业扶贫联盟、中国志愿服务基金会精准扶贫与乡村振兴专项基金等社会扶贫力量支持参与张家口脱贫工作。2018年，"冬奥情·张家口行"助力脱贫攻坚系列行动实施，600余名京津冀民营企业家采用结对帮扶的方式助力张家口脱贫攻坚。2019年3月，京张两地运输企业签订对口帮扶合作框架协议，

● 北京市延庆区国家级滑雪指导员认证培训

● 张家口康保草原国际马拉松赛

在人才培养、制度建设、服务赛事方案制定等方面深入合作。企业和社会的参与，充实了张家口地区的扶贫力量，形成了政府引导、全民参与扶贫事业的新气象。

4. 推动体育＋扶贫就业

举办体育扶贫赛事。2019 年张家口举办 30 余项次省市级体育扶贫赛事，吸引了京津冀及周边省份逾 1.2 万人参与，扶贫共惠及张北、康保等 8 个贫困县区。

完善体育公共服务。为全市 1777 个行政村（含贫困村）配建室外健身器材 1.4 万多件，引导民众科学运动健身，缓解因病致贫、因病返贫现象。

实施冰雪＋产业就业。延庆区开展餐饮服务、旅游

专栏：张家口市打造冰雪人才基地

张家口市教育局思政体卫艺科副科长方晓毅介绍，借助冬奥契机，张家口市在张家口学院、张家口职业技术学院、张家口机械工业学校、张家口市职教中心等十多所大中专院校开设冰雪运动和冰雪产业相关专业20多个，力争为北京冬奥会提供运动员、教练员以及赛场技术服务、场馆运营管理、产业开发等专业人才。

冰雪学院院长董建明说，2017年初，张家口学院组建冰雪学院，开展相关专业和学科的建设，组织运动训练专业（冰雪方向）、体育教育专业（冰雪方向）的学生开展滑雪实践教学，培养冰雪项目教练员、裁判员、社会体育指导员等。同时，学校依托财务管理专业培养冰雪管理与冰雪营销人才，依托英语专业培养冰雪翻译人才，依托旅游专业培养冰雪旅游人才，依托医学专业培养冰雪救护人才。此外，张家口职业技术学院与北京工业职业技术学院合办机电一体化技术专业（冬奥场馆设备维护维修方向）；张家口机械工业学校2018年也增设了机电设备安装与维修专业（含冰雪设备保养与维修方向）、汽车运用与维修专业（含冰雪车辆保养与维修方向）等专业。

2019年10月24日，河北省首届冬奥冰雪产业大型人才交流会在张家口举行，来自北京、天津、河北等省市的200余家企事业单位参会，提供就业岗位6280多个，7500

余人次求职者参加。在这次交流会上，上述学校冰雪运动和冰雪产业相关专业学生成为"香饽饽"，不少学生在交流会上签订了就业意向，很多在校生已经被"预订一空"。张家口市冰雪人才培养与冰雪产业发展已建立良性互促的发展模式。

接待、滑雪教练员、无人机驾驶员、志愿服务等职业技能培训，2016—2019年累计培训2.8万人，实现培训后就业4876人。开展滑雪类培训和认证，通过培训共有273人取得滑雪指导员、社会体育指导员（滑雪）等冰雪类从业资格证书，引导城乡劳动力通过技能培训在冰雪岗位上实现更高质量就业。据统计，崇礼区每5人中就有1人从事冰雪相关工作，直接或间接从事冰雪产业和旅游服务人员达3万多人。冰雪产业已经成为解决农村劳动力转移和贫困人口就业问题的重要支撑。同时，张家口持续以冰雪学校、人才培养和专业建设为突破口，系统打造各年龄段相衔接、冰雪产业与大众普及相促进、冰雪运动和冰雪产业相融合的冰雪人才体系，为冰雪产业提供专业人才支持。

结 语

　　北京冬奥会积极落实京津冀协同发展国家战略，把筹办工作与区域发展紧密结合起来，以冬奥筹办促进协同发展，以协同发展保障冬奥筹办。通过加快推动京张高铁、京礼高速等交通基础设施建设，构建区域互联互通的交通网络；加强生态环境联防联治，加大治气、治水、治沙工作力度，持续改善京张地区生态环境；推动产业发展互补互促，发挥两地比较优势，推动两地在冰雪装备制造、高科技产业、农业等冬奥＋领域开展合作，提升区域经济长期内生活力；推动公共服务共建共享，不断提升延庆、张家口地区公共服务能力和水平，使筹办成果更广泛惠及人民群众；打造京张体育文化旅游带，共同开展机制创新协同，为赛后区域协同发展奠定坚实基础；以体育＋为核心开展脱贫就业，大幅改善欠发达地区的落后面貌，使当地群众获得了更多的就业和发展机会，生活水平获得了显著提升，交出了冬奥会筹办和本地发展两张优异答卷，为主办城市和地区留下了丰厚的冬奥遗产。

● 官厅水库

一起向未来

Together for a Shared Future